Prix 10.00

# HISTOIRE
### DE
# BOURBILLY

PAR

LE COMTE DE FRANQUEVILLE

Membre de l'Institut.

---

*OUVRAGE CONTENANT VINGT GRAVURES HORS TEXTE*

PARIS

LIBRAIRIE HACHETTE ET Cie

79, BOULEVARD SAINT-GERMAIN, 79

1907

# HISTOIRE
# DE BOURBILLY

# DU MÊME AUTEUR

**Les institutions politiques, judiciaires et administratives de l'Angleterre.** In-8. Paris, Hachette.

**Du régime des travaux publics en Angleterre.** Quatre volumes in-8. Paris, Hachette. Traduction allemande. Vienne, Lehmann.

**De la personnalité civile du diocèse.** In-8. Paris, Lecoffre.

**Local government in France** (en anglais). Londres, Macmillan.

**Souvenirs sur la vie de mon père.** In-8. Paris.

**Le Gouvernement et le Parlement britanniques.** Trois volumes in-8. Paris, Rothschild.

**Les États-Unis du Centenaire.** In-8. Paris, de Soye.

**Le système judiciaire de la Grande-Bretagne.** Deux volumes in-8. Paris, Rothschild.

**Le premier siècle de l'Institut de France.** Deux volumes in-4. Paris, Rothschild.

**Discours et travaux académiques.** Deux volumes in-8. Paris, Picard.

BOURBILLY — FAÇADES EST ET SUD

# HISTOIRE

DE

# BOURBILLY

PAR

## LE COMTE DE FRANQUEVILLE
Membre de l'Institut.

*OUVRAGE CONTENANT VINGT GRAVURES HORS TEXTE*

PARIS
LIBRAIRIE HACHETTE ET Cie
79, BOULEVARD SAINT-GERMAIN, 79
1907

Droits de traduction et de reproduction réservés.

# PRÉFACE

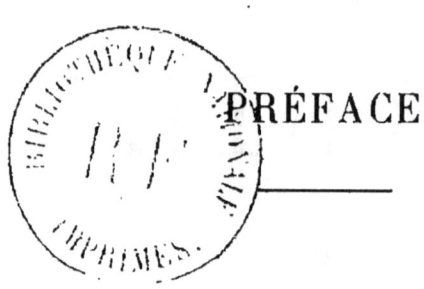

Lorsque, en sortant de Semur, on a marché pendant deux ou trois heures dans les plaines riches et monotones de l'Auxois, on aperçoit tout à coup, dans un pli profond de terrain que rien n'avait fait pressentir, une prairie peu vaste, fertile, d'un aspect mélancolique et doux, et, au milieu, les restes d'un ancien château : c'est Bourbilly. Tout est calme et recueilli autour de cette demeure; à peine si on y entend le bruit lointain de la rivière qui s'en va. Une enceinte circulaire de collines peu élevées, mais couvertes de bois, enveloppe tout ce vallon d'un rideau de verdure et le remplit de silence. On dirait un lieu préparé, par Dieu, aux chastes joies d'un amour chrétien, un de ces doux nids dont parle saint François de Sales, fermés du côté de la terre avec une seule ouverture du côté du ciel : solitude faite exprès pour oublier le monde dans un grand amour, ou pour pleurer dans une grande douleur [1].

---

1. *Histoire de sainte Chantal*, par Mgr Bougaud, évêque de Laval.

Dans cette demeure solitaire et cachée, sur les confins de l'Auxois et du Morvan, ont successivement vécu beaucoup d'illustres personnages. Du domaine des rois de France, Bourbilly est passé dans celui des ducs de Bourgogne, dont il est sorti, au xiie siècle. Sur la liste de ceux qui l'ont possédé depuis lors se trouvent les noms de Beaujeu, de Savoie, de la Trémoille, de Montagu et de Rabutin, et, ce qui est plus glorieux encore, celui de deux femmes illustres entre toutes, dans les annales de l'Église et dans celles de la France : sainte Chantal et Madame de Sévigné.

L'histoire de Bourbilly n'est guère, à vrai dire, que celle de ses propriétaires successifs, et ses murs n'ont été témoins d'aucun événement grave. Depuis le jour où le domaine a été constitué en fief, jusqu'au moment où il est entré dans la famille qui le possède actuellement, c'est-à-dire pendant les six siècles écoulés de 1213 à 1813, il a successivement appartenu à cinq familles : d'abord celle des seigneurs de Montbard et d'Époisse et de leurs descendants, les Marigny, Thil, Beaujeu et Savoie, puis celle des la Trémoille et de leurs parents, les Rabutin, qui l'ont possédé pendant plus de trois siècles.

De 1719 à 1795, la propriété reste dans la maison des Chartraire de Saint-Aignan, Ragny et Montigny; enfin, dans le court intervalle de 1795 à 1813, Bourbilly passe en de nouvelles mains, dont il ne tarde pas à sortir pour devenir le domaine des aïeux de son propriétaire actuel.

Avant d'aborder l'histoire détaillée de tous ceux qui ont été les maîtres de cette demeure, il est utile de résumer, en quelques lignes, l'ordre dans lequel ils se sont succédé, de façon à rendre plus clair le récit qui va suivre :

Antérieurement à 1032, Bourbilly fait partie du domaine royal.

1032. — Il passe aux ducs de Bourgogne de la race capétienne.

1189. — Il est cédé, par voie d'échange, à André de Montbard.

1189. — Bernard de Montbard, *dit* d'Époisse, hérite de son frère André.

I. — En 1213, Jean d'Époisse, *dit* de Vignes, hérite de son père Bernard, et Bourbilly est séparé d'Époisse, dont il devient fief mouvant.

II. — Vers 1250, Haramburge d'Époisse, épouse de Garnier de Marigny, le reçoit de son père Jean d'Époisse.

III. — En 1270, Alixande de Marigny hérite de sa mère Haramburge.

IV. — Vers 1285, Agnès de Marigny, épouse de Poincet de Thil, hérite de sa mère Alixande.

V. — Vers 1310, Guillaume de Thil hérite de sa mère Agnès.

VI. — Vers 1325, Jean de Thil hérite de son père Guillaume.

VII. — En 1355, Marie de Thil, épouse d'Édouard de Beaujeu, hérite de son père Jean.

VIII. — En 1375, Marguerite de Beaujeu, épouse de Jacques de Savoie, prince de Morée, hérite de sa mère Marie.

IX. — En 1401, Louis de Savoie hérite de sa mère Marguerite.

X. — En 1403, Pierre de la Trémoille acquiert Bourbilly.

XI. — En 1405, Guy et Jean de la Trémoille le reçoivent de leur oncle Pierre.

XII. — En 1410, Guy devient seul propriétaire, par un accord avec son frère Jean.

XIII. — En 1414, Louis de la Trémoille hérite de son père Guy.

XIV. — En 1448, Claude de Montagu reçoit Bourbilly de Louis de la Trémoille, son beau-frère, en échange du domaine de Montigny.

XV. — En 1467, Jeanne de Montagu, épouse de Hugues de Rabutin, hérite de son père Claude.

XVI. — En 1502, Jean de Rabutin hérite de sa mère Jeanne.

XVII. — En 1512, Claude de Rabutin hérite de son frère Jean.

XVIII. — En 1515, Christophe de Rabutin hérite de son père Claude.

XIX. — En 1567, Celse de Rabutin hérite de son père Christophe.

XX. — En 1575, Christophe de Rabutin-Chantal hérite de son oncle Celse.

XXI. — En 1601, Celse-Bénigne de Rabutin-Chantal hérite de son père Christophe (sa mère, sainte Chantal, tutrice jusqu'en 1615).

XXII. — En 1627, Marie de Rabutin-Chantal (Mme de Sévigné) hérite de son père Celse-Bénigne.

XXIII. — En 1696, Françoise de Sévigné (Mme de Grignan) hérite de Mme de Sévigné, sa mère.

XXIV. — En 1704, Pauline de Grignan (Mme de Simiane) hérite de Mme de Grignan, sa mère.

XXV. — En 1719, Guy Chartraire de Saint-Agnan achète Bourbilly à Mme de Simiane.

XXVI. — En 1732, Guy Chartraire de Saint-Agnan et de Ragny hérite de son oncle Guy.

XXVII. — En 1783, Antoine Chartraire de Montigny hérite de son cousin Guy, en vertu d'une clause de substitution.

XXVIII. — En 1795, Jacqueline Chartraire de Montigny (Mme de Bourbonne) hérite de son frère Antoine.

XXIX. — En 1795, Auguste Pomme acquiert Bourbilly, puis passe déclaration de command au profit de Henriette de Bessé, son épouse, et, en 1794, M. et Mme Pomme cèdent un quart de la propriété à M. Germain.

XXX. — En 1813, Antoine de Caux acquiert le quart de la propriété de Bourbilly appartenant à M. Germain, comte de Montforton, puis (1814) les trois autres quarts appartenant à Mme Pomme.

XXXI. — En 1837, Cécile Belle de Caux (Mme de Franqueville) reçoit Bourbilly, dans le partage de la succession de son grand-père Antoine de Caux.

XXXII. — En 1850, Charles de Franqueville, propriétaire actuel, hérite de sa mère Cécile.

Tel est le cadre qu'il s'agit de remplir, pour raconter les vicissitudes par lesquelles a passé Bourbilly. La difficulté est grande : tantôt les matériaux sont rares, si même ils ne font pas absolument défaut, tantôt ils sont trop nombreux, quelquefois ils sont contradictoires et souvent ils sont erronés. La recherche de la vérité demande donc de longues recherches et un soin très scrupuleux. J'ai été aidé, dans cette tâche délicate, par mon ami, M. le comte de Guitaut, qui m'a fourni de nombreuses indications sur les origines de Bourbilly et sur ses premiers propriétaires, ainsi que par mon confrère M. Luchaire, dont le concours m'a été précieux pour la partie relative aux maisons de Beaujeu et de Savoie. M. Ernest Petit, auteur de l'*Histoire des Ducs de Bourgogne de la première race,* auquel l'Institut a décerné le grand prix Gobert, m'a également fourni plusieurs renseignements. J'ai encore à remercier mes honorables confrères MM. le duc de la Trémoille, Frédéric Masson et Arthur de Boislisle, qui ont bien voulu me donner d'utiles indications.

Après avoir relevé, il y a quarante ans, les murs de l'antique demeure dans laquelle se sont succédé tant de personnages de rang, de nature et de qualités si divers, je complète aujourd'hui mon œuvre, en racontant, de mon mieux, son histoire, telle qu'il m'a été possible de la connaître.

Bourbilly, 12 novembre 1905.

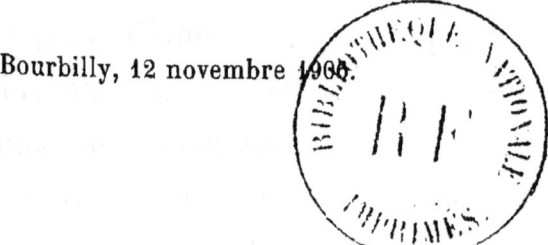

# HISTOIRE DE BOURBILLY

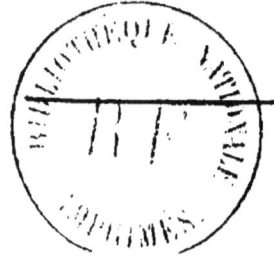

## CHAPITRE PREMIER

### LES ORIGINES

(1213-1355)

Les origines de Bourbilly sont assez obscures. Il paraît cependant certain que les terres et bois composant le domaine faisaient partie du *fisc* royal, sous les Mérovingiens et les Carlovingiens, et dépendaient de la résidence royale d'Époisse, habitée par la reine Brunehaut et par son petit-fils Thierry.

Lorsque Robert-le-Vieux, troisième fils du roi de France, Robert II, dit *le Pieux*, et de Constance d'Aquitaine, prit possession, en 1032, de la province de Bourgogne, que lui avait donnée son frère, Henri Ier, et devint ainsi la tige des ducs de la race capétienne, il entra en possession des terres dépendant du domaine royal et notamment d'Époisse.

A la fin du XIIe siècle, le duc de Bourgogne, Hugues III, conclut un traité d'échange, signé le 24 juillet 1189, par lequel il cédait Époisse, et par conséquent Bourbilly, contre

Montbard, que lui abandonnait le seigneur de ce nom, André, petit neveu de saint Bernard[1].

André de Montbard mourut en Terre Sainte, avant la fin de l'année où l'échange avait été conclu, et il eut pour successeur, son frère Bernard; on possède une charte datée de 1196, dans laquelle ce dernier prend le nom de Bernard de Montbard, *dit* d'Époisse.

Bernard avait épousé, en premières noces, la fille de Bertrand de Sandon, et se trouvait ainsi beau-frère de Guillaume de Marigny. Il s'était remarié avec Arenburge de Villehardouin ; il mourut, en 1213, laissant six enfants. L'aîné de ses fils, André, devint seigneur d'Époisse : il fut deux fois marié, d'abord avec Huguette d'Arcis, morte en 1224, puis avec Clémence de Villaine. Il prit part à une série de guerres entre seigneurs, puis il partit, en 1218, pour les Croisades. Fait prisonnier, l'année suivante, il ne revint en Bourgogne que vers 1220 et il mourut, en 1233, ne laissant qu'une fille Elvin, qui épousa Dreux de Mello, auquel elle apporta le domaine d'Époisse[2]. Le troisième

---

[1]. E. Petit, *Histoire des ducs de Bourgogne, de la première race*, t. IV, p. 460. Le premier des sires de Montbard qui soit connu est Bernard, qui vivait en 1065.

[2]. Époisse resta dans la famille de Mello jusqu'en 1420. Depuis lors, il appartint successivement aux Montagu, dont l'un fut, pendant quelque temps, propriétaire de Bourbilly, puis au chancelier Hugonnet, au maréchal de Hochbert, à Louis et à François de Longueville, enfin à Jacques de Savoie, duc de Nemours, qui le vendit, le 10 juin 1561, au maréchal de Bourdillon. Par la nièce du maréchal, Françoise de la Platière, la baronnie d'Époisse passa dans la famille d'Aussienville, en faveur de laquelle elle fut érigée en marquisat. Une alliance la fit passer aux Lagrange d'Arquin, dont l'héritière, Madeleine, cousine de la reine Sobieska, épousa le comte de Guitaut et mourut sans enfants en 1667, laissant Époisse au grand Condé, qui le remit, en 1672, à la deuxième épouse du comte de Guitaut, née Verthamon. Depuis lors, Époisse n'est pas sorti de la famille de Guitaut : une partie seulement du château a été démolie pendant la révolution;

fils, qui portait, comme son père, le nom de Bernard, auquel il ajouta celui d'Époisse, reçut la seigneurie de Vic de Chassenay. Le quatrième, Guy, chanoine de Langres, puis d'Auxerre, eut des propriétés situées dans le voisinage de Beaune, qu'il légua à sa nièce Elvin de Mello. Quant au deuxième fils de Bernard, Jean d'Époisse, *dit* de Vignes, il eut, pour sa part d'héritage, des domaines détachés de la seigneurie d'Époisse et notamment Vignes[1] et Chevigny. Quoique aucun acte n'en fournisse la preuve formelle, il paraît certain qu'il reçut également Bourbilly, lequel constitua dès lors un fief mouvant d'Époisse[2]; cela résulte du fait incontestable que Bourbilly devint la propriété de l'une de ses filles.

A partir de cette époque, Bourbilly prend une existence indépendante et tout porte à croire que la construction du château fut commencée par Jean de Vignes, c'est-à-dire pendant la première moitié du xiv<sup>e</sup> siècle.

A quelle condition et sous quelle forme le fief fut-il constitué? Il est difficile de le savoir, car les archives d'Époisse ne contiennent aucun document antérieur à l'année 1284. Toutefois les dénombrements annexés aux actes de reprise de fief conservés aux archives de la Côte-d'Or et à celles

l'une des deux sœurs qui le possédaient alors ayant émigré, le gouvernement de l'époque ne pouvant pas confisquer le tout, fit disparaître la moitié des constructions.

1. Vignes est situé à sept kilomètres d'Époisse, près de Guillon (arrondissement d'Avallon). Il n'y reste aucune trace d'un ancien château et il est probable que Jean de Vignes, qui possédait cette terrre, n'y avait pas de demeure.

2. Les plus anciens documents portent que les fiefs dépendant et mouvant d'Époisse sont les fiefs de Chevigny, Charantois, Bourbilly, Forléans et dépendances des dites teres, ensemble le village de Villiers-Fresmoy et l'arrière-fief de Thoste (*Analyse des pièces conservées aux Archives de la Chambre des Comptes de Dijon*, vol. IX, p. 359).

du château d'Époisse énumèrent les droits qui appartenaient aux seigneurs de Bourbilly et dont ils jouirent, sous réserve des restrictions qui y furent successivement apportées, jusqu'à la fin du xviiie siècle. C'étaient d'abord le droit de haute, basse et moyenne justice, ce qui comprenait le jugement des actes actuellement qualifiés de crimes, délits et contraventions [1], et ce qui comportait le droit de *glaive*, c'est-à-dire de prononcer la peine de mort. C'était encore le droit de morte-main des hommes et femmes mainmortables [2], le droit d'indire [3], le droit aux amendes de rapports et autres [4], le droit aux corvées, à la taille, etc., le droit d'espave et de biens vacants [5], le droit de formariage [6], les

1. Pour résumer en quelques mots : la basse justice constituait une sorte de Justice de paix, pour le jugement des procès jusqu'à un maximum de 60 sous parisis et jusqu'à une amende de 10 sous parisis. Le droit de moyenne justice permettait d'infliger des amendes n'excédant pas 75 sous parisis, de nommer les tuteurs, apposer les scellés, faire les inventaires, fixer les limites des routes, etc. La haute justice comportait le droit de juger tous les crimes commis dans la juridiction, sauf les cas royaux, de prononcer toute peine, d'élever des piloris, échelles, fourches patibulaires, etc.
2. Il y avait, dans la plupart des provinces, deux catégories de mainmortables : les uns l'étaient quant aux biens et pouvaient cesser de l'être en renonçant à ces biens; les autres, serfs de corps et attachés à la glèbe, ne pouvaient obtenir leur liberté qu'au moyen de l'affranchissement. Cette dernière catégorie a, de bonne heure, disparu de la Bourgogne, et le Livre de la Coutume porte : « Au duché de Bourgogne ny a nul homme serf de corps ». Selon la coutume de Bourgogne, les biens de celui qui restait absent pendant plus de dix ans devenaient la propriété du seigneur.
3. Le droit d'indire se percevait, selon la Coutume de Bourgogne, dans quatre cas : lorsque le seigneur ou son fils aîné était reçu chevalier, lorsque le seigneur mariait sa fille aînée, lorsqu'il fallait racheter le seigneur fait prisonnier par l'ennemi ou enfin lorsque le seigneur entreprenait le voyage d'outre-mer, c'est-à-dire partait pour les Croisades.
4. C'étaient les amendes perçues à raison des délits de chasse ou autres constatés par les rapports des agents ou gardes.
5. Les espaves comprenaient les biens trouvés et non réclamés dans les quarante jours. Les biens vacants étaient ceux en deshérence et ceux laissés par les bâtards.
6. C'était le droit de percevoir une certaine somme de ceux qui se mariaient hors de la seigneurie ou qui épousaient une personne dépendant d'un seigneur étranger.

droits de loux, de remanent et retenue des héritages [1], etc.

D'un autre côté, le possesseur du fief contractait des devoirs envers le suzerain. Lors de chaque transmission de propriété, par succession ou autrement, le nouveau vassal devait, dans le délai d'un an et un jour, prêter foi et hommage entre les mains du suzerain ou de son représentant, suivant les formes prescrites par la coutume, et il était également tenu de fournir, dans le délai de quarante jours, un dénombrement des terres lui appartenant [2].

Cet ancien usage, qui avait fini par devenir une formalité sans importance, a été suivi jusqu'à la fin du XVIII<sup>e</sup> siècle. Les archives du château d'Époisse contiennent la plupart de ces actes : le plus ancien étant de novembre 1379, le dernier du 10 avril 1786.

Le premier seigneur de Bourbilly [3], Jean d'Époisse, *dit*

---

[1]. Le droit de loux ou laud était perçu sur toutes les ventes ; il s'élevait à 10 pour 100 environ ; celui de retenue permettait au seigneur de retenir un fonds vendu, en payant le prix convenu pour la vente, plus les frais.
Pour tous ces droits, voir : Loyseau : *des Justices seigneuriales*; — Bacquet : *des Droits de justice*; — Chéruel : *Dictionnaire des institutions de la France*; — Guizot : *Histoire de la civilisation en France*; — Bretagne : *Coutume générale des pays et duché de Bourgogne*; — Seignobos : *le Régime féodal en Bourgogne*.

[2]. La Coutume de Bourgogne porte ceci :
« Le successeur du fief peut mettre sa main à la chose mouvant de son fief après le décès de son vassal, pour cause de devoir de fief non fait, dedans l'an et le jour après le dit décès ou, après le dit tems, quand bon lui semble, et doit sa dite mainmise faire les fruits siens à l'encontre de ceux qui sont hors de pupillarité, jusqu'à ce que les héritiers et successeurs en la chose féodale ayent fait ou dûment présenté de faire leur devoir de fief à la personne du seigneur. Le vassal est tenu, après ce qu'il a fait hommage à son seigneur de la chose qu'il tient en fief, de bailler au dit successeur, dedans quarante jours, son dénombrement et déclaration de la chose qu'il tient de fief et, en défaut du dit dénombrement non baillé dedans le dit terme, le dit successeur peut mettre en sa main la dite chose et sous scellé la tenir sans faire les fruits siens. »

[3]. Dans sa description du duché de Bourgogne, Courtépée indique, comme le plus ancien seigneur de Bourbilly, un personnage nommé Charles de Bourbilly, dont il est impossible de trouver la moindre trace. C'est d'après lui

de Vignes, avait épousé sa petite-cousine, Marguérite, dame de Villy-le-Maréchal, fille d'Érard de Villehardouin, maréchal de Champagne, et de Marguerite de Mont-Saint-Jean, petite-fille du fameux chroniqueur Geoffroy de Villehardouin. En 1227, il fit abandon à la communauté de Saint-Jean-de-Semur de tous ses droits sur Chevigny, déclarant qu'il faisait cette aumône pour le bien de son âme et du consentement de sa femme Marguerite[1]. Il mourut, au mois d'avril 1282. Il avait eu quatre fils et trois filles. L'aîné des fils, André, auquel sa femme, Adeline de Garard, avait apporté la seigneurie d'Aisy-sous-Thil, était mort en 1250; le second, Huguenin, reçut la seigneurie de Vignes; on ne sait rien des deux autres, Nicolas et Achard, non plus que de leurs deux plus jeunes sœurs, Béatrix et Agnès.

Quant à l'aînée des filles, Haramburge, elle épousa d'abord Robert de Roche, puis, en secondes noces, Garnier de Traînel[2], seigneur de Marigny-le-Châtel et ami du comte Thibaut de Champagne. Ce fut à elle que passa, en 1270, le fief de Bourbilly; elle le transmit à sa fille Alixande, ainsi que cela résulte implicitement d'un acte conservé dans les archives d'Époisse. Ce document, daté du mois de mai 1284, constate qu'Alixande de Marigny en Champagne, fille de feu monseigneur Garnier, seigneur de Marigny, et dame de Bourbilly, etc., munie du consentement de son mari Mon-

---

que l'on a mentionné ce nom, dans une notice publiée, en 1872, dans le *Bulletin de la Société des sciences de Semur*. Les pièces découvertes depuis lors paraissent établir, d'une façon évidente, la véritable origine du fief, telle qu'on l'indique présentement.

1. Dom Plancher, t. IX, preuve 18.
2. Garnier de Traînel, seigneur de Marigny en Champagne, avait épousé d'abord Hélissende de Rethel, dame de Pertes et de Toujoux, veuve de Thomas, comte du Perche. Il mourut en 1267.

seigneur de Marigny-sur-Ouche, vend à son cousin Guillaume de Mello, seigneur d'Époisse, les domaines de Forléans, Foux, Changy et Plumeron, moyennant la somme de seize cents livres tournois, payée en deniers comptés et consent, en outre, à donner une hypothèque sur Bourbilly, pour garantir que les biens vendus rapporteront quinze livres de rente par cent livres de capital versé[1].

Alixande de Marigny n'avait eu que trois filles : deux d'entre elles, Marie et Marguerite, n'eurent pas d'enfants; l'aînée, Agnès de Traînel, dame de Marigny, qui recueillit sa succession, vers l'an 1285, avait épousé Poincet, seigneur de Thil[2]; elle en eut un fils, Guillaume de Thil et de Marigny, époux d'Isabeau de Grandpré, fille de Jean, comte de Grandpré. Guillaume fut chambellan du Roi, gouverneur de Langres et chambrier de France; il succéda à sa mère. Il laissa un fils, Jean, qui devint, par succession ou par donation *propter nuptias*, propriétaire de Bourbilly.

Aucun document ne permet de fixer exactement les époques respectives de la mort d'Agnès de Thil et de Guillaume son fils. André du Chesne et le Père Anselme, qui établissent la généalogie, ne donnent aucune date. Ce qui est certain, c'est que le seigneur de Thil eut d'assez graves difficultés avec Guillaume de Mello, seigneur d'Époisse, qui, se basant sur l'acte de 1284, dont il a été parlé ci-

---

1. Voir documents annexes, I, p. 217.
2. Le château de Thil, dont les ruines grandioses dominent la colline au pied de laquelle s'étend le gros bourg de Précy-sous-Thil, est situé à douze kilomètres de Semur-en-Auxois. L'ancienne collégiale, également ruinée, était à trois cents mètres environ du château. Thil était une place forte, d'une importance considérable, étant situé au point de jonction de la grande route de Paris à Lyon par Auxerre et Dijon, et de la route de Semur à Saulieu et à Autun. Ces ruines appartiennent à M. le comte Arthur de Vogüé.

dessus, lui contestait même la propriété du domaine [1]. Le différend fut tranché par Eudes, duc de Bourgogne, lequel, aux termes d'une charte du 22 février 1320, leva la main du seigneur d'Époisse de la seigneurie de Bourbilly [2].

Jean de Thil et de Marigny fut conseiller du roi Philippe de Valois et connétable de Bourgogne. Il épousa, en premières noces, Agnès de Frolois [3], et, après la mort de celle-ci, en 1345, Jeanne de Châteauvilain. Cette dernière, restée veuve en 1355, se trouva exposée à de graves dangers. En effet, au moment de la première invasion anglaise, en 1356, le roi Jean, fils de Philippe VI, qui s'était mis en possession de la Bourgogne, avait été fait prisonnier et emmené à Londres. Le roi d'Angleterre Édouard III s'était proclamé roi de France et il avait envoyé, en 1359, un de ses lieutenants, Jean d'Alençon, en Bourgogne. Le duc Philippe Ier prit les armes, mais il fut battu à Brion-sur-Ource et les Anglais, pénétrant dans l'Auxois, s'emparèrent de Flavigny. Au mépris du traité de Guillon (10 mars 1359), ils entrèrent même à Semur, qui fut cependant repris à la fin de la même année.

Jeanne de Thil, qui avait un fils alors mineur, ne tarda pas à se remarier; elle épousa Jacques de Vienne, seigneur de Saint-Georges, mais cette union dura peu et, devenue veuve de nouveau, elle contracta un troisième mariage avec

---

1. C'est par erreur que Courtépée affirme que Bourbilly fut compris dans la vente de 1284; l'acte reproduit à la fin de ce volume montre qu'il s'agissait seulement d'une hypothèque donnée sur Bourbilly.
2. Voir documents annexes, II et III, p. 218 et 219.
3. Agnès de Frolois était fille d'Agnès de Saint-Verain, qui avait épousé, en premières noces, le sieur de Mello, dont elle eut Guillaume et qui s'était remariée avec le sieur de Frolois. Guillaume de Mello était donc beau-frère du sieur de Thil.

le fameux Arnaud de Cervoles, dit l'*Archiprêtre*[1]. Il semblait que la protection de ce vaillant soldat dût la mettre à l'abri du péril que faisaient courir à la contrée les bandes indisciplinées, formées en majeure partie de soldats autrefois au service de la France, que le roi Charles V le Hardi avait licenciés et qui s'étaient répandues dans le pays. La plus redoutable de ces bandes, celle que l'on avait surnommée : *les tard venus*, avait pénétré dans l'Auxois, en 1364, brûlant et ravageant tout sur son passage, et elle s'était emparé du château de Villaines-les-Prévotes[2], d'où elle rançonnait tout le pays. Le maréchal de Pontailler avait réussi à l'en déloger, le 6 mai 1365.

Mais, l'année suivante, un cousin de l'Archiprêtre, celui que l'on nommait d'Arby, s'était remis en campagne et, sans égard pour Cervoles, qui conduisait alors ses bandes en Savoie, il s'était dirigé sur Thil. Par une étrange et dramatique coïncidence, tandis que l'Archiprêtre était tué, le 25 mai 1366, ce même jour, Guillaume de Clugny, bailli d'Auxois, écrivait au duc de Bourgogne, qui se trouvait à Beaune, une lettre, par laquelle il annonçait que « le petit Darbi, cousin de l'Archiprêtre, avait pris Til, la dame dedans et comment il entendait faire la guerre au pays ». Toutefois les bandits n'avaient pas pu pénétrer dans l'église de Thil, qui avait été défendue par quelques hommes résolus. Le duc de Bourgogne ayant envoyé des renforts au

1. La vie de ce personnage ressemble à un roman; elle a été écrite par M. Chérest, sous le titre de *l'Archiprêtre*. — M. Chérest, contrairement à l'avis de M. Siméon Luce, qui fixe la date du mariage au 2 mai 1362, dit que ce fut après le mois d'août et avant le mois de décembre 1362.
2. Villaines-les-Prévotes est situé à 8 kilomètres environ de Semur, sur une colline qui domine la route de Semur à Saint-Remy.

bailli d'Auxois, ce dernier se rendit à Thil, ce que voyant, d'Arby jugea prudent d'entrer en négociations et, le 29 mai, Guillaume de Clugny envoyait au duc un nouveau message : « comment le petit Darbi, ce jour, à l'heure de none, s'estoit partiz de Til, par III<sup>m</sup>v. francs d'or que la dame de Til li avoit bailliez et por ce que le fort ne povoit garder sans l'église, laquelle avoit fait mettre en arroy li diz bailliz, lequelx s'estoit alez logier à Pressey-sous-Til ». Trois jours plus tard, d'Arby et ses compagnons étaient à Châteauvilain, où le duc Philippe leur écrivit, le 1<sup>er</sup> juin, que « se départissent de lever raçon de Mme de Thil, et que vindinssent son païs »[1].

Les bandes s'éloignèrent en effet du pays, mais elles ne partirent certainement pas les mains vides. Quoi qu'il en soit, Jeanne avait retrouvé sa liberté et, veuve pour la troisième fois, elle prit un quatrième mari, dans la personne d'un des lieutenants de l'Archiprêtre, Enguerran d'Eudin, qui devint capitaine et châtelain de Loches, conseiller et chambellan du roi Charles V et, plus tard, gouverneur du Dauphiné. Ce dernier lui survécut et mourut en 1389.

Jean de Thil avait eu, de sa seconde femme, un fils nommé Jean, comme lui, qui prit le nom et les armes de Châteauvilain et qui épousa la dame de Grancey, Louvois et Pierrepont. De sa première union, il avait laissé une fille, Marie, et ce fut à elle que passa la propriété de Bourbilly.

1. *Archives de la Côte-d'Or*, B. 2752.

# CHAPITRE II

## LES MAISONS DE BEAUJEU ET DE SAVOIE

(1355-1403)

Marie de Thil, qui hérita de Bourbilly, avait épousé, en 1333, Édouard de Beaujeu. Le traité de mariage, conclu à l'abbaye de la Ferté-sur-Grône, est daté du jeudi après l'octave de la Purification (12 février) 1333; il est conservé aux Archives nationales. On y voit que Marie de Thil reçoit, en dot, de ses parents, le château de la Rochepot, avec cinq cents livres de rentes en terres et dix mille florins de Florence de loyal poids. De son côté, le sire de Beaujeu fait à sa future épouse donation *propter nuptias* des châteaux de Jullienas et de Chenas, avec mille livres tournois de rentes. Parmi les témoins figurent les évêques d'Autun et de Mâcon, l'abbé de Flavigny, etc. »

La famille de Beaujeu[1], dans laquelle ce mariage devait

---

[1]. Les principales sources de renseignements, pour la famille de Beaujeu et pour celle de Savoie, sont la Chronique de la maison de Beaujeu, dont le texte est reproduit dans la *Revue du Lyonnais* (t. VIII, 1854); Buchon, *Recherches sur la domination française dans les provinces démembrées de l'Empire grec*; la Chronique Normande du xive siècle; les titres de la Maison ducale de Bourbon, publiés par M. Huillard-Bréholles; Datta, *Storia dei principi di Savoia del ramo d'Acaia*.

faire entrer Bourbilly, était d'ancienne et illustre origine. En 890, Guillaume II, comte du Lyonnais, avait fait, du Beaujolais, l'apanage de la branche cadette de sa maison. La baronnie de Beaujeu était l'une des premières de France et on lit, au *Grand Coutumier* : « Au royaume de France ne vouloit avoir que trois baronies, savoir : Bourbon, Coucy et Beaujeu ».

Jusqu'à la fin du xii° siècle, les sires de Beaujeu n'ont pas marqué dans l'histoire : Guichard III, qui possédait la seigneurie vers cette époque, avait pris part à la quatrième croisade, puis il avait voyagé dans divers pays. Passant à Assise, en 1210, il y rencontra saint François et, frappé de tout ce qu'il voyait en ce saint lieu, il voulut emmener quelques religieux dans son pays, pour y fonder un monastère. « Monsieur Sainct François, dit la Chronique, octroya trois frères mineurs devoz, pauvres et simples, lesquels il établit d'abord près de Vernez et ensuite à Villefranche. » C'est donc à lui que l'on doit l'introduction, dans notre pays, de l'ordre des Franciscains. Envoyé, comme ambassadeur de France en Angleterre, Guichard y mourut en 1216.

Son fils, Humbert de Beaujeu, connétable de France, avait combattu les Albigeois, puis il avait suivi saint Louis en Terre Sainte, et il était mort à Damiette, laissant un fils, Guichard V, que la Chronique de la maison de Beaujeu qualifie de « cousin remue de germain de Monsieur Saint Loys roy de France » et qui, élevé comme son père, au rang de connétable, mourut sans héritier direct, en 1265. Sa succession échut à sa sœur Ysabeau, femme de Regnault, comte de Forez, dont elle eut deux fils : Louis et Guyot.

Avec Louis commence la nouvelle maison de Beaujeu. Ainsi que ses ancêtres, le sire de Beaujeu devint connétable de France; il mourut le 23 août 1290. De son mariage avec Héliénor de Savoye, il avait eu cinq fils, dont l'aîné, Guichard VI, surnommé *le Grand*, hérita du Beaujolais.

Guichard le Grand fut gouverneur et grand chambellan de cinq rois de France : Philippe le Bel, Louis le Hutin, Philippe le Long, Charles le Bel et Philippe de Valois. C'était un intrépide guerrier et, suivant la Chronique, « en son temps durant ne se trouva homme qui luy feit peur[1] ». Il mourut le 18 septembre 1331. Il avait été marié trois fois; sa dernière femme, Marie de Châtillon, fille du connétable, lui avait donné une fille[2] et quatre fils, dont l'aîné, Édouard, né le jour de Pâques, 11 avril 1316, hérita de son titre et de la plus grande partie de ses biens.

Ainsi qu'on l'a vu, Édouard de Beaujeu « print à femme et espouse Madame Marye du Thil, laquelle fut très prudente et saige femme en son temps, aornée de toutes bonnes mœurs.... Il eut et engendra, de sa femme, un beau filz, lequel fut nommé Anthoine, lequel naquit au château de Poilly, l'an 1343, le 12 août, et une fille nommée Marguerite, laquelle naquit au château de Montmerle, l'an 1346, le 20 octobre. Le dit Messire Eddouard, continue la Chro-

---

1. Un arrêt du Parlement du 31 mars 1325 l'avait condamné à restitution et au paiement d'une forte amende pour avoir empiété sur les droits du Roi en mettant à mort les lépreux et en exerçant la justice sur les terres du prieuré de Marcigny, au mépris de la sauvegarde du Roi.
2. Cette fille, nommée Marguerite, avait, par un acte daté du lundi de Pâques 9 avril 1330, renoncé à tous ses droits sur la succession de ses père et mère, à la réserve de ce qu'elle pouvait prétendre sur le comté de Genève, du chef de sa mère, moyennant huit mille livres tournois en argent et une rente de cinq cents livres.

nique, fut ung très hardy Seigneur et Prince, en ensuyvant les bonnes mœurs de Messire Guichard son père. Il mena grand nombre de gentilzhommes et aultres gens de guerre au sainct voyage d'Oultremer, à ses propres coustz et despens et combatit pour lui longtemps contre les infidelles et ceulx qui suyvoient la loi de Mahomet et après sen revint en son pays. »

Rentré en France, Édouard conquit promptement l'estime et l'affection du roi Philippe VI. En 1338, il est envoyé à Tournai avec le comte d'Eu, connétable de France; en 1340, la même ville étant assiégée par les Anglais, le Roi l'y envoie de nouveau, avec d'autres barons et deux mille hommes d'armes. Chargé, en 1346, d'aller au devant de l'armée anglaise, qui venait de passer la Somme, Beaujeu conseilla vivement de ne pas engager une action générale, mais, contrairement à son avis, la bataille fut livrée dans la plaine de Crécy. Après la défaite des Français, le sire de Beaujeu fut l'un des cinq gentilshommes qui accompagnèrent Philippe à Amiens, où le Roi rassembla les débris de son armée. L'année suivante, il reçut la mission de défendre le pays de Lalleu, contre les Flamands; il battit l'ennemi et attaqua Cassel. A la suite de cet exploit, il reçut le bâton de Maréchal de France.

En 1351, Édouard de Beaujeu fut envoyé, par le roi Jean, à Saint-Omer, pour garder la ville. Accompagné de son frère Guichard, il marcha au devant des Anglais, « lesquels estoient entre Sainct Omer et Calais, en gastant tout le pays et si estoient en merveilleux grand nombre. Ce néanmoins, le dit seigneur, hardy comme un lyon, les assaillit près de la ville de Herdre (Ardres), leur livra bataille et tellement se pourta qu'il mettoit déjà les dits Anglais en fuite. Toustefois ainsy que Dieu le permit, il fut occys en la dite bataille, parceque les Lorrains et les Angloys se rallièrent ensemble en si grande puyssance qu'ils viendrent courir sus à l'enseigne du dit Prince qui fust trouvé mort auprez de la dite enseigne ainsy abattue. Messire Guichard de Beaujeu, son frère, sceut les nouvelles dont il fut le plus dolent de tout le monde. Toustesfoys, il print et releva la dite enseigne et rallia tout ce qu'il put de ses gens, lesquels se portèrent si vaillamment, nonobstant la mort de leur chef, que gaignèrent la bataille et leur demeura le champ, auquel furent tués Lorrains et Angloys en grand nombre..... Grand douleur et plainte de tous furent faits sur le corps du Mareschal, aussy a la vérité fut un très grand dommaige. Il n'y eut langue qui sceult exprimer, ni plume qui sceult escrire la grande perte que ce fut tant pour son pays que pour le royaulme de France. »

Le maréchal de Beaujeu était mort, le 3 mai 1351; il n'avait donc pas encore trente-cinq ans. La Chronique de la maison de Beaujeu dit que : « en toutes les guerres, batailles et affaires des roys de France, il fut si loyal et diligent exécuteur qu'il ne s'en trouva son pareil de son temps. Il exerça moult vertueusement et saigement son office de mareschal de France, en deffendant le Roy et le Royaume des anciens ennemys de la France, les Anglais.... Il fut très hosneste et devotieux à Dieu, mesmement envers la glorieuse vierge Marye mère de Jésus-Christ, à laquelle il avait singulière dévotion, à messire Sainct François et à son ordre. Il eust, en son temps, les juifs en moult grand hoyne et nayma auculnement leur conversation parcequ'ilz avaient laschement crucifié le Sauveur de tout le monde. Par quoi, en signe de se venger de la grande injure faicte à Notre Sauveur Jésus-Christ, il chassa et deboutta de son pays tous les juifs et juifves qu'il y trouva et ny en demeura pas ung sa vye durant. Et ordonna par son testament, sur certaines et grandes peines, que les juifs de son dit pays jamais n'y retournassent pour y demeurer. »

Ce testament, daté du 27 mars 1347, complété par un codicile du 6 avril suivant, est conservé aux Archives nationales. On y voit qu'après avoir ordonné l'expulsion des juifs et des usuriers lombards, il institue pour héritier universel son fils Antoine, avec les substitutions d'usage, et confie la tutelle à Marie de Thil, son épouse, jusqu'à ce qu'Antoine ait atteint l'âge de vingt-quatre ans. Par un acte du lundi après l'octave de Saint-Pierre (11 juillet) 1351, Marie de Thil déclara qu'elle acceptait la tutelle. Il semble, d'ailleurs, que la charge fut assez lourde; on trouve, en effet, à la date du 28 juillet 1352, une ordonnance, par laquelle Jean, roi de France, accorde un délai et répit de trois ans, pour le paiement des dettes dont la succession est grevée.

Avant la mort de son époux, Marie de Beaujeu avait hérité des biens de sa mère, décédée à Pouilly, le 4 mars 1339.

Il existe, aux Archives nationales, un acte du 15 septembre 1344 [1], par lequel Eudes, duc de Bourgogne, accorde à

---

1. Jean de Thil vivait encore à cette époque et il eut probablement quelques difficultés avec son gendre. On trouve, aux Archives nationales, le texte d'une transaction entre Jean de Thil et Édouard de Beaujeu, au sujet des arrérages de la dot de Marie de Thil, sa femme, et de la part revenant à la dite dame dans les conquêts faits devant le mariage de ses père et mère. Par cet accord, Jean de Thil cède à Édouard et à Marie ses châteaux de Montagny et de Briaume. L'acte est du 29 janvier 1346.

Édouard souffrance d'hommage jusqu'à Noël, pour les terres provenant de la succession de la dame de Thil, sa belle-mère.

Le maréchal de Beaujeu laissait un fils et une fille. Son fils, Antoine, « fut ung merveilleusement beau prince et de grand force, bien formé et vertueux, fort chevalereux et de bonne conduite en bataille ; il fut moult prisé et aimé des Roys de France, d'Espagne et d'Aragon, car il estoit moult libéral et accompli prince ». Il se signala à la bataille de Cocherel, suivit Duguesclin en Guienne et en Espagne et mourut à Montpellier, le 12 août 1374, « sans avoir délaissé aucuns enfans descendans de luy, à la grande plainte et pleurs de tout le monde et au grand détriment de la très noble et ancienne maison de Beaujeu, dont il était seigneur ».

Le titre et une partie des biens d'Antoine passèrent à son cousin Édouard, fils aîné d'un frère de son père Guichard de Beaujeu, tué à la bataille de Poitiers, le 26 septembre 1356, et de Marguerite de Poitiers, fille du comte de Valentinois. Ce fut pendant la vie d'Édouard que furent rédigées les coutumes de Villefranche, dont un des articles porte qu'il est permis aux maris de battre leurs femmes jusqu'à la mort exclusivement. Ayant, un jour, jeté par la fenêtre un huissier, qui venait lui faire une citation, au sujet d'un rapt, le sire de Beaujeu fut arrêté et emprisonné à Paris, par ordre du Parlement. Il acheta sa liberté, en cédant ses domaines à Louis de Bourbon, et mourut peu après, le 3 août 1400, au Perreux « en ayant grand regret et déplaisir des maulx qu'il avoit faicts et commys le temps passé. Et si Dieu luy eust donné de vivre, il estoit bien

2

délibéré de faire bonne pénitence et satisfaction. Toutefois il mourut en bon chrestien[1] ».

On a vu qu'outre son fils Antoine, le maréchal de Beaujeu avait laissé une fille, Marguerite. Celle-ci recueillit une partie de la succession de ses parents, mais elle eut, à ce sujet, d'assez graves difficultés. Il existe une ordonnance royale datée du Bois de Vincennes, le 22 juillet 1375, accordant à Édouard, sire de Beaujeu, qui n'avait pas encore vingt-cinq ans révolus, dispense d'âge pour traiter les différends existant entre lui et Marguerite de Beaujeu. Le 30 juillet suivant, intervenait un accord en parlement, dont l'original est conservé aux Archives nationales. Aux termes de ce document, Marguerite renonçait à tout ce qui lui revenait de la succession de son père et de son frère. En compensation, Édouard lui cédait le château et la terre de Berzé, plus vingt mille francs d'or, et il renonçait, en outre, à tous les biens que Marie de Thil, dame de Beaujeu, mère de Marguerite, avait laissés en Bourgogne, tant de son propre que de ses acquêts pendant son mariage.

Marguerite de Beaujeu, qui devenait ainsi définitivement propriétaire de Bourbilly, avait épousé Jacques de Savoie, seigneur de Piémont, fils de Philippe de Savoie, prince de

---

1. Louis de Bourbon, qui avait été ainsi mis en possession de la baronnie de Beaujeu, eut pour successeur Pierre de Bourbon, connétable de France (1439-1503), qui épousa la fille de Louis XI, Anne de Beaujeu. Sa fille unique Suzanne épousa Charles de Montpensier, plus connu sous le nom de Connétable de Bourbon. Les biens du Connétable ayant été confisqués, la baronnie de Beaujeu fut donnée à Louise de Savoie, mère de François Ier. Réunie à la Couronne en 1531, elle fut rendue à la maison de Bourbon, d'où Marie de Montpensier la porta en dot à Gaston d'Orléans, dont la fille, *Mademoiselle*, la légua au frère de Louis XIV, dans la famille duquel elle resta. Elle fut érigée en comté en 1626.

Morée[1] et d'Achaïe, et d'Isabelle de Villehardouin. Jacques avait épousé, en premier mariage, Béatrice d'Est, fille du marquis Renaut de Mont-Ferrat, qui mourut peu de temps après, sans lui laisser d'enfants. Il s'était remarié avec Sibille, fille de Bertrand de Bau, maréchal et vicaire général de l'empereur Robert en Achaïe, Céphalonie et Négrepont. De ce second mariage, il eut un fils nommé Philippe, né en août 1340, qu'il émancipa dès l'âge de six ans, le 4 août 1346, en lui faisant donation de tous ses domaines du Piémont, et qu'il fit reconnaître, le même jour, comme son successeur, par les feudataires piémontais.

Sibille mourut en 1350. Dès l'année suivante, Jacques songea à un troisième mariage avec Marguerite de Beaujeu et il obtint du Pape une bulle de dispense, à raison des liens de parenté, mais les embarrras dans lesquels le jetèrent ses querelles avec le comte de Savoie le forcèrent à ajourner son projet. La Bourgogne elle-même était, en ce moment, envahie par l'étranger. En 1359, les Anglais avaient pris Tonnerre, « où ils firent grande chère, tant que durèrent trois mille pièces de vin qu'ils y trouvèrent », puis ils s'étaient également emparés de Flavigny, « où ils avaient trouvé, dit un vieil historien, tant de vivres et poureances dedans, que le Roy et son camp en poururent vivre un mois entier qui fut cause que le Roy y séjourna longuement, passant le temps à plusieurs deduyts comme de la chasse, faulconnerie et la pêche, car le Roy et les princes anglais avaient force chiens et oyseaux tant de poing que

---

[1]. On sait que la Morée, conquise par quelques chevaliers français, avait été érigée en principauté en 1207. Après de longs désordres et plusieurs guerres, elle fut reconquise par les Turcs en 1460.

de ceurre ; avec ce ils menoyent une infinité de petits batteaux de cuyr boully pour passer les rivières et estangs et avec ces batteaux ils passoyent le temps à la pesche des rivières et estangs ». Il fallut que le duc de Bourgogne payât deux cent mille livres pour que le Roi d'Angleterre consentît à s'éloigner : l'armée se retira par Vézelay et Clamecy, laissant partout la désolation et la ruine.

Ce fut seulement le 16 juillet 1362 que l'on put célébrer le mariage. Dès le début, Philippe devint odieux à la nouvelle épouse de son père et son caractère déréglé et ambitieux ne donna que trop de prise aux accusations portées contre lui. La naissance de deux enfants du troisième lit, Amédée et Louis, en 1363 et 1364, ne fit qu'ajouter aux haines réciproques. Philippe voulut se prévaloir de l'acte de donation, que Marguerite s'efforça au contraire de faire annuler, ce à quoi elle réussit promptement, grâce à la faiblesse de Jacques. Le 23 août 1364, Philippe fut obligé de déclarer qu'il renonçait à l'émancipation et à la donation de 1346 : ce n'était là que le prélude des chagrins que ses violences allaient lui attirer. Le 16 mai 1366, Jacques fit, à Rivoli, un testament dans lequel, revenant sur tout ce qu'il avait fait en faveur de son aîné, il nomma pour son successeur et héritier universel son second fils Amédée, ne laissant à Philippe que certains petits fiefs avec hommage à son jeune frère. Pour mieux assurer l'exhérédation de Philippe, il substitua, à défaut d'hoirs de son second fils Amédée, son plus jeune frère Louis; à défaut d'hoirs de Louis, il substitua Aimé de Savoie et, enfin, à défaut d'hoirs d'Aimé, la succession devait revenir à Amédée VI, comte de Savoie, lequel, en qualité d'exécuteur testamentaire, était garant de l'exécution de ces dispositions.

A ce moment, Amédée VI s'embarquait pour la Grèce. A peine était-il parti que Philippe, informé des dispositions prises par son père, entra en pleine révolte. Affaibli par l'âge et la maladie, Jacques était hors d'état d'opposer une défense active. A l'aide de ces compagnies de routiers, composées de malfaiteurs, qui s'étaient formées pendant les guerres entre la France et l'Angleterre, Philippe porta le feu et le sang par tout le Piémont, sans épargner même Pignerol, résidence habituelle de son père. Jacques, qui s'était réfugié à Pavie, publia, le 25 août 1367, une protestation contre la conduite déloyale de son fils, en déclarant « ne vouloir faire aucune paix avec lui ».

Frappé par cette déclaration, Philippe accourut à Pavie, pour chercher à fléchir son père, et il parvint, en effet, à le ramener avec lui. En signe de réconciliation, le prince Jacques lui fit don d'un petit fief à Osasco, mais sans jamais vouloir revenir sur l'exhérédation et, peu de jours après, il mourut à Pignerol, au mois de mai 1367.

Aussitôt après la mort de son père, Philippe chercha à s'emparer par la force des possessions dont il avait été déshérité en faveur des enfants de Marguerite de Beaujeu. Il prit le titre de prince d'Achaïe, mais le Piémont, qui redoutait sa domination, refusa de le reconnaître, et bientôt Marguerite de Beaujeu, soutenue par Bonne de Bourbon, comtesse de Savoie, laissée comme régente en l'absence de son mari Amédée VI, obligea Philippe à suspendre ses entreprises jusqu'au retour du comte de Savoie.

Cependant, après s'être emparé de Gallipoli, Amédée VI avait prêté un secours puissant à l'empereur Jean Paléologue, et l'avait arraché des mains des Bulgares, puis ramené à Constantinople. Il était de retour à Chambéry, le 10 décembre 1367. Là il se fit rendre compte de tout ce qui s'était passé pendant son absence; il condamna Philippe à se contenter des fiefs qui lui avaient été laissés par son père, avec obligation d'hommage au souverain du Piémont, et il ordonna qu'Amédée, fils de Jacques et de Marguerite de Beaujeu, serait reconnu comme légataire universel. Philippe refusa de se soumettre et commença la guerre. A la suite de nouvelles dévastations commises par les routiers anglais et allemands à sa suite, il fut déféré, par Amédée, au jugement de l'Empereur, qu'on regardait alors comme une sorte de chef mystique de tous les souverains, et de Philippe de Tarente, empereur titulaire de Constantinople et seigneur direct de la principauté d'Achaïe, dont Philippe s'était fait proclamer seigneur réel. Philippe déclina cette juridiction et défia Amédée en champ clos, cinquante contre cinquante. Le défi fut accepté, mais l'empereur Charles IV s'opposa à ce duel, et Philippe, menacé par toutes les forces ennemies, n'osa sortir de la forteresse de Fossano, pour se rendre au champ clos fixé dans ce lieu et où Amédée s'était présenté, au jour désigné. Cerné dans cette forteresse et abandonné des siens, il fut enfin forcé de déclarer qu'il se soumettait au jugement du tribunal nommé par Amédée.

Le 28 septembre 1368, la cour s'assembla et Marguerite se présenta comme accusatrice, au nom de ses deux enfants. Philippe, qui comparut comme accusé, fut décrété d'emprisonnement, et, le 30 septembre, le tribunal rendit un arrêt qui le dépouillait du titre de Prince et adjugeait la seigneurie de Piémont et le titre de Prince d'Achaïe à Amédée, fils de Marguerite de Beaujeu. Philippe mourut dans sa prison, au mois d'octobre 1368.

Au milieu de ces luttes incessantes, Marguerite de Beaujeu, à laquelle l'accord en parlement cité plus haut avait formellement reconnu la propriété du domaine de Bourbilly, avait singulièrement négligé de remplir certains devoirs envers son suzerain d'Époisse. Elle avait notamment omis de rendre hommage à son cousin Gibault de Mello, qui en était alors seigneur, aussi, par une sommation datée du « dimanche qu'on chante *oculi* » de l'année 1378, le suzerain « fit-il mander saisie sur Bourbilly pour devoirs de fief non faits ». Malgré cet acte de rigueur, ce fut seulement le dimanche après la Saint-Martin 1379 que la Princesse de la Morée se décida à rendre foy et hommage « pour raison dudit château, étangs, rivière, bois, moulin, terres, prés, vignes, les villes du dit Bourbilly et Sauvigny, ensemble les hommes et femmes, rentes cens, issus et émoluments tant deniers, bleds, vins, charnages, et autres redevances quelconques, le tout mouvant et relevant du château et maison forte d'Époisse ».

Cette charte, qui existe aux archives du château d'Époisse, constate que, contrairement à tous les usages, Gibaut de Mello se rendit lui-même au château de Bourbilly, pour recevoir l'hommage de sa vassale[1].

Il est probable que le château de Bourbilly fut agrandi vers cette même époque et ce fut vraisemblablement alors que l'on y construisit la chapelle. Ce sanctuaire est, en

---

1. Voir Documents annexes, IV, p. 220.

effet, dédié à sainte Marguerite, et l'inscription gravée sur la cloche qui existe encore actuellement porte : *Marguerite de Beaujeu, Princesse de la Morée, 1379.*

Marguerite de Beaujeu mourut en 1400, laissant un testament, daté du 21 octobre 1388. Comme on l'a vu, elle avait eu, de Jacques de Savoie, deux fils. L'aîné, Amédée, qui n'avait que cinq ans, au moment de la mort de son père, eut pour tuteur Amédée VI, comte de Savoie ; il fut émancipé à l'âge de quatorze ans, le 21 novembre 1377 et il épousa, au mois de septembre 1380, Catherine de Génevois, sœur de Pierre, comte de Génevois.

Amédée VI, qui avait conçu, vers la fin de sa vie, le dessein d'unir le Piémont à la Savoie, afin d'obtenir ainsi une plus grande influence sur les affaires d'Italie, avait proposé, comme compensation, à son pupille Amédée d'Achaïe, de l'aider à prendre possession réelle de sa principauté de Morée. Il mourut sans avoir eu le temps de donner suite à ce projet, qui fut repris par son successeur Amédée VII, et accepté par Amédée d'Achaïe. Mais, au moment où il s'apprêtait à partir pour cette expédition, Amédée VII mourut le 1er novembre 1399, à la suite d'une chute de cheval, laissant un héritier âgé de huit ans. En présence des troubles que pouvait susciter une minorité, Amédée d'Achaïe sacrifia l'espoir d'un agrandissement en Grèce et la Morée resta sans défense, exposée à l'anarchie intérieure et aux attaques de l'extérieur.

Amédée d'Achaïe mourut à Pignerol, le 7 mai 1402 ; il était âgé de trente-huit ans. Il ne laissait que deux filles, Marguerite et Mathilde, et ce fut son frère Louis qui succéda au titre de prince d'Achaïe et seigneur de Piémont.

Louis, prince d'Achaïe ou de la Morée et seigneur de Piémont était le deuxième des fils de Jacques de Savoie et de Marguerite de Beaujeu. Il épousa, le 24 juillet 1402, Bonne de Savoie, fille d'Amédée VII et de Bonne de Berry, et sœur d'Amédée VIII, sous le règne duquel le comté de Savoie fut érigé en duché, par l'empereur Sigismond, en 1416.

Louis fonda, en 1404, l'Université de Turin, qui fut reconnue par une bulle de Benoît XIII, en date du 24 octobre 1405. Il mourut, à Turin, le 6 décembre 1418, sans laisser d'enfant, et avec lui s'éteignirent les descendants de Philippe[1] et toutes prétentions à la principauté de Morée.

Louis de Savoie avait naturellement hérité de Bourbilly, à la mort de sa mère. Le 1er octobre 1402, il avait écrit[2], de

---

1. Le 19 octobre 1898, les restes mortels des princes et des princesses de la branche de la maison de Savoie, qui porta le titre de prince d'Achaïe, éteinte en 1418, et de quelques autres membres de la maison de Savoie ont été transférés du couvent des Joséphines, à l'église de Saint-Maurice à Pignerol, et inhumés dans une chapelle spéciale, où l'on a apposé l'inscription suivante :

*Ici reposent — dans la paix du Seigneur — les princes de Savoie et Savoie-Achaïe — Philippe, prince d'Achaïe † 1334 — Jacques, prince d'Achaïe † 1347 — Amédée, prince d'Achaïe † 1302 — Ludovic, prince d'Achaïe † 1418 — Bone de Savoie, sa femme † 1432 — Amédée, fils du duc Amédée † 1431 — Pierre de Savoie, évêque de Genève † 1458 — Charles Ier, le guerrier, duc de Savoie † 1490.*

La cérémonie a été célébrée par Mgr Rossi, évêque de Pignerol, en présence de Mgr le duc d'Aoste, représentant le roi d'Italie.

2. Très chier cousins par la grant conflance que j'ay en vous, je vous prie tant comme je puis quil vous playse de moy donner joyesment de ma terre de Bourbily laquele se meut de votre feu jusques a III ans prochains venanz et entretant je feray mon devoir par devers vous et sour ce veuilliez fere bailler voz lettres scelées de votre scel à mon bien aimé et feal escuier Jaquemin Marvrant pourteur des presentes et se aucune chouse vous plait que je puisse fere rescriez le moy quar je le feray de très bon cuer. Notre Seigneur soit garde de vous. Donné à Pignerol, le premier jour d'octobre l'an de grâce mil CCCCII. Loys de Savoie, prince de la Morée.

Pignerol, pour demander à Guillaume de Mello, seigneur d'Époisse, souffrance pendant trois ans, pour reprendre de fief ; mais l'année suivante, il vendit Bourbilly à Pierre de la Trémoille.

## CHAPITRE III

### LES MAISONS DE LA TRÉMOILLE, MONTAGU ET RABUTIN

(1403-1575)

Pour la première fois, Bourbilly était l'objet d'une vente et la propriété en était transmise autrement que par héritage. Le 4 octobre 1403, Guillaume de Mello, seigneur d'Époisse, permit à Pierre de la Trémoille, seigneur de Dours, d'entrer en possession du « chastel et chastellerie de Bourbilly-en-Auxois, droits et appartenances d'icelle[1] ».

La famille de la Trémoille est une illustre et ancienne maison du Poitou, dont le premier personnage connu est Pierre, seigneur de la Trémoille, qui vivait en 1040. D'elle sont sortis les ducs de Thouars, de Châtellerault, de Noirmoutier et de Taillebourg; les princes de Tarente et de Talmont, les marquis de Royan, les comtes d'Olonne et de Joigny. Toutefois son illustration ne commence guère qu'au XIV° siècle.

Le nouveau propriétaire de Bourbilly, Pierre de la Tré-

---

[1]. Voir Documents annexes, V, p. 221.

moille, baron de Dours, était le troisième fils de Guy, cinquième du nom, grand pannetier de France, et de Radegonde Guenand des Bordes. Il avait épousé, en 1402, Jeanne de Longvilliers, baronne d'Engostan. Il fut conseiller du roi Charles VI et chambellan de Philippe le Bon, duc de Bourgogne; il mourut en 1427.

De ses mains, Bourbilly passa presque aussitôt dans celles de ses neveux, Guy et Jean de la Trémoille, seigneurs de Bourbon-Lancy et de Huchon, auxquels Guy de Mello, seigneur d'Époisse, octroya, le 15 février 1405, le droit d'entrer en possession du domaine. Par suite d'une convention intervenue entre les deux frères, Guy demeura seul propriétaire et, le 16 janvier 1410, il rendit « foy et homaige » à son suzerain d'Époisse. Son fils, Louis de la Trémoille, comte de Joigny, hérita de Bourbilly : ce fut lui qui fit dresser le plus ancien inventaire du domaine qui soit parvenu jusqu'à nous [1].

Dans ce curieux document, conservé aux Archives de la Côte-d'Or, on voit que le seigneur de Bourbilly avait haute, moyenne et basse justice, avec les pouvoirs les plus étendus. Outre l'énumération de ses droits, l'inventaire contient une désignation des bois, prairies, moulins, terres arables, etc., composant la propriété. On trouve mentionnés des bois et terres, dont les noms existent encore aujourd'hui, tels que le bois des Chaumailles, le champ de la Grange, le champ du Moulin, le pré de la Rèpe, la Malaise, etc.; d'autres, au contraire, dont le nom a changé, comme le bois des Agotins que l'on désigne ainsi : « le bois

---

1. Voir Documents annexes, VI, p. 223.

entre le Chastel et Toste, appelé le bois d'Oultreleaul ».
Plusieurs terres éloignées de Bourbilly, faisaient alors
partie du domaine, tandis que beaucoup d'autres, telles que
« le Bois du Vy appartenant à Monseigneur Despoisse »
n'y ont été réunis que postérieurement.

Les années pendant lesquelles Louis de la Trémoille,
comte de Joigny, a possédé Bourbilly, ont été très dures
dans le duché, et particulièrement dans l'Auxois. On lit,
dans un ancien chroniqueur : « Cette année de salut 1438
et la suivante furent admirables pour les extrêmes afflictions et persécutions que Dieu envoya à son peuple, car,
quant à la guerre, l'on ne la trouvait plus estrange parce
qu'elle avoit déjà duré tant d'années qu'on la réputait estre
une ordinaire punition de Dieu, mais la suite de la guerre
survint scavoir la famine, suyvie de bien près d'une pestilence non pareille, tellement que ce que la guerre n'avait
emporté, la famine et peste achevèrent. Et n'est nouvelles que de mémoire d'homme l'on ait veu telle atrocité de famine car, par les villes, l'on ne voyoit autre
spectacle qu'une infinité de cadavres entassés par les
rues avec grandes trouppes de pouvres gens languissans
et a demy morts par tous les lieux où l'on alloit, car
les pouvres laboureurs ne trouvans plus aucune chose que
manger par les champs se gettoyent ès villes à grandes
et innombrables trouppes et ne s'en pouvoit on defendre[1] ».

A Semur, les deux fléaux firent un grand nombre de
victimes ; les loups accoutumés, à se nourrir de cadavres,

---

[1]. Paradin de Cuyseaulx, *Annales de Bourgogne*, livre III, p. 783.

entraient jusque dans la ville, où ils dévoraient même les vivants. Pour comble de malheur, des bandes armées, auxquelles on avait donné le nom d'*Écorcheurs* et de *Retondeurs*, parcouraient le pays, se livrant au pillage et au meurtre. Le duc de Bourgogne finit par les mettre en fuite et, ayant saisi un de leurs chefs, le bâtard de Bourbon, il le fit lier dans un sac et jeter à l'eau [1].

Le comte de Joigny avait épousé, le 17 mai 1436, Philippe de Montagu, fille de Jehan de Montagu, seigneur de Couches, et de Jeanne de Mello [2], laquelle avait eu pour dot six cents livres de rente annuelle sur la saulnerie de Salins. Le 16 avril 1640, le comte et la comtesse de Joigny vendirent cette rente à Nicolas Raulin d'Aulthume, chancelier du duc de Bourgogne, moyennant une somme de neuf mille livres tournois. Joigny avait promis à sa femme de la dédommager loyalement sur une de ses terres, ce qu'il fit en lui donnant, par acte du 15 avril 1442, son domaine de Montigny-sur-Armançon. Il avait toutefois stipulé d'abord que, si Philippe mourait avant lui, sans laisser d'enfants, il conserverait l'usufruit de cette terre, dont la propriété reviendrait, après sa mort, au sire de Couches ou à ses enfants, et ensuite que ses héritiers auraient le droit de rentrer en possession du domaine, en payant

---

1. *Journal de Mathieu Paris.*
2. Courcelles (*Histoire des Pairs de France*) et Sainte Marthe disent que Louis mourut en 1467, sans avoir été marié. L'erreur est manifeste, car le contrat de mariage existe dans les Archives de l'Hôtel-Dieu de Beaune, et l'on conserve, au château d'Époisse, un acte du 18 novembre 1446, aux termes duquel Claude de Montagu, seigneur de Couches, donne hypothèque sur Bourbilly au profit de Mme Philippe de Montagu sa sœur, épouse de Louis de La Trémoille, comte de Joigny. Certains généalogistes, trompés par le prénom, ont considéré Philippe comme un fils, et non comme une fille de Montagu.

au sieur de Couches la somme de neuf mille livres.

Philippe de la Trémoille mourut en 1447; elle laissait pour héritier son frère Claude de Montagu, seigneur de Couches. Ce dernier devint donc propriétaire de Montigny, mais, à la suite de quelques difficultés, à propos d'une rente dont ce domaine avait été grevé au profit de Claude de la Trémoille, épouse d'Odo de Maulain, et sœur du comte de Joigny, un arrangement intervint, en 1448, d'après lequel le seigneur de Couches reçut, en échange de Montigny, le château de Bourbilly, avec toutes ses dépendances. Il était, d'ailleurs, stipulé que, si la propriété rapportait moins de cinq cents livres, on compléterait cette somme en abandonnant certaines terres voisines de Bourbilly, tandis que, si le produit était supérieur, l'excédent appartiendrait au comte de Joigny. Ce dernier se réservait, pour lui et ses héritiers, le droit de reprendre, à toute époque, le domaine de Bourbilly, en livrant au seigneur de Couches ou à ses héritiers la terre de Montigny libre de toute charge.

Louis de la Trémoille mourut le 26 février 1465[1] sans avoir dégrevé la terre de Montigny-sur-Armançon; Claude de Montagu fit alors sommation à ses héritiers d'avoir à lui confirmer définitivement la propriété de Bourbilly. Après de longues discussions relativement à la clause de garantie du revenu de cinq cents livres, on finit par signer,

1. Il fut inhumé dans l'église de l'abbaye des Bénédictins de La Bussière-sur-Ouche; sa pierre tombale existe encore, elle porte l'inscription : Cy gist noble seigneur Lois de Trémoille, comte de Joigny, de Borbon-Lanscy, grand baron seigneur de la terre d'Uchon de la Canche et d'Antigny, de Bourbilly, de Montigny, de Chitelle, de Dompierre et de Polly, près de Tonnerre qui trespassat au dit Antigny le XXVIII<sup>e</sup> jour de janvier mil CCCCLXV. Dieu ayt mercy de son âme. Amen.

le 18 novembre 1466, un accord [1] aux termes duquel le seigneur de Couches demeurait propriétaire du domaine entier, à l'exception de quelques champs et d'un petit bois, qui furent abandonnés aux héritiers du comte de Joigny.

Les Montagu, dans la maison desquelles entrait Bourbilly, descendaient d'Alexandre, sire de Montagu, fils de Hugues III, duc de Bourgogne, et d'Alice de Lorraine, et frère cadet du duc Eudes III. Alexandre était mort en 1205 [2]. Un de ses descendants, Jean de Montagu, seigneur de Couches, avait épousé Jeanne de Mello, fille de Guillaume de Mello et d'Ysabeau de Bourbon, veuve d'Eudes de Til; celle-ci avait recueilli, dans la succession de son aïeul, Gibaut de Mello, la seigneurie d'Époisse, qu'elle apporta à son second mari.

Attaché, pendant toute sa vie, au service des ducs de

---

1. Voir Documents annexes, VIII. Cet acte, dont le texte ne remplit pas moins de vingt-neuf pages in-folio d'écriture serrée, est un modèle du genre; par sa longueur, sa complication, ses répétitions, il exciterait l'admiration des tabellions de France et l'envie de tous les *solicitors* de l'Angleterre; une longue étude permet cependant d'en comprendre le sens. En réalité, Bourbilly avait été cédé à réméré en 1448; il le fut définitivement en 1466. Tout en changeant de maître, d'ailleurs, il restait dans la même famille, et, une fois de plus, il se trouvait entre les mêmes mains qu'Époisse.

2. De son épouse Béatrix, fille du comte de Châlons, Alexandre eut plusieurs enfants. L'aîné, Eudes, épousa, en 1220, Élisabeth de Courtenay, fille de Pierre de Courtenay, empereur de Constantinople, et de Yolande de Flandres; il mourut en 1247 et eut pour héritier son fils Guillaume, époux de Jaquette de Sombernon, décédé en 1259. Alors se succédèrent de père en fils : Alexandre, qui épousa Agnès de Neuchâtel, mort en 1296; Etienne, époux de Marie de Couches de Beauffremont, mort en 1315; Etienne II, époux de Jeanne de Verdun, mort en 1339; Philibert, seigneur de Couches, époux de Marie de Frolois, fille de Jehan de Frolois et d'Agnès de Saint-Verain; Hugues, époux de Jeanne de Seignelay; Philibert II, né en 1357 et mort en 1406, qui avait épousé d'abord Marguerite de Seignelay, puis Jeanne de Vienne; de cette dernière, il eut un fils, Jean de Montagu, seigneur de Couches. Voir : *Histoire généalogique des ducs de Bourgogne de la Maison de France*, par André du Chesne, publiée en 1628.

PIERRE TOMBALE DE LOUIS DE LA TRÉMOILLE.
DANS L'ÉGLISE DE LA BUSSIÈRRE

Bourgogne, Jean de Montagu accompagna Philippe le Bon à Troyes, lorsque le fils de Jean Sans-Peur, voulant venger la mort de son père, signa, le 20 avril 1420, le honteux traité qui reconnaissait le roi d'Angleterre Henri V comme régent de France et héritier du royaume. Il assista au mariage d'Agnès de Bourgogne, dernière fille du duc, avec Charles de Bourbon, comte de Clermont, et les documents de l'époque lui donnent le titre de seigneur d'Époisse. Il fut nommé, en 1426, gouverneur de La Charité et constitué, en 1427, l'un des gardiens de la trêve conclue entre le duc de Bourgogne et le roi de France. Il prit encore part aux nombreuses guerres entreprises par Philippe le Bon, jusqu'au moment où la paix d'Arras, conclue le 21 septembre 1435, grâce à l'intervention du pape Eugène IV, rétablit la tranquillité en Bourgogne. Jean mourut en 1440. De son mariage avec Jehanne de Mello, il avait eu, outre sa fille, mariée à Louis de la Trémoille, comte de Joigny, un fils Claude [1], qui lui succéda.

Suivant Olivier de la Marche, Claude de Montagu fut « un grand seigneur en Bourgogne et bien renommé en toutes choses que chevalier doit être ». Il est particulièrement connu par la charte d'affranchissement qu'il octroya, le 7 juin 1448. Après avoir rappelé les malheurs qui avaient accablé l'Auxois et notamment les guerres, pendant lesquelles un grand nombre d'habitants avaient quitté le pays, abandonnant leurs terres, qui restaient sans culture,

---

1. C'est par erreur que Moreri lui attribue un second fils, nommé Philippe, qui aurait épousé Louise de La Trémoille et serait mort sans enfants. Comme on l'a vu ci-dessus, et comme cela résulte de plusieurs actes, Philippe de Montagu était la *fille* de Claude et avait épousé Louis de La Trémoille, comte de Joigny.

il concédait l'affranchissement de la main-morte aux habitants d'Époisse, Corrombles, Toutry, Torcy, Pouligny, Vic-de-Chassenay, etc. Son exemple fut suivi, car, le 22 septembre 1458, Bertrandon de la Broquières affranchit, de son côté, les habitants de Courcelles-Frémoy, Vieux-Château, Monberthaut, etc.

Claude, qui était conseiller et chambellan du duc Philippe le Bon, accompagna ce prince en Flandre; il assista au défilé des Gantois venant faire leur soumission après la bataille de Gavre, en 1453. Charles le Téméraire lui conféra, en 1468, le collier de la Toison d'or et l'emmena dans diverses expéditions. Il fut tué, au mois de mars 1470, dans le combat de Bussy. Son épouse, Louise, fille de Bertrand de la Tour et de Marie de Bologne, mourut en 1472. Aucun enfant n'étant né de ce mariage, la maison royale de Bourgogne s'était trouvée éteinte à la mort de Claude; déjà le dernier des ducs de la première race, Philippe de Rouvre, était mort sans postérité en 1361, et le duché avait été réuni à la couronne de France.

Cependant, si Claude de Montagu n'avait pas laissé d'enfants légitimes, il avait une fille naturelle, que le duc de Bourgogne, Philippe le Bon, avait légitimée, par un acte du 21 juin 1460 [1] confirmé, le 15 septembre 1461, par le roi Louis XI, et celle-ci avait épousé, en 1467, Hugues de Rabutin. En faveur de ce mariage, Claude fit don à sa fille de la seigneurie de Bourbilly, dont l'accord intervenu l'année précédente, l'avait rendu définitivement propriétaire [2].

---

1. Voir Documents annexes, VII, p. 225.
2. *Id.*, VIII, p. 226.

La famille de Rabutin, qui devait conserver le domaine pendant deux siècles et demi, est originaire du Charolais [1].

Le château de Rabutin, situé près de Changy, sur l'Arconce, à une lieue de Charolles, était déjà en ruines au XVIIe siècle, et il n'en restait plus aucune trace au siècle dernier.

Bussy-Rabutin a raconté, en quelques pages, toute l'histoire de la maison dont il descend; il en trace les origines depuis le XIIe siècle, et son récit, aussi rempli d'esprit que d'orgueil, ne s'arrête que vers l'année 1684 [2].

« Le premier qui soit connu sous le nom de Rabutin est Mayeul, qui se rendit garant avec plusieurs vassaux de Guillaume comte de Mascon, d'un traité passé entre ce dernier et Pierre le Vénérable, abbé de Cluny, en août 1147, ainsi qu'on le voit dans la bulle d'Eugène III, conservée dans la bibliothèque de Cluny ». Ses nombreux descendants, dont Bussy donne soigneusement les noms, ne se sont signalés par aucun acte remarquable. Le plus célèbre semble avoir été Amé de Rabutin, chevalier, seigneur d'Épiry, né en 1400, de Huguenin de Rabutin et de Philiberte de Chasans. « Ce fut un gentilhomme plein d'esprit

---

1. « Dans le comté de Charolais, il se trouve un grand bois appelé la forêt Rabutin, au milieu de laquelle il y a une espèce de marais, dans lequel on voit les restes d'un vieux château ruiné, qu'on nomme encore le château de Rabutin. Les premiers seigneurs qu'on trouve de ce nom-là tiroient leur origine au delà des tems ausquels les surnoms distinguez par les terres commencèrent à s'établir dans la Bourgogne. » (*Histoire généalogique de la maison de Rabutin.*)

2. « C'est une maison, disait Mme de Sévigné, où il semble que la valeur et la hardiesse soient héréditaires. L'origine est tout à fait belle et dans le goût de ceux qui s'y connaissent. Le commencement me plaît fort; on n'en voit pas la source, et la première personne qui se présente est un fort grand seigneur, il y a plus de cinq cents ans, des plus considérables de son pays, dont nous trouvons la suite jusqu'à nous. Il y a peu de gens qui puissent trouver une si belle tête. » (Lettre du 22 juillet 1685.)

et de valeur, bien fait de sa personne et galant, qui aima les plaisirs et la guerre et qui mérita d'avoir pour maître un plus grand seigneur que le duc de Bourgogne[1]. » Olivier de la Marche[2] et Paradin de Cuyseaulx[3] parlent longuement de ses nombreux et brillants faits d'armes ; le premier dit : « que le chevalier était bien fourny de beaux et aornés mots et qu'il fut tenu de son temps, l'un des plus sages, plaisants et courtois qui fust en Bourgogne et que l'on sceust nulle part ». Ce « moult vaillant chevalier », comme parle le même auteur, fut tué, en 1472, à l'assaut de Beauvais : « grand nombre de gens, dit Philippe de Commines, passèrent par dessus le pont et y fut étouffé monseigneur d'Épiry, un vieil chevalier de Bourgogne qui fut le plus homme de bien qui y mourut ».

Amé de Rabutin avait épousé, le 9 septembre 1421, Claude de Traves, fille de Pierre de Traves, seigneur de la Porcheresse, et de Catherine de Ragny. Il en eut cinq garçons et six filles[4]. Ce fut l'aîné de ses fils, Hugues, qui épousa Jeanne de Montagu, et devint ainsi propriétaire de Bourbilly. L'acte de donation est du 20 octobre 1467.

C'est à cette époque que remonte le premier document relatif à la chapelle de Bourbilly qu'il nous ait été possible de retrouver ; cette pièce, datée de 1471, est déposée aux

---

1. Bussy, *Histoire généalogique*.
2. *Mémoires*, livre I$^{er}$, ch. VIII, IX, XXI, XXV, XXVIII.
3. *Annales*, livre III.
4. Les garçons furent : Hugues, Cyprien, Sébastien, Christophe et Guillaume. Cyprien fut seigneur de Varennes, il ne se maria pas. Christophe fut seigneur de Balore, Sébastien fut prieur de la Madeleine-les-Charolles, Guillaume fut prieur de N.-D. de Charmes. Des trois filles : Jeanne épousa Pierre Palatin de Dio, Louise fut prieure de Saint-Julien-sur-Duesme, Sidone épousa Désiré du Pin.

Archives du département de la Côte-d'Or. C'est la « copie en bonne forme de la nomination à la chapelle du château de Bourbilly, en la personne de Amblard Thiart de Saint-Gengoux-le-Roi, par Hugues de Rabutin, écuyer, et damoiselle Jeanne de Montagu, sa femme, seigneur et dame dudit Bourbilly. Ensuite est la prise de possession par Antoine Thiart, chantre et chanoine de Saint-Vincent de Chalon, au nom dudit Amblard son neveu, et par Philibert de Digoine, écuyer, lieutenant du capitaine du château de Bourbilly, en présence de Jean de Lapalu, écuyer, seigneur de Tôtes en partie ».

Hugues de Rabutin, seigneur d'Épiry, le premier de sa famille qui ait possédé Bourbilly, fut conseiller et chambellan du roi Charles VIII, capitaine de cinquante lances de la grande ordonnance et son lieutenant-général au gouvernement de Bourgogne. Il eut, de Jeanne de Montagu, vingt-deux enfants, dont il ne resta que six garçons et huit filles, les autres étant morts fort jeunes [1]. Bourbilly échut au second fils, Jean, qui épousa Jacqueline de la Renière, mais n'en eut point d'enfant. A sa mort, qui advint le 22 septembre 1512, ses propriétés furent divisées entre ses frères, dont l'aîné, Claude de Rabutin, seigneur d'Épiry et de Sully, eut Bourbilly en partage.

De même que son père, Claude fut conseiller et cham-

[1]. Les fils furent Claude, Jean, Sébastien, Hugues, Blaise et Cyprien, les filles : Anne, Louise, Suzanne, Antoinette, Louise, Philippe, Aymonde et Claude. — Sébastien fut abbé de Moutiers-St-Jean, Hugues fut protonotaire apostolique, Blaise fut seigneur d'Huban et de Brinon, il épousa Françoise de la Porte, Cyprien mourut célibataire. Anne épousa Jacques de Neuchâtel, Louise épousa François de Maugiron, Suzanne épousa Louis de la Tournelle, Antoinette épousa successivement Adrien Damas de la Basolle et Louis de Mongommery, Louise fut prieure de Saint-Julien-sur-Deume, et ses trois dernières sœurs furent religieuses dans ce même couvent de Saint-Julien.

bellan de Charles VIII, capitaine de la grande ordonnance et, de plus, colonel-général des Suisses. Il conserva toutes ces charges sous Louis XII et partagea la faveur du Roi, son maître, avec Bonneval et Chatillon, ce qui fit composer ce dicton :

> Épiry, Chatillon et Bonneval
> Gouvernent le sang royal.

Claude perdit toutes ses charges après la mort du Roi et voici, raconte Bussy, quelle en fut la raison : « Louis XII étant, un jour, enfermé dans son cabinet et ayant commandé à Claude de Rabutin qu'il ne laissât entrer personne, Monseigneur d'Angoulesme, héritier présomptif de la couronne (qui fut depuis François Ier), vint à la porte du cabinet du Roy et y voulant entrer, Claude de Rabutin lui dit l'ordre qu'il avait. Monseigneur d'Angoulesme lui dit que cet ordre n'était pas pour luy et, disant cela, voulut ouvrir la porte. Claude de Rabutin l'en empêcha, le repoussa le plus respectueusement qu'il put, ce qui offensa si fort Monseigneur d'Angoulesme que, s'en souvenant lorsqu'il fut Roi, il obligea Claude de se défaire de sa charge et de se retirer de la Cour. Cependant, François Ier étant en Italie et donnant la bataille de Marignan contre les Suisses, Claude de Rabutin s'y trouva, y fut tué et enterré aux Cordeliers de Marignan. » Claude avait épousé, en premières noces, Barbe Damas, fille de Damas, seigneur de la Basolle, et, en secondes noces, Jeanne de la Vernade, veuve de Jacques Cœur, seigneur de Monglat, et fille de messire Charles de la Vernade, chevalier et conseiller d'État. Il n'eut point d'enfants de ce second mariage, mais sa première femme lui en avait laissé six [1].

L'aîné de la famille, Christophe de Rabutin, né en 1500, devint propriétaire de Bourbilly. Bussy parle de son orgueil et de ses manies, dans une amusante lettre qu'il adresse, de Forléans, à Mme de Sévigné, le 21 novembre 1666 : « Je fus hier à Bourbilly. Jamais je n'ai été si surpris, ma belle cousine. Je trouvai cette maison belle, et quand j'en cherchai la raison, après le mépris que j'en avais fait, il y a deux ans, il me sembla que cela venait de votre absence. En effet, vous et Mlle de Sévigné enlaidissez ce qui vous environne, et vous fîtes ce tour là, il y a deux ans, à votre maison. En arrivant, le soleil qu'on n'avait pas vu depuis deux jours, commença de paraître, et lui et votre fermier firent fort bien les honneurs de la maison : celui-ci en me faisant une bonne collation et l'autre en dorant toutes les chambres que les Christophe et les Guy s'étaient contentés de tapisser de leurs armes. J'y étais allé en famille, qui fut aussi satisfaite de cette maison que moi. Les Rabutin vivants, voyant tant d'écussons, s'estimèrent encore davantage, connaissant par là le cas que les Rabutin morts faisaient de leur maison, mais l'éclat de rire nous prit à tous, quand nous vîmes le bonhomme Christophe à genoux, qui après avoir mis ses armes en mille endroits et mille manières différentes, s'en était fait un habit [2]. Il est vrai que c'est pousser l'amour

---

[1]. Les fils furent Christophe et Hugues ; ce dernier fut seigneur d'Épiry et épousa Louise Rolin, dont il eut trois fils et une fille. — Les quatre filles furent : Marguerite, Catherine, Philippe et Louise.

[2]. Cette peinture, à laquelle fait allusion Bussy et dans laquelle Rabutin est, en effet, représenté vêtu d'un costume, sur lequel figurent ses armes,

de son nom aussi loin qu'il peut aller. Vous croyez bien, ma belle cousine, que Christophe avait un cocher, et que ses armes étaient sur sa vaisselle, sur les housses de ses chevaux et sur son carrosse. Pour moi, j'en mettrais mes mains dans le feu. »

Christophe épousa Claude de Rochebaron, fille de François de Rochebaron, comte de Berzi, et de Louise Hugonet de Saillant, dont il eut cinq garçons et une fille. Il mourut en 1567 et fut inhumé dans la chapelle du château.

L'aîné de ses fils, Charles, était dans les ordres, le second, Celse, auquel passa Bourbilly, ne se maria pas, mais le troisième, Guy, « grand, beau et bien fait, » qui s'était signalé, tout jeune encore, au combat de Ranty, en 1552, où il avait été grièvement blessé, épousa, le 19 janvier 1560, Françoise de Cosseret, fille de messire Charles de Cosseret, seigneur de Bauvoir et d'Anne d'Anlezy, et en eut un fils, qui porta le nom de Christophe.

Guy fut le premier de sa race qui prit le titre de baron de Chantal : c'était celui d'une de ses baronnies situées dans l'Autunois [1]. « Il était, dit la mère de Chaugy, d'un caractère singulièrement hardi et remarquablement sévère. » Cela ne l'empêchait cependant pas de prendre de grands soins, pour « désennuier » sa cousine de Traves.

« Les suites de cette galanterie furent fâcheuses aux deux maisons, dit Bussy, car Traves ayant, à son retour, maltraitté sa femme sur la conduite qu'il avait appris qu'elle

---

existe encore dans la chapelle de Bourbilly, sur la porte du volet qui ferme le reliquaire. Elle porte la date de 1556.

1. Le hameau et le bois de Chantal sont situés à douze kilomètres environ d'Autun, dans le voisinage de Monthelon. Le hameau ne comprend que quelques maisons et il ne reste aucune trace quelconque d'un château.

CHRISTOPHE DE RABUTIN ET CLAUDE DE ROCHEBARON
son épouse
d'après la peinture de 1556 dans la chapelle de Bourbilly

avoist eue, en son absence, Guy de Rabutin prit son temps que Trèves était à la chasse pour enlever sa maîtresse. Il ne faut pas demander quel bruit fit cette violence et quel ressentiment eut Traves de cet affront. Cependant je ne trouve point de combats et je ne voy que de grandes poursuites en justice, qui incommodèrent fort ces deux maisons. » Ce que Bussy ne raconte pas, et on le comprend, parce que cela fait peu d'honneur à sa famille, c'est que Guy, ayant appris que deux témoins allaient déposer contre lui, courut après eux, avec ses deux frères, dont l'un était moine de Moustiers-Saint-Jean et plusieurs domestiques. Arrivé à Autun, il rencontra Celse de Traves, l'un d'eux et le fit poignarder, en plein marché. « Traduits pour ce crime, les meurtriers furent condamnés en 1567, à avoir la tête tranchée et leurs biens confisqués. Mais des lettres d'abolition, données par Charles IX, vinrent, à temps, soustraire les coupables à une peine bien méritée : on se contenta d'une exécution en effigie[1]. »

Ce méfait fut si vite oublié que, trois ans plus tard, en 1570, le Roi conféra au premier des Chantal l'ordre du Saint-Esprit[2] et, quelques mois après, le nomma gentilhomme ordinaire de la chambre du Roi.

---

1. Abord, *Histoire de la Réforme et de la Ligue à Autun*, I, p. 377.
2. Voici le texte de la lettre royale :

« Monsieur de Chantal, pour vos vertus, vaillances et mérites, vous avés été choisi et éleu par l'assemblée des chevaliers, frères et compagnons de l'ordre monseigneur Saint-Michel pour être associé à ladite compagnie, pour laquelle élection vous notifier et vous présenter de ma part le collier dudit ordre, j'envoie présentement mémoire et pouvoir au seigneur de Monmorancy, vous priant vous rendre devers luy pour cet effet et être content d'accepter l'honneur que la compagnie vous désire faire, qui sera pour augmenter de plus en plus l'affection et bonne volonté que je vous porte, et vous donner occasion de persévérer en la dévotion qu'avés de me faire service. Ainsy que vous fera plus plein entendre de ma part ledit seigneur de Monmorancy, auquel je vous prie adiouter sur ce autant de foy que vous

Henri III apprécia également les services de Chantal et le fit capitaine d'une compagnie de cinquante lances de la grande ordonnance. Quelques mois avant sa mort, le Roi faisait encore appel au dévoûment de ce fidèle serviteur, par la lettre que voici :

« A M. de Rabutin-Chantal, capitaine de cinquante hommes d'armes de mes ordonnances :

« Monsieur de Chantal, sachant la bonne volonté et le moyen que vous avez de me servir, spécialement en ce temps que j'ay plus de besoin de mes bons serviteurs, du nombre desquels je vous tiens, que jamais, pour m'opposer aux pernicieux desseins de mes ennemis rebelles, je vous ai fait depescher une commission pour la levée d'une compagnie nouvelle de trente lances laquelle je vous prye faire incontinent prête à monter à cheval, pour avec icelle et le plus de forces que vous pourrez, vous joindre au sieur de Tavannes, mon lieutenant-général en la province de Bourgogne et courir sus à mes ennemis, en attendant que mon neveu le grand prieur soit arrivé en icelle province pour vous instruire de tout ce que vous aurez à faire selon ma volonté ; m'assurant que vous n'oublierez rien de votre debvoir, pour satisfaire à mon intérêt, aussi tenez pour certain, monsieur de Chantal, que je sauray bien recognoistre vos services en toutes occasions qui s'offriront pour vous gratifier. Sur quoy je prye Dieu, monsieur de Chantal, vous avoir en sa saincte garde.

« Ecrit à Tours, douzième jour d'avril 1589.

« HENRY. »

feriés à moy même. Priant Dieu, monsieur de Chantal, qu'Il vous ait en sa sainte garde. — Écrit à Burtal, le 20ᵉ jour de mars 1570.

« Signé : CHARLES. »

Guy de Rabutin-Chantal avait épousé Françoise de Corcelles, fille de Corcelles, seigneur de Beauvoir-la-Nocle, représentant de la noblesse d'Autun aux États d'Orléans : c'était, disent les anciens auteurs, un modèle de vertu « qui n'avait retenu de la Cour que l'honneur et la civilité ». La mère de Chaugy a raconté la façon héroïque dont elle souffrit l'affreuse maladie qui la conduisit au tombeau. « Atteinte d'un cancer au sein, si malin qu'il lui mangea toute la poitrine et même descendit le bras jusqu'au défaut des côtes, elle sut cacher son mal à tous les yeux. Un jour, enfin, il fallut appeler les chirurgiens; ceux-ci demeurèrent émerveillés de la patience de cette dame. Quand M. de Chantal arriva, jamais homme ne fut plus étonné, ni femme plus assurée. « Monsieur, dit-elle, je vous demande pardon de vous avoir célé mon mal, j'ai cru jusqu'ici bien faire, pratiquant la patience chrétienne, souffrant entre Dieu et moi... il faut que vous permettiez aux médecins qu'ils fassent ce qu'ils pourront; après, notre Seigneur fera ce qu'il voudra ». Et, comme on la voulait lier sur son lit, elle reprit « que la raison et la crainte de Dieu sont les plus fortes ligatures qu'une femme chrétienne puisse avoir, que l'on ne craignit rien, qu'elle était tout accoutumée à la souffrance par le regard du crucifix ». Elle vécut un an encore, après avoir subi cette cruelle opération, sans avoir eu la joie d'assister au mariage de son fils.

# CHAPITRE IV

## CHRISTOPHE DE CHANTAL

### (1575-1601)

Ainsi qu'on l'a vu, Celse de Rabutin ne s'était pas marié; en mourant, il laissa Bourbilly à son neveu Christophe, fils de Guy et deuxième baron de Chantal, qui était l'aîné de la famille des Rabutin et le dernier descendant, par la lignée maternelle, de la famille de Saint-Bernard. « Christophe était fort doux, dit Bussy, et cela lui attirait des querelles avec les brutaux qui ne croient pas qu'on puisse être brave sans être fanfaron, mais il les désabusait à grands coups d'épée. Cependant, en dix-huit combats singuliers qu'il a faits et dans lequels il a toujours eu avantage, il n'a jamais tué personne. Les guerres de la Ligue vinrent offrir à sa valeur un champ plus digne d'elle. Il y parut avec éclat et y fit admirer, à la fleur de l'âge, de hautes qualités d'intrépidité et de sang-froid.

Lorsque, en 1573, le duc de Mayenne fut nommé gouverneur de la Bourgogne, il se forma, en faveur du duc de Guise, un parti puissant; Semur resta fidèle au Roi, mais en 1588, le duc de Nemours parvint à y pénétrer et Henri III ne posséda plus aucune ville en Bourgogne. Tavannes entreprit alors de reconquérir la province, il s'empara d'abord de Flavigny, puis il se dirigea vers Semur, avec cent hommes de cheval et sept cents arquebusiers des régiments des barons de Chantal et de Chigny, et il s'en empara, le 1ᵉʳ août 1589, le jour même où Henri III mourait assassiné. La ville reconnut aussitôt Henri IV, elle devint le point de ralliement des royalistes et, en 1590, Tavannes y assembla les États généraux.

Chantal, auquel avait été confié le commandement d'un régiment d'infanterie de seize cents hommes, en huit compagnies, avait été blessé et fait prisonnier, à Messange, le 11 avril 1590. Montmoyen, son parent, écrivit, le lendemain, à Fervaques, pour le réclamer et le faire soigner à Beaune[1], mais sa requête ne fut pas accueillie. Chantal fut conduit à Dijon et, après sa guérison, il fut mis en liberté, moyennant une rançon de cinq cents écus et la promesse de ne pas servir, pendant trois mois, contre la Sainte-Union.

Ce délai expiré, Chantal reprit la campagne, à la suite de Tavannes, et Henri IV, qui appréciait sa valeur, écrivait, en ces termes, au vieux baron : « Monsieur de Chantal, j'ay receu la votre, je suis bien marry que iusques icy je n'aye pu faire pour vous ce que vous désirés, l'incommodité de mes affaires m'en a plus empesché que la volonté, mais j'espère bientôt qu'il se présentera occasion pour laquelle je vous pourray témoigner la souvenance que j'ay de vous et de vos services. Vous entendres de mes nou-

---

1. Les lettres de Montmoyen se trouvent dans la *Correspondance de la Mairie de Dijon*, publiée par M. Garnier, vol. II, p. 292 à 294.

CHRISTOPHE DE RABUTIN—CHANTAL
(1566 — 1601)
d'après le tableau du Musée de Versailles

velles par votre fils présent porteur auquel j'ay donné congé de vous aller trouver sur l'assurance qu'il m'a donné de revenir au plus tôt. Donnés luy des moiens pour reprendre mon service attendant que j'en aye pour en pouvoir départir à mes serviteurs et nommement à luy que j'ayme et duquel je fais cas; s'il se présente jamais occasion de pouvoir faire pour luy, il m'y trouvera fort disposé. Ne le retenés que le moins que vous pourrés, car il se présentera tous les jours des occasions pres de moy ou il auroit trop de regret de manquer; je m'en assure aussy que vous en seriés bien marry. Sur ce, je prie Dieu qu'il vous ait, monsieur de Chantal, en sa garde.

A Saint-Denis, ce 3ᵉ novembre 1590.

« Henry. »

Chantal combattit bravement, pendant l'année suivante, il prit notamment part au siège d'Autun, pendant lequel il eut le désagrément de perdre ses bagages. On lit, dans un document de l'époque : « Le jeudi 13 juin 1591, fut faite une sortie générale où il y eut un engagement très âpre, en même temps, cinquante arquebusiers, conduits par de bons habitans, allèrent en reconnaissance au faubourg des Bouchers, d'où furent dispersés plusieurs soldats et fut enlevée et emportée une valise appartenant au commandant du quartier, le baron Christophe de Chantal, pleine d'accoutremens de satin, beau linge et dix vingts écus en argent [1] ».

Ce fut à la fin de l'année suivante que Christophe

[1]. A la suite de ce récit, l'auteur ajoute cette extraordinaire anecdote : Ce même jour, une garce eut la tête emportée d'un coup de canon, dont les soldats assurant que c'était de bon augure pour la ville, se montrèrent joyeux, s'écriant : *C'est le bonheur!* Depuis lequel temps, en effet, jusqu'au dernier grand assaut, dans la ville et dans la garnison, il ne fut blessé per-

épousa Jeanne-Françoise Frémyot, fille de messire Bénigne Frémyot, second président au parlement de Dijon, et de Marguerite de Berbisey.

Après avoir traversé la rivière qui serpente au fond du vallon de Bourbilly, on rencontre une forêt, qui occupe tout le coteau orienté vers le sud-ouest et qui porte le nom de bois des Agotains. En sortant de cet épais rideau de verdure, on se trouve sur un vaste plateau, d'où la vue s'étend sur les profondeurs du Morvand; au loin, on aperçoit, à gauche, les ruines encore imposantes de l'antique collégiale de Thil, en face, les toits brillants du vieux manoir de La Roche-en-Brény, à droite les grands bois au milieu desquels se cache le monastère bénédictin de La Pierre-qui-Vire. Au premier plan, et à un quart d'heure de marche, est le petit village de Thoste. Là, se voient encore les bâtiments médiocrement conservés d'un château, aujourd'hui converti en ferme, dont les remparts sont en partie détruits et les fossés comblés.

Ce manoir avait été, au XII$^e$ et au XIII$^e$ siècles, la propriété des de Vienne; en 1367, il était passé dans la famille des Chamant; puis, au siècle suivant, dans celle des Digoine et des La Baume de Montrevel; il était enfin devenu, vers 1535, la propriété de Jean Frémyot[1], conseiller au parle-

sonne. (*Relation ou Mémoire du vrai du siège d'Autun tenant pour la ligue, en l'année 1591*, par un officier qui commandait la place.)

1. Le domaine de Thoste passa ultérieurement dans la famille de Neuchèze, dont l'un des membres, Jacques, évêque de Chalon, fit construire la chapelle et rebâtir le château. Il échut ensuite à Charles de Montsaulnin, comte de Montal, lieutenant-général des armées du Roi, que Vauban nommait le héros du Morvan. Anne-Marie de Montal apporta cette terre à Charles-Paul de La Rivière, vicomte de Tonnerre, mort en 1778.

Sous l'empire, Thoste fut acquis par M. de Caux et se trouva, par consé-

ment de Bourgogne, qui, de son union avec Guillemette Godran, avait eu quatre fils. L'aîné, Claude, seigneur d'Is-sur-Tille, fut président de la Chambre des Comptes, à Dijon; le second, André, mourut jeune; le quatrième, Jean, entra dans l'ordre de Saint-Benoît; ce fut le troisième, Bénigne, né en 1538, qui hérita du domaine de Thoste.

Bénigne Frémyot, successivement avocat, puis conseiller-maître extraordinaire à la Chambre des Comptes (1571), avocat général au Parlement (1573) et président à mortier (1581), a été le modèle achevé du grand chrétien et du grand citoyen[1]. La famille de Berbisey, dans laquelle il était entré, en 1570, était l'une des plus anciennes et des plus considérables de la Bourgogne; dans ses veines coulait le sang de Saint-Bernard et, depuis le jour où, en 1477, Louis XI avait fondé le parlement de Dijon, elle avait fourni des magistrats à cette illustre compagnie, en même temps qu'elle avait donné à l'église des évêques et des abbés.

Bénigne Frémyot avait eu trois enfants : Marguerite[2],

---

quent, dans les mêmes mains que Bourbilly. Lors du partage de la succession de M. de Caux, le domaine fut attribué à sa petite-fille, Anna, femme d'Édouard Buon, député de la Sarthe. En 1847, Thoste a été vendu par Mme Buon à M. Jacquinot, dont le fils en est aujourd'hui propriétaire.

1. Sur la vie du président Frémyot, on peut consulter : *La Cuisine* : Histoire du parlement de Bourgogne; — Mgr Bougaud : *Vie de sainte Chantal*; — *Correspondance de la Mairie de Dijon*, publiée par M. Garnier; — *Journal de Gabriel Breunot*; — *Mémoires de Saulx-Tavannes*; — Discours de rentrée prononcé par l'avocat général Doncieux, à la Cour de Dijon, le 8 novembre 1865, etc.

2. La fille aînée du président Frémyot, Marguerite, avait épousé Jean-Jacques de Neufchèzes, baron de Bussy et des Francs en Poitou; elle en eut trois fils et une fille. Les deux fils aînés entrèrent à l'armée et moururent sans postérité; le troisième, Jacques, devint évêque de Chalon-sur-Saône et mourut en 1650. La fille, Marie, épousa François Blondeau, seigneur de Chassagne, président à mortier: elle n'eut qu'une fille, Marguerite, qui entra au couvent des Ursulines de Dijon, où elle mourut en 1713.

née en 1571, Jeanne, née le 23 janvier 1572, enfin André, né en 1573, qui devint archevêque de Bourges. La naissance de ce dernier coûta la vie à sa mère. Demeuré veuf[1], le président Frémyot se consacra, avec un zèle extrême, à l'éducation de ses enfants. Qu'il fût à Dijon ou à Thoste, il leur faisait, soir et matin, une conférence sur la religion catholique, et sur la nécessité de combattre l'hérésie. En 1587, sa fille aînée épousa le baron des Francs et, comme les temps devenaient difficiles, Jeanne fut confiée à sa sœur qui résidait en Poitou, tandis que le grand magistrat se préparait à la lutte.

La guerre civile ne tarda pas à éclater ; le parlement de Bourgogne adhéra presque unanimement à la Ligue et jura obéissance au duc de Mayenne, ou, en son absence, à son lieutenant-général Fervaque, comte de Grancey. Le président Frémyot ne se laissa pas entraîner par l'exemple de ses parents et de ses plus chers amis ; il estima que les arrêts n'étant plus rendus au nom du Roi, les magistrats étaient des rebelles, et, quittant Dijon avec éclat, il se retira dans sa « maison champestre de Thoste » avec ceux de ses collègues qu'il avait entraînés par son exemple : c'étaient notamment le procureur-général Picardet, les conseillers Bossuet, Bouhier, Saumaise et Millotet, que d'autres encore vinrent successivement rejoindre. Ces courageux citoyens déclarèrent fièrement qu'ils constituaient

---

[1]. Le président se remaria plus tard avec Claire Jousset, veuve de Berthier des Noyers, qui mourut en mettant au monde un fils, lequel ne survécut à sa mère que pendant une heure. Mgr Bougaud dit qu'il n'a pu réussir à découvrir aucun document sur ce fait, ni savoir le nom de cette seconde femme ; nous avons trouvé ces renseignements dans un manuscrit inédit conservé à la Bibliothèque de Troyes, ayant pour titre : *Discours historique de la vie de M. Bénigne Frémyot*.

le Parlement de Bourgogne. Toutefois, ils ne tardèrent pas à reconnaître que Thoste ne constituait pas un abri sûr. Le président Frémyot, devenu homme de guerre, réussit à s'emparer de Flavigny, et, le 7 avril 1589, en vertu d'un édit royal ordonnant que le siège du Parlement serait transféré en cette ville, il y installa solennellement les magistrats demeurés fidèles au Roi.

A cette nouvelle, le Parlement ligueur de Dijon déclara annulés à l'avance tous les arrêts du parlement royal et confisqués les biens des magistrats qui en faisaient partie; puis, après avoir vainement essayé de ramener le président Frémyot par les offres les plus séduisantes, il députa vers lui son frère aîné, pour lui signifier qu'on lui enverrait la tête de son fils dans un sac, s'il ne consentait à dissoudre immédiatement le parlement royaliste. « Mieux vaut que l'enfant meure innocent et que le père ne vive pas coupable, » répondit l'intrépide magistrat, et il chargea son frère de remettre à Fervaque une admirable lettre, dont l'original est conservé aux Archives municipales de Dijon [1].

« Je me sens infiniment obligé à vous de la courtoisie que vous m'avez faite en permettant à mon frère de venir ici... parce que par là j'ai reconnu la bonne opinion qui vous reste encore de moi, qu'en mon âme j'ai toujours tout l'amour qu'un homme de bien doit avoir pour sa patrie et pour ses concitoyens et plût à Dieu, en effet, que ma vie fût sacrifiée pour le public et que tout allât bien! Je voudrais bien que j'eusse pu me laisser aller aux larmes et

---

[1]. *Correspondance municipale*, B. 22, Registre X, n° 132.

aux persécutions de mon frère, qui m'ont touché bien avant au cœur, quand j'ai su les fâcheries et rudes traitements que lui et mon fils ont reçus à mon occasion et dont les miens sont encore menacés, mais mon honneur et mon devoir m'empêchent de plier sous toutes ces choses....

« Si c'est un crime d'être serviteur du Roi et de se retirer dans une ville qui est sous l'obéissance de S. M., j'ai failli.... Et quand j'aurais failli en cela, je m'ébahis pourquoi l'on en veut jeter la vengeance sur mon fils et sur mes frères et sœurs et proches parents, qui sont innocents. Et maintenant mon frère m'apporte cette funeste menace que l'on m'enverra la tête de mon fils dedans un sac et que l'on fera à tous mes proches toutes les rudesses que l'on pourra.... Je ne suis point tant dépourvu du sentiment de l'affection paternelle que je ne portasse à regret un tel spectacle. Si dirais-je librement que j'estimerais mon fils très heureux de mourir si jeune et en la première fleur de son âge pour la chose publique et, innocent comme il est, d'avoir un sépulcre si honorable et, par le destin ou malheur plutôt que par la faute de son père, anticiper le cours de sa vie, et éviter le sentiment des calamités qui sont apprêtées sur ce misérable État. Je vous supplie donc de croire que ni les tourments que l'on pourrait me donner, ni ceux que l'on fera à mon fils, que je sentirai plus que les miens, ne me pourraient ébranler à faire chose contre mon honneur et le devoir d'un homme de bien. J'aime mieux mourir tôt, ayant la réputation entière, que vivre longuement sans réputation... A Flavigny, ce 5 mars 1589. »

Les ligueurs les plus violents furent émus à la lecture de cette lettre. Celui « dont l'écritoire lançait des boulets », comme disait le président Jeannin, avait su toucher les cœurs et Fervaque se contenta de garder André Frémyot comme otage.

Sur ces entrefaites, Henri III avait été poignardé. Le président fut atterré de cette nouvelle; en une nuit, ses cheveux blanchirent. Cependant, il n'hésita pas : Henri IV était petit-fils de saint Louis, le trône lui appartenait : M. Frémyot fit flotter son drapeau sur les tours de Flavigny; d'autre part, Henri IV était protestant, il ne pouvait régner sur des Français : M. Frémyot résolut de se faire écraser aux portes de la ville, si le Roi tentait d'y entrer avant d'avoir abjuré. « Sire, disait-il plus tard, je confesse que, si Votre Majesté n'eut crié vive l'Église romaine, je n'aurais jamais crié vive le roi Henri IV. »

Tandis que le parlement de Dijon rendait un arrêt portant : « Défense à toutes personnes, sous peine d'être punies comme hérétiques et perturbateurs du repos public, de reconnaître pour souverain Henri, roi de Navarre, le président Frémyot repoussait avec indignation les nouvelles offres de Mayenne [1], et faisait jurer au parlement de Flavigny de venger la mort du Roi si lâchement assassiné. Puis, rejoignant Tavannes qui assiégeait alors la place de Duesmes, le loyal magistrat fit prêter aux troupes le serment de fidélité au Roi, à la condition que Sa Majesté se ferait catholique. Une balle ayant crevé le tambour sur

1. Entre autres choses, on lui avait offert de lui rembourser tout ce qu'il avait emprunté : « C'était un grand mot, dit l'auteur des *Mémoires inédits*, d'acquitter le sieur Président, car il devait déjà plus de 300 000 livres, n'ayant épargné non plus le bien de ses parents et amis que le sien, ses dits parents et amis ayant été bien heureux de n'avoir eu or ni argent, car il les eut transformés en canons, en poudre, en munitions et en levées de gens de guerre pour le service de son maître. »

lequel il écrivait, sa main ne trembla pas, il se contenta de demander un autre tambour et il continua tranquillement à rédiger l'acte du serment.

Rien n'égala l'activité, l'énergie et l'audace de Frémyot. Magistrat, administrateur, guerrier, diplomate, il se multipliait et donnait courage à tous. Il organisa des levées d'hommes, convoqua les élus de la province et réunit des sommes importantes, empruntant lui-même et répétant à tous « que la grande richesse d'un sujet est la gloire de s'appauvrir pour garder la fidélité qu'il a jurée à son Dieu et à son Roi ».

Lorsque Tavannes put enfin chasser les ligueurs de la ville de Semur, le président Frémyot y transféra le Parlement et la compagnie y tint ses audiences, au prieuré de Notre-Dame, à partir du 16 avril 1592, jusqu'au 15 juin 1595. Vingt-trois magistrats siégèrent dans cette assemblée, où se fit particulièrement remarquer Antoine Bretagne, qui devint, plus tard, président du Parlement de Metz.

Telle était la noble source d'où sortait la jeune fille qui allait devenir l'épouse du jeune Chantal. Pendant les premiers temps de la Ligue, Guy de Chantal, que Tavannes appelait « Bourbilly le père » [1], et son fils avaient été, sans cesse, auprès de leur voisin de Thoste, et le président Frémyot avait apprécié les rares qualités de Christophe. Celui-ci, dit un auteur, unissait à l'intrépidité et au sang-froid « une foi profonde, et une rare délicatesse de con-

---

[1]. Tavannes, aux magistrats de Semur, le 1er avril 1589 : « Les sieurs Audebert et Bourbilly le père vous vont trouver de ma part pour le service du Roy et le bien de vostre ville.... » (*Correspondance de la mairie de Dijon*, vol. II, p. 272.)

science. Il était gai, affable, communicatif, il cultivait les lettres et causait à merveille. Il avait, en un mot, la foi et la bravoure d'un chevalier du moyen âge, avec la distinction d'esprit et de caractère d'un gentilhomme du XVIe siècle ».

Jeanne-Françoise, née le 23 janvier 1572, avait alors vingt ans. Elle avait perdu sa mère, à dix-huit mois ; élevée près de son père, elle avait eu sous les yeux un modèle vivant de toutes les vertus simples et fortes, et l'on peut dire que son caractère avait puisé à cette école une trempe de vigueur et de courage, qui s'alliait chez elle à tous les charmes, toutes les grâces, toutes les tendresses et toutes les sensibilités de la vierge chrétienne. « Elle était, dit un contemporain, de riche taille, d'un port généreux et majestueux, la figure ornée de grâces et d'une beauté naturelle fort attrayante, sans artifices et sans mollesse ; son humeur était vive et gaie, son esprit clair, prompt et net, son jugement solide, il n'y avait rien, en elle, de changeant ni de léger. Bref, elle était telle qu'on la surnommait la dame parfaite. »

Ce sont les mêmes éloges que l'on retrouve dans un manuscrit inédit, conservé à la Visitation d'Annecy. « Elle avoit, dit l'auteur, de la beauté et encore plus d'agréments. Sa taille était au-dessus de la médiocre, ses cheveux noirs, son visage rond, ses yeux grands, noirs et vifs, le teint uny et fort blanc. Elle avoit les lèvres vermeilles et le sourire charmant, la physionomie majestueuse, tempérée par un grand air de douceur, le regard fort doux et plein de feu et d'esprit. Elle joignoit, à tous ces charmes extérieurs, les plus heureuses qualités de l'esprit et du cœur.

Elle possédait la réunion des vertus qui font une pieuse chrétienne et des agréments qui rendent une femme aimable. Son âme estoit forte et généreuse, sa douceur et sa modestie incomparables, son esprit cultivé et enjoué, son imagination vive, sa conversation délicate. »

Le mariage fut célébré, le 29 décembre 1592, dans la chapelle de Bourbilly[1]. Ce château allait devenir le foyer du jeune ménage.

L'hiver, comme d'habitude, avait interrompu la guerre[2], et Chantal put jouir, pendant quelques mois, de son bonheur domestique. « Les deux époux, dit un témoin entendu au procès de canonisation, offraient le modèle du plus saint mariage qu'on puisse concevoir; n'ayant qu'un cœur et qu'une âme, la sainte entourant son jeune époux de vénération et d'obéissance, l'aimant tendrement, ardemment et honnêtement, en étant à son tour chérie et honorée de la plus intime confiance. » Dieu, dit la mère de Chaugy, « avait rendu leur chaste amitié si sincère, si véritable et si réciproque, qu'il n'y eut jamais entre eux deux, non seulement aucun débat, mais pas même de volontés contraires, et Bussy lui-même ajoute : « M. de Chantal trouvant en sa femme de grands agréments de corps et d'esprit, il s'y attacha fort et l'aima aussi avec des tendresses extraordinaires ».

1. C'est à tort que la mère de Chaugy et la plupart des autres historiens disent que la cérémonie eut lieu à Dijon, où le président Frémyot n'aurait pu songer à paraître alors. Le contrat de mariage porte : « L'an mil cinq cent quatre-vingt et douze, le vingt-huitième jour du mois de décembre, au chateau et maison forte de Bourbilly, etc. » (Voir Documents annexes, IX.)

2. Tavannes dit, dans ses mémoires : « L'hyver estoit fort rude et les gardes qu'il falloit faire la nuict, ou d'ordinaire y avoit deux ou trois compagnies de cavalerie, ayant fatigué les troupes, elles se retirèrent aux garnisons jusques au mois de may. »

Chantal était marié depuis trois mois à peine, lorsque Henri IV le manda près de lui. Son père lui remit alors la lettre suivante qu'il adressait au Roi.

« Sire,

« Puisqu'il a plu à Votre Majesté me faire cet honneur que d'avoir receu celle que je vous ay par cy devant ecritte de bonne part et m'assurer que les commodités vous croissant, vous aures souvenance de mes services passés, je prendray la hardiesse de la supplier très humblement de s'en ressouvenir quand l'occasion s'en présentera, et ne trouver pas cy après mauvais l'importunité que j'en pourray faire pour l'entretenement de ma compagnie de gendarmes, affin de continuer le très humble et fidèle service que je luy dois. Pour l'égard de mon fils, j'ay grand regret, Sire, en l'heur qu'il a, et l'honneur que luy faites d'en faire état, que mes moyens épuisés par les services précédens n'accompagnent ma sincère et fidelle affection, ne tirant rien de ce peu qui me reste qu'à la pointe de l'épée ; à quoi, Sire, vous pouvés suppléer ou remédier par votre liberalité, donnant à ce jeune homme de bonne volonté et qui est grandement affectionné, le moien de vous pouvoir suivre aux magnanimes et héroïques exploits et vertueuses entreprises par lesquels vous consacrés votre nom à l'immortalité, étant très marry du long séjour qu'il a fait, qui a été plus long que je n'eusse désiré, ses vieilles blessures s'étant rouvertes par une grande longueur de tems et aussy les affaires de ma maison m'ayant induit à le marier, me servira d'excuse et à moy aussy, si comme vieil gentilhomme françois je parle ouvertement à la vieille françoise. Priant

Dieu qu'il vous donne en toute prospérité et santé,
« Sire,

« Très heureuse et longue vie.

« Votre très humble et très affectionné suiet et serviteur,

« Chantal. »

Au reçu de cette lettre, le Roi accorda au jeune baron une pension de douze cents écus, assignée sur le prieuré de Saint-Martin-des-Champs. Ce fut la veille du départ, en se promenant sous les grands arbres de Bourbilly, que les deux époux eurent cette conversation racontée par les contemporains, dans laquelle le jeune baron pria sa sainte épouse de se charger de l'administration de tous ses biens. « Elle y eut une extrême répugnance, et il lui fâchait extrêmement de sacrifier sa liberté innocente aux tracas embarrassants du soin d'un ménage. » Le baron de Chantal lui dit qu'il fallait qu'elle se résolût à porter ce fardeau, que la femme sage édifie sa maison et que celles qui méprisent ce soin détruisent les plus riches.

Après avoir longtemps résisté, Jeanne finit par céder aux instances de son mari, et, dès le lendemain, elle se mit à la tâche et fit éclater, dit son éloquent historien, ce génie pratique qui, après sa vertu, restera la grande gloire, l'éclat immortel de sainte Chantal. Elle réforma d'abord les domestiques, se levant comme eux, à cinq heures du matin, priant chaque jour avec eux et les faisant assister à la messe, dans la chapelle du château. Souvent, dans la journée, elle leur parlait de Dieu et les dressait à chanter ses louanges. « Oh! disait-elle, en entendant le *Credo*, que nous serions heureux de verser notre sang pour la foi, mais nous n'en sommes pas dignes et il faut bien nous en humilier. » Elle en agit de même avec les fermiers. « Ses doigts, raconte un biographe, ne se reposaient pas. Le matin, après la messe, elle donnait partout le coup d'œil du maître, puis rentrait, gaie et gracieuse, reprendre son ouvrage. Elle fit brûler tous les romans qui se trouvaient dans la bibliothèque du château; ses lectures ordinaires étaient la vie des Saints et les Annales de l'histoire de France. Le soir, après son dîner, elle recevait les pauvres et prenait plaisir à leur servir des aliments. Si l'un de ses habitués venait à manquer, elle partait aussitôt avec une servante et portait, au village, vêtements, secours et remèdes, si bien, disait un habitant, « qu'il y avait plaisir « à être malade, pour avoir les visites de la sainte baronne ». Elle donnait, rapporte une femme de Bourbilly, « tous les secours possibles aux pauvres malades, les levant, les torchant dans leurs ordures et faisant leurs lits, les revêtant de ses propres chemises comme ses enfants ».

« Si elle régla sa famille, dit un contemporain, ainsi fit-elle de sa personne, car se voyant aux champs, et dans une maison de grandes affaires et dépens, elle ne voulut pas, comme les dames mondaines, chercher nouvelle parade d'or et de soie, mais, comme la femme forte, elle se contenta du lin et de la laine, ne faisant plus faire d'habits précieux; les fêtes, quand il fallait paraître, elle se servait des siens de fille, et de ceux de ses noces. Hors de là, elle ne portait que du camelot et de l'étamine, et cela avec tant de propreté, de grâce et de bienséance qu'elle paraissait cent fois plus que plusieurs autres qui ruinent leurs maisons pour porter des attifets : aussi n'avait-elle pas besoin de mendier son lustre à des curiosités de vêtement. »

L'hiver ramena Chantal à Bourbilly, mais ses absences furent encore fréquentes, pendant les années suivantes. Si les progrès de la cause royale étaient continus, ils étaient lents, et l'on pouvait craindre que la guerre se prolongeât, lorsque l'abjuration de Henri IV vint porter le dernier coup à la ligue. La nouvelle de cet événement fut reçue à Semur, avec la joie la plus vive, mais Dijon résista longtemps encore. Ce fut seulement le 25 mai 1595 que le maréchal de Biron prit possession de la capitale de la Bourgogne; le 4 juin suivant, Henri IV y faisait son entrée, portant « un pourpoint de futaine blanche, qui était percé aux deux coudes ».

Le Roi ne fit, d'ailleurs, que passer : l'armée espagnole était aux portes de la ville; dès le lendemain, Henri IV, suivi d'une poignée de braves, parmi lesquels se trouvait le baron de Chantal, voulut faire une reconnaissance : il se trouva inopinément en présence de l'ennemi, à Fontaine-Française. La retraite était impossible; malgré l'extraordinaire infériorité du nombre, le maréchal de Biron chargea furieusement les Espagnols et l'armée royale fit des prodiges de valeur. Le Roi, toujours intrépide, était constamment au premier rang, Chantal ne le quittait pas : « Il se signala particulièrement, dit Bussy, et fut fort blessé, à la vue du roi Henri IV, et, au témoignage de ce prince, il ne contribua pas peu à la victoire. La manière dont le Roi parla de Chantal, au sortir du combat, lui fit plus d'honneur, dans l'esprit des justes estimateurs de la gloire, que les bâtons des maréchaux de France n'en firent, pendant ce règne, à quelques particuliers. En ce temps-là, comme en celui-ci, ces récompenses d'honneur n'étaient point toujours pour les plus dignes, mais seulement pour les plus heureux. »

Lorsque le Roi, resté à Dijon, reçut, le 16 juin, le Parlement de Bourgogne, il ordonna « que ceux de Semur entrassent avant ceux de Dijon, en témoignage de leurs services, ayant suivi sa fortune ». Bien plus, il fut réglé que le Parlement de Semur ferait une rentrée solennelle dans le Palais de Justice.

Le voyage des magistrats fidèles fut une marche triomphale. Tous à cheval, escortés par les troupes que commandait Cypierre, ils arrivèrent, le 20 juin, aux portes de Dijon : le maréchal de Biron et les principaux officiers du Roi, toutes les troupes, tambours battants et enseignes déployées, les attendaient au couvent des Chartreux. Ils firent leur entrée par la porte d'Ouche, au milieu des acclamations d'une foule immense. Henri IV combla d'éloges ces courageux citoyens : « Monsieur, dit-il à Frémyot, vous avez été si heureusement le premier président à Flavigny, que je désire que vous le soyiez ici ». — « A Dieu ne plaise, Sire, répondit cet homme de cœur, M. le premier président est bon catholique, il servira bien Votre Majesté. »

Le lendemain, on arrêta un conseiller au Parlement accusé de concussion et de trahison. C'était celui-là même qui, pendant la Ligue, avait proposé d'envoyer au président la tête de son fils. A cette nouvelle, Frémyot se rendit auprès du Roi et plaida si chaleureusement la cause du coupable que Henri IV n'eut pas le courage de refuser : « Je vois bien, dit-il, qu'il faut que ma clémence se joigne à votre douceur; vous voulez la vie de votre ennemi, je vous la donne ».

Peu après, les habitants de Dijon donnèrent au président une preuve sensible de leur estime, en le nommant maire, ou, comme on disait alors, *vicomte maïeur* de la ville. Le Roi lui offrit en vain de venir à la Cour : Frémyot refusa de quitter sa province. Henri IV le nomma, du moins, membre de son Conseil d'État et lui donna la riche abbaye de Saint-Etienne, que le président abandonna à son fils.

Cependant, la Bourgogne était paisible. Chantal put donc prendre un repos, dont il avait grand besoin pour soigner la blessure qu'il avait reçue. « Il se fit donc transporter à Bourbilly, où sa sainte épouse lui donna de si grandes preuves de la parfaite complaisance qu'elle avoit en lui et lui en elle, que tous les voisins en étaient dans l'admiration [1]. » Une fois guéri, il se hâta de rejoindre le Roi et, pendant quelques années encore, il dut passer, à la Cour, la plus grande partie de son temps. Les honneurs qu'il y recevait et les distractions qu'il y rencontrait ne pouvaient le consoler de la séparation, « il n'assistait aux fêtes que de corps, assurant que la pensée des vertus de sa sainte épouse gravait, dans son âme, le mépris des vanités du monde ». Il en donna bientôt la preuve la plus convaincante. A peine âgé de trente-cinq ans, dans la maturité de l'âge et du talent, il renonça à l'espérance de devenir maréchal de France, plutôt que d'obéir à un ordre que sa

---

1. Procès de canonisation. Déposition de Favre, de Charmette et de Marie-Louise d'Allier.

conscience jugeait injuste[1]. Bientôt même, il quitta la Cour et, en 1600, il vint se fixer définitivement à Bourbilly, auprès de celle qui possédait uniquement son cœur.

Les contemporains nous ont laissé de précieux détails sur la vie de Mme de Chantal, pendant les années qui suivirent son mariage : « Quand son époux était à l'armée ou à la Cour, dit Bussy, elle se donnait toute à Dieu, véritablement quand il retournait auprès d'elle, elle se donnait toute à luy ». Cela ne veut pas dire qu'elle oubliât ses autres devoirs, ni qu'elle mît une moindre vigilance à les remplir. « M. de Chantal, disait-elle plus tard, aimait fort à dormir la grasse matinée, moi qui avais toute l'économie de la maison à mon soin, j'étais forcée de me lever matin, pour donner tous mes ordres. Lorsqu'il commençait d'être tard et que j'étais revenue dans la chambre, y faisant assez de bruit pour l'éveiller, afin qu'on dît la messe à la chapelle, pour faire après les affaires qui restaient, l'impatience me venait; j'allais tirer les rideaux du lit, en lui criant qu'il était tard, qu'il se levât, que le chapelain était habillé et qu'il allait commencer la messe; enfin je prenais une bougie allumée et la lui mettais sous les yeux et le tourmentais tant qu'enfin je le faisais quitter son sommeil et sortir du lit[2]. »

« Mme de Chantal était sévère à bannir le vice de sa maison, mais extrêmement bénigne pour ceux desquels les fautes n'étaient pas malicieuses, et avait des adresses

---

[1]. Mgr Bougaud, *Vie de Ste Chantal*, ch. III.... Ce fait est attesté par la mère de Chaugy et par le Père Fichet; la M. de Monthoux et la sœur Valentine de Belloir en ont témoigné, au procès de canonisation, et l'allusion de Bussy-Rabutin est assez claire sur ce point.

[2]. *Entretiens* : 24 novembre 1629.

toutes particulières pour adoucir l'esprit de son mari, quand elle voyait qu'il se fâchait contre quelqu'un, ou voulait faire quelque châtiment par promptitude, ce qui faisait que M. de Chantal lui disait : « Si je suis trop prompt, vous êtes trop charitable ». Quelquefois il faisait mettre des paysans dans la prison du château qui était malsaine à cause de son humidité. Quand c'était pour des sujets qu'elle jugeait trop minces, après que tous ceux du logis étaient retirés, elle faisait sortir le prisonnier et coucher dans un lit, et le lendemain, de grand matin, pour ne pas déplaire à son mari, elle le remettait dans la prison, et allait donner le bonjour à M. de Chantal. Puis elle lui demandait si aimablement congé d'ouvrir à ces pauvres gens et de les mettre en liberté, que quasi toujours elle l'obtenait. »

L'amour et le soin des pauvres ne faisaient pas négliger à Mme de Chantal ses devoirs de maîtresse de maison. « Bourbilly, dit la mère de Chaugy, était un château de toutes sortes d'honnêtes passe-temps, de jeux, de chasses, de promenades, si bien que c'était le rendez-vous de toute la noblesse des environs et des meilleures compagnies de la ville de Semur. C'étaient : à Vic-de-Chassenay, M. Bourgeois de Crépy, président au Parlement de Bourgogne, et royaliste fidèle : ses deux filles, Marguerite, mariée au fils du premier président Bruslart, et Rose, qui devint abbesse du Puy d'Orbe, étaient les amies d'enfance de Mme de Chantal. A Époisse, demeurait Louis d'Anssienville de Bourdillon, que Henri IV avait récompensé de sa fidélité en le créant marquis d'Époisse, et dont la femme, Claude de Saulx, fille du maréchal de Tavannes, est nommée, par les documents contemporains, « le phénix de son siècle et le parangon des fidèles épouses ». Guillaume de Tavannes, fils du maréchal, qui avait, avec le concours du président Frémyot, vaillamment combattu pour le Roi, résidait à Courcelles-les-Semur : il avait épousé la fille unique du fameux Chabot-Charny. Henri IV s'était montré ingrat envers lui, mais il ne s'en plaignait point. « Partie de mes services à été mal reconnue, dit-il dans ses mémoires, mais sa Majesté était excusable à cause de ses grandes affaires. » Souvent encore, Bourbilly recevait la visite d'Imbert de Marcilly, seigneur de Cypierre, gouverneur de Semur, de François de la Madeleine, seigneur de Ragny, de Joachim de Dindeville, propriétaire de Grignon, de Jacques de Chaugy, d'Anlezy, seigneur de Chazelles, et de maints autres seigneurs qu'attiraient les charmes du commerce de Mme de Chantal. C'est qu'en effet, « les moindres bagatelles, dit un contemporain, devenaient intéressantes dans sa bouche. Elle badinait quelquefois, mais elle revenait toujours à quelque chose de sérieux ». Elle s'efforçait d'ailleurs que les plaisirs ne fissent pas oublier Dieu : devait-on aller à la chasse, la messe commençait une demi-heure avant le départ. Le dimanche, elle entraînait tout le monde aux offices de la paroisse, assurant qu'elle avait un particulier plaisir à prier avec tout le peuple.

Lorsque son mari était absent, la pieuse baronne retranchait encore quelque chose à sa toilette : « Ne me parlez pas de cela, répondait-elle à qui s'en étonnait, les yeux à qui je dois plaire sont à cent lieues d'ici, c'est inutilement que je m'agencerais ». Elle était pleine de retenue, lorsqu'elle recevait la visite de jeunes seigneurs, jugeant « qu'il y a des saisons et des rencontres où une femme doit être un peu incivile pour être bien modeste ». « M. de Chantal étant parti, dit la mère de Chaugy, il ne se parlait plus chez lui ni de jeux, ni de chasses, ni de compagnies superflues. Si quelque honorable visite arrivait, elle était reçue de la sainte avec civilité, mais avec tant de modestie et de retenue, que cela seul faisait connaître qu'il n'était pas temps d'aller chercher là des passe-temps et divertissements. Elle était sagement et saintement habile en cet endroit : en voici un exemple. Il y avait un jeune seigneur, grand ami de M. de Chantal, mais que le démon rendait passionné de notre Bienheureuse, et qui avait entrepris de la poursuivre jusqu'au non plus, quoique la rare modestie de cette jeune dame le tint en telle captivité qu'il n'osait déclarer son extrême passion que par des subtilités. Quand M. de Chantal était chez lui, ce jeune seigneur n'en bougeait, sous prétexte de la chasse. Une fois qu'il était parti pour aller en voyage, ce pauvre passionné voulut tenter fortune, et alla visiter notre Bienheureuse mère, laquelle le reçut en qualité d'ami du baron de Chantal. Le soir approchant et voyant qu'il se jetait sur des discours à sa louange et connaissant la passion qui le poussait, elle lui dit qu'elle était fâchée que M. de Chantal ne fût pas chez lui pour l'entretenir; que pour elle, comme femme absente de son mari, elle n'avait aucune joie, qu'au reste, il fallait qu'elle allât pour quelque affaire chez une demoiselle sa voisine, qu'elle laissait des gens au logis pour le servir, ce soir-là, et là-dessus monte à cheval pour aller coucher ailleurs. Le pauvre gentilhomme devint si confus que, depuis, il n'osa jamais aborder cette dame en l'absence de son mari. »

Une fois que M. de Chantal était parti « s'étant aperçue qu'elle avait oublié, en quelques façons, certaines pratiques de piété, parce qu'elle s'était laissée trop aller au sentiment de plaisir et de joie que sa présence lui causait, elle forma une résolution d'être désormais fidèle aux pieux exercices qu'elle s'était proposés, soit que son mari fût présent, soit qu'il fût éloigné ». « Dès que je ne voyais plus M. de Chantal, dit-elle, je sentais en mon cœur de grands attraits d'être toute à Dieu, mais, hélas ! je n'en savais pas profiter, et faisais quasi aboutir toutes mes pensées et mes prières pour la conservation et le retour de ce cher mari. »

Au moment où le baron de Chantal quitta la Cour pour se fixer à Bourbilly, on entrait dans le triste hiver de 1600 à 1601, si déplorablement célèbre par la famine qui désola la France. « En présence de ces malheurs, Mme de Chantal oublia toute prudence humaine, donnant tous les jours une aumône générale de potage et de pain à tous ceux qui se présentaient, et ils étaient en très grand nombre, les pauvres venant de six à sept lieues à la ronde chercher leur pain quotidien vers cette soigneuse ménagère, qui voulait faire tous les jours cette distribution elle-même. Elle prenait les écuelles des pauvres et les remplissait de potage, leur donnant aussi le pain qui était coupé à l'avance dans des corbeilles. Outre cette charité commune et publique, elle pourvut à la nécessité de plusieurs familles honnêtes qui avaient honte d'aller aux portes, leur envoyant tous les jours, en secret, un pain entier ou un demi-pain, selon le nombre de ceux qui composaient ces familles. On avait dû percer une porte, pour faciliter la circulation des indigents qui se pressaient au château ; beaucoup d'entre eux, après avoir déjà reçu leur portion, rentraient une seconde fois, sans que leur bienfaitrice voulût le remarquer : « Mon Dieu, disait-elle, je mendie à la porte de votre miséricorde, voudrais-je, à la seconde ou troisième fois, être rechassée? Mille et mille fois non, vous souffrez bénignement mon importunité, n'endurerais-je pas celle de votre créature? »

Le château fut transformé en hôpital, et l'on y prépara un grand nombre de lits pour les malades; les pauvres nourrices, qui, mourant de faim, ne pouvaient plus allaiter leurs enfants, furent logées « dans une grande chambre, proche la chapelle Sainte-Marguerite, où Mme de Chantal avait grand soin de leur faire prier Dieu et de leur donner les nourritures qui leur étaient nécessaires ». On construisit, à la hâte, ce fameux four des pauvres, large de quinze pieds et qui pouvait contenir trente boisseaux.

Un jour vint pourtant où les provisions se trouvèrent presque épuisées, et les gens de la maison murmurèrent tout haut des saintes prodigalités de Mme de Chantal. Celle-ci monta dans son grenier et ne trouva plus qu'un tonneau de farine. Elle leva alors les yeux au ciel et, le cœur ému d'une sainte confiance, elle ordonna de puiser à pleines mains et de distribuer sans compter. Dieu avait entendu les prières de la sainte, et il se trouva qu'au bout de six mois, le tonneau de farine n'était pas encore épuisé.

Le même miracle se renouvela, une fois encore. Pendant la disette de l'année suivante, Mme de Chantal fut avertie que ses greniers étaient vides de grains. « Retournez-en chercher pour l'amour de Dieu, reprit-elle, et lorsque sa servante, Marguerite Potot, remonta, elle put à peine entrer dans ce même grenier, qui se trouvait comble[1]. »

Sur ces entrefaites, M. de Chantal tomba malade. « Sa femme, qui l'aimait éperdûment, dit Bussy, passait les jours au chevet de son lit et les nuits à la chapelle. » « Presque tous les jours, dit la mère de Chaugy, ces deux âmes colombines s'entretenaient longuement du mépris de cette vie, et du grand bonheur de servir Dieu hors du tracas du monde. Le malade avait des sentiments plus pressants de l'éternité et voulait qu'ils se fissent une promesse réciproque que le premier libéré par la mort de l'autre, consacrerait le reste de ses jours au service de Dieu. Le cœur de notre Bienheureuse ne pouvait ouïr parler de division et détournait ce propos de la mort, dès qu'il était entamé. »

M. de Chantal entra enfin en convalescence, mais l'épreuve n'était qu'ajournée. Un de ses parents et amis, d'Anlezy, seigneur de Chazelles, l'étant venu voir, lui proposa une partie de chasse. Le baron accepta, quoique à peine remis de sa maladie. On était depuis peu sorti du château lorsqu'à l'entrée des bois, un coup de feu part, un cri retentit et M. de Chantal tombe baigné dans son sang. Il se sent perdu : « Je suis mort, dit-il, mon cousin, mon ami, je te pardonne de tout mon cœur, tu as fait ce mauvais coup par imprudence ». Après ce pardon si généreux et si tranquille, il envoya quatre de ses serviteurs en quatre diverses paroisses, afin que, s'ils ne trouvaient pas le curé, en l'une, ils le trouvassent en l'autre, pour venir le con-

---

[1]. On trouve, dans l'ouvrage de Mgr Bougaud, chap. III, les détails relatifs à ces deux miracles et à leur authenticité.

fesser, et lui administrer les derniers sacrements. Il en envoya un cinquième vers sa chère femme, « mais, hélas, dit-il, ne lui faites pas savoir que je suis blessé à mort, dites seulement que je suis frappé à la cuisse ».

Ce message trouva la pauvre baronne qui était au lit, n'étant accouchée de sa dernière fille que depuis quinze jours. Dès qu'on lui eut fait ce douloureux message : « Ha! dit-elle, on me dore la pilule », et se levant promptement, elle courut vers le cher blessé, lequel on avait porté en une maison du village et mis au lit. Dès qu'il la vit : « Mon amie, lui dit-il, l'arrêt du ciel est juste, il faut l'aimer, il faut mourir. — Non, non, répondit-elle, il faut chercher guérison. — Ce sera en vain, reprit Chantal. Elle voulut dire quelques paroles sur l'imprudence de celui qui avait fait ce funeste coup. — Ha! lui dit le malade, honorons la céleste Providence, regardons ce coup de plus haut. »

« Ce généreux seigneur, d'un esprit tranquille et résigné s'enquit si le prêtre n'était point encore venu; il en arriva un qui le confessa. C'est chose admirable que la constance des grands cœurs! Ce malade parlait de sa mort et de son prochain trépas, comme si cela eût touché un autre que lui. Il vit de loin celui qui l'avait blessé, lequel allait d'un côté et d'autre, comme un désespéré; il haussa la voix, et lui cria : « Mon cousin, mon cher ami, ce coup m'est lâché du Ciel premier que de ta main; je te prie, ne pèche point en te détestant pour une action où tu n'as point péché; souviens-toi de Dieu et que tu es chrétien ». L'on a assuré que sans cet encouragement, cet infortuné gentilhomme allait plonger son épée dans son propre sein, pour venger sur lui-même, par sa tragique mort, celle de son ami.

« Les médecins que l'on avait envoyé chercher, arrivèrent assez promptement ; la pauvre baronne affligée leur dit, sans glose : « Messieurs, il faut absolument guérir M. de Chantal ». Le patient entendit cela de son lit, et répliqua, en souriant : « S'il ne plaît au médecin du ciel, ceux-ci ne feront rien ». On le porta chez lui, où l'on n'épargna rien pour sa guérison. Le malade était tout résigné, dans les mains de Dieu, et exhortait sa chère épouse à la même résignation, lui disant souvent que la volonté de Dieu est le seul bien de l'homme chrétien, et si elle ne voulait recevoir avec paix et soumission le coup de sa mort.

« La douleur de cette femme affligée était si grande qu'elle ne put jamais faire venir son cœur jusqu'à prononcer le *oui* de cette résignation, mais se dérobant à la chambre du malade, elle allait crier tout haut, en certain lieu écarté : « Seigneur, prenez tout ce que j'ai au monde, mais laissez-moi ce cher époux que vous m'avez donné. »

« Ce brave et vertueux cavalier mourut à la plus belle fleur de son âge et neuf jours après sa blessure, après avoir fait tous les actes de piété que l'on saurait désirer d'un religieux, étant muni de tous les sacrements. Il pria, par diverses fois, que l'on ne fît jamais aucune poursuite contre celui qui l'avait blessé, et dit cette belle parole : « C'est sans répugnance quelconque que je lui pardonne, à lui, dis-je, qui a fait ce coup par imprudence, et moi, par la malice de mes péchés, j'ai frappé Jésus-Christ à mort ». Il exhorta derechef sa chère épouse à modérer ses regrets, et à pardonner son innocent meurtrier, et mit dans son testament qu'il déshériterait celui de ses enfants qui voudrait venger sa mort. « Après quoi, libre d'inquiétude, le cœur détaché de la terre et déjà plein du ciel, il s'endormit de la mort des justes. » « Cette mort extraordinaire, dit Bussy, interrompit une grande fortune, que Christophe aurait faite assurément, s'il avoit vescu un âge un peu avancé, car il n'avait que trente-six ans; il y en avoit déjà plus de vingt qu'il fesoit parler de luy à la guerre. »

## CHAPITRE V

### SAINTE CHANTAL

TUTRICE DE SON FILS

(1601-1615)

Mme de Chantal fut anéantie. « Il faudrait, dit un vieil historien, que l'amour et la douleur mêlassent leurs couleurs pour raconter un si lamentable deuil. Elle pleura son époux avec des déluges de larmes incomparables. » Le jour, elle allait se cacher dans la Garenne, la nuit elle demeurait à genoux, priant et sanglotant. « Au bout de trois ou quatre mois, dit la Mère de Marigny, elle était devenue comme un squelette, et l'on commençait à craindre pour sa vie. »

La sainte veuve avait alors vingt-huit ans, et il lui restait un fils et trois filles; elle ne songea donc pas à entrer dans le cloître, mais sa première pensée fut de faire vœu de chasteté perpétuelle, elle distribua ensuite les vêtements de son mari et toutes ses propres parures, enfin elle promit de ne travailler désormais que pour les églises ou pour les pauvres. Sa vie devint plus simple et plus austère encore, et elle consacra à la prière tout le temps qu'elle réservait jadis pour le monde.

« Tantôt les dames ses voisines, qui aimaient parfaitement Mme de Chantal, se rendaient soigneuses de la visiter, ses tantes et ses cousines de Dijon venaient tour à tour demeurer avec elle à Bourbilly, pensant faire grande charité de la consoler, et elles en auraient beaucoup fait de la laisser avec Notre-Seigneur. Le soir, quand cette chaste veuve était retirée en sa chambre : « Hélas, disait-elle quelquefois à ses filles, que ne me laisse-t-on pleurer à mon aise; on croit me soulager, et on me martyrise! » Elle se mettait en prières, dans son oratoire, versait force larmes devant Dieu, et s'attachait tellement à l'oraison, qu'elle s'oubliait de se coucher, si ses filles ne l'en eussent fait souvenir. Quelquefois même, quand toutes étaient retirées, elle se levait et passait partie de la nuit en prières; de quoi celles qui la servaient s'étant aperçues, elles veillaient tour à tour pour faire recoucher leur bonne maîtresse, qui ne trouvait de plaisir sur la terre que de crier à Dieu, comme une hirondelle affamée de la perfection, et de méditer en sa présence comme une paisible colombe. »

Sa douleur n'empêchait pas Mme de Chantal de s'occuper, avec la plus vive et la plus intelligente sollicitude, de l'éducation de ses enfants. « Elle habituait ses filles, dit une contemporaine, à une vie très active et toujours occupée. Elle ne cessait de leur vanter la simplicité et la modestie; elle leur apprenait à être sérieuses, à estimer les personnes par leurs qualités, non par leurs habits, à se moquer agréablement de ces modes absurdes qui varient sans cesse, et qui sont, pour les femmes riches, la cause de tant de dépenses, et l'occasion de tant de péchés. Un jour qu'elle avait remarqué, dans sa petite Marie-Aimée, un mouvement de

SAINTE CHANTAL
à l'âge de 32 ans
d'après le tableau du château de Bourbilly

vanité et de joie, au moment où elle lui mettait un bel habit, elle l'emmena avec elle se promener sous les grands arbres de Bourbilly, et là, cette sainte femme qui voulait que son enfant fût toute à Jésus, commença à lui parler fortement de la honte qu'il y a à tirer vanité de nos habits, que nous devrions plutôt rougir, puisque c'est la preuve de notre innocence perdue, qu'il fallait nous souvenir de l'étable et de la crèche où Jésus-Christ est né, penser à la croix sur laquelle il est mort, et faire comme les saints, qui gémissaient de porter des habits de soie, et des couronnes d'or, quand Notre-Seigneur avait porté une couronne d'épines. Elle ajouta, en terminant, que si saint Bernard, dont elle avait l'honneur d'être la parente, n'avait pas voulu reconnaître sa sœur, un jour qu'elle s'était présentée à lui parée avec trop de luxe, Marie-Aimée non plus ne devait pas espérer qu'elle pût jamais la reconnaître pour sa fille, si elle ne renonçait à la vanité. Cette énergique leçon fit, sur Marie-Aimée, une de ces impressions qui ne s'oublient jamais[1]. »

Ni sa douleur, ni le soin de ses enfants ne faisaient oublier à Mme de Chantal ses œuvres de charité. Les actes du procès de béatification nous en ont révélé quelques-unes : on y lit notamment celle-ci : Un soir, on vient avertir Mme de Chantal que la femme d'un laboureur, Antoine Rigot, est au plus mal, par suite d'un accouchement très laborieux, qui met en péril la vie de la mère et celle de l'enfant. La sainte s'y rend en toute hâte et y passe une partie de la nuit, occupée à soigner la malade, dont on

---

[1]. Déposition de la sœur Marie-Louise de Bussière.

n'attendait plus rien. Enfin, pressée par tous ceux qui étaient là, elle consent à se retirer. Elle était partie depuis quelques instants, lorsqu'un mieux sensible se déclare dans l'état de la malade et l'accouchement a lieu comme par miracle. Qu'on juge de la joie d'Antoine Rigot, mais qu'on dise surtout son étonnement, ses cris de reconnaissance, lorsqu'en ouvrant la porte de sa chaumière, il aperçut, à genoux par terre, à sa porte, en pleine nuit, la baronne qu'il croyait partie, et à laquelle il se sentit aussitôt redevable de la vie de sa femme et de celle de son enfant.

Cependant les desseins de Dieu sur cette âme d'élite ne devaient pas tarder à se manifester. Elle même, parlant plus tard de la période de sa vie qui a suivi la mort de M. de Chantal, disait : « Quand il plut à la Souveraine Providence de Dieu de rompre le lien qui me tenait attachée, à même temps elle me départit beaucoup de lumières sur le néant de cette vie, et de grands désirs de me consacrer toute à Dieu; dès lors, je fis le vœu de chasteté. Je ne me sentais portée d'abord, ajoute-t-elle, qu'à vivre chrétiennement dans la viduité, élevant vertueusement mes enfants, mais bientôt Notre-Seigneur augmenta en moi le désir de le servir; les attraits que je recevais de Dieu étaient si grands que j'eusse voulu quitter tout, et m'en aller dans un désert, pour le faire plus entièrement et parfaitement, hors de tous les obstacles extérieurs, et je crois que, si le lien de mes quatre petits enfants ne m'eût retenue par obligation de conscience, je m'en fusse enfuie inconnue dans la Terre Sainte, pour y finir mes jours. Je sentais des affections inexplicables de connaître la volonté de Dieu et de la suivre quoi qu'il en dût arriver, et il me semble que ce désir était si grand qu'il me consumait au dedans. »

Deux événements extraordinaires vinrent successivement frapper l'esprit de la sainte veuve : Un jour qu'elle passait par un chemin, au bas d'une colline[1], elle aperçut un inconnu, qui avait la ressemblance d'un évêque. La figure du prélat était angélique et ne respirait que l'air du Ciel. Pendant que Mme de Chantal le regardait avec attention, elle entendit une voix qui lui dit : « *Voilà le guide bien aimé de Dieu et des hommes entre les mains duquel tu dois reposer ta conscience* ». Elle se sentit pleine de joie et ne douta pas qu'elle ne dût bientôt rencontrer ce saint personnage. Vers la même époque, saint François de Sales voyait, de son côté, une dame veuve qui lui était inconnue, et la vision fut si claire, que lorsque les deux saints se rencontrèrent plus tard, à Dijon, ils se reconnurent immédiatement sans s'être jamais vus.

Deux ans plus tard, un jour que, dans la chapelle de Bourbilly, Mme de Chantal était agenouillée devant une image de la sainte Vierge, priant Dieu de lui faire connaître sa volonté, elle vit apparaître une multitude de vierges et de veuves qui l'entourèrent, et elle entendit une voix du Ciel, qui lui dit : « *Voilà la génération qui te sera donnée et à mon serviteur fidèle, génération chaste et choisie, mais je veux qu'elle soit sainte* ».

Ce fut peu de jours après que son beau-père pria

---

1. L'endroit où la sainte eut cette vision n'est pas connu d'une façon certaine. On croit cependant qu'il est situé dans le bois des Agotins, au bord du chemin conduisant du hameau de Beauregard au moulin de Bourbilly, près du pré de la Chaume. Il existe, en ce lieu, une petite source, dont l'eau aurait guéri plusieurs malades.

Mme de Chantal de venir auprès de lui, à Monthelon. Avant de quitter Bourbilly, la sainte veuve fit distribuer aux pauvres les grains et tous les autres objets qui se trouvaient au château. Tous ceux qu'elle avait si généreusement assistés pleuraient et gémissaient d'une manière pitoyable, suivant son carrosse et disant qu'ils perdaient leur bonne mère. Mme de Chantal, qui connaissait le caractère de Guy de Rabutin, le désordre de sa maison et ceux encore plus grands de sa conduite, ne se dissimula pas les difficultés de la situation qu'elle acceptait. Mais l'espérance de convertir son beau-père, et de le préparer à une mort chrétienne, lui fit surmonter toutes ses répugnances.

On était au cœur de l'hiver de 1602; le château de Monthelon [1], mal entretenu, n'offrait aucun agrément; l'humeur toujours difficile du baron était devenue d'une extrême violence, et le vieillard était tombé dans l'entière dépendance d'une servante insolente et cupide, qui traita la belle-fille de son maître comme une étrangère et une ennemie. Il est difficile d'imaginer les humiliations qu'il fallut subir, les dégoûts qu'il fallut surmonter; rien ne rebuta Mme de Chantal et, pendant sept années, ce fut dans ce véritable enfer qu'elle passa la plus grande partie de son temps.

Cependant, au mois de mars 1604, le président Frémyot fit savoir à sa fille que l'évêque de Genève, François de Sales, devait prêcher le carême à la Sainte-Chapelle de

---

1. Le château de Monthelon est situé à six kilomètres d'Autun; il est aujourd'hui en assez fâcheux état; une partie des bâtiments a été convertie en ferme, mais on a restauré la chapelle et la chambre de sainte Chantal. Il appartient au prince de Montholon.

Dijon, et il la pressa de profiter de l'occasion pour passer quelques jours hors de Monthelon. Mme de Chantal arriva le premier vendredi de carême et, le soir même, elle assistait au sermon. Quelle ne fût pas sa surprise en voyant le prélat qu'elle avait naguère aperçu dans le bois de Bourbilly! De son côté, le prédicateur reconnut immédiatement la jeune veuve, dont la figure lui avait été naguère montrée dans une vision.

Le frère de Mme de Chantal, André Frémyot, archevêque de Bourges, se trouvait alors à Dijon; l'évêque de Genève, qui était son plus cher ami, venait constamment chez le président, aussi les rapports entre François de Sales et Mme de Chantal furent-ils fréquents. Dès les premiers jours, le saint prélat sut apprécier les hautes qualités et la solide vertu de Mme de Chantal, et il entreprit aussitôt de la pousser dans la voie de la perfection. Un jour qu'elle était mieux parée que de coutume : « Madame, lui dit-il en souriant, auriez-vous envie de vous remarier? — Certes non, reprit-elle. — Eh bien, alors, il faudrait mettre bas l'enseigne! » — Si elle portait un ornement : « Madame, si ces dentelles n'étaient pas là, cesseriez-vous d'être propre? Votre collet laisserait-il d'être bien attaché, si cette invention n'étoit au bout du cordon? » Et lorsque, à la fin de ses prédications, le saint évêque quitta la Bourgogne, il résuma ses impressions en disant : « J'ai rencontré à Dijon ce que Salomon était en peine de trouver en Jérusalem, la femme forte dans Mme de Chantal ».

Au mois de septembre 1606, Mme de Chantal vint à Bourbilly. Elle était à peine arrivée lorsqu'une épidémie de dysenterie éclata au village et bientôt il y eut un grand nombre de morts et de mourants. « La sainte baronne, émue de pitié pour les pauvres malades qui manquaient de tout, se consacra aussitôt, avec une ardeur toute divine, à leur service. « Jamais sœur de l'hôpital ne fut plus saintement embesognée. Tous les matins, avant le lever de l'aurore et après avoir fait son heure d'oraison mentale, elle s'en allait porter, par les maisons du village, ce qui était requis aux malades, et nettoyer leurs immondices. Après que cela était fait, il était temps d'ouïr la messe, et de prendre un peu de réfection, après quoi elle allait servir et consoler les malades des maisons les plus écartées. Le soir venu, elle faisait derechef une visite des malades du village, d'où étant revenue, elle entendait le récit que l'homme qui avait charge de ses affaires lui en faisait, ayant l'œil à tout, et jamais ses dévotions ne la rendirent moins vigilante à conserver et accroître les biens de ses enfants. Souvent il arrivait que, le soir, au moment où elle rentrait épuisée de fatigue, on la venait chercher pour assister un mourant, et elle passait la nuit à genoux au pied du lit, priant avec lui, le servant comme une mère et l'excitant à mourir saintement. Sept semaines s'écoulèrent ainsi, pendant lesquelles il n'y eut pas de jour où elle ne lavât et ensevelît de ses propres mains trois ou quatre cadavres. Elle succomba enfin. La fièvre et la dysenterie la réduisirent bientôt à un tel état qu'on désespéra de ses jours. Dans cette extrémité, elle fit écrire à son beau-père, pour lui confier ses quatre petits orphelins; après quoi, abandonnée à la sainte volonté de Dieu, elle lui offrit le sacrifice de sa vie. Mais l'heure n'était pas venue. Une nuit, étant à la dernière extrémité, au moment où tout le monde attendait qu'elle entrât en agonie, elle fut inspirée de faire un vœu à la sainte Vierge et, le matin, elle se trouva saine et si parfaitement guérie que, mettant promptement ordre aux affaires qui la retenaient, elle monta à cheval et s'en alla à Monthelon, au grand trot, pour consoler ses enfants. Elle fut reçue avec une grande joie, et comme une personne ressuscitée. »

Vers le milieu de l'année 1607, Mme de Chantal vint, comme de coutume, passer quelques temps chez le président Frémyot, au château de Thoste. Elle avait emmené, avec son fils et ses filles, la petite Jeanne de Sales, qui ne la quittait pas. A peine arrivée, cette enfant fut atteinte d'une fièvre et d'une dysenterie; il serait superflu de dire avec quel soin sainte Chantal la servit, mais, au bout de quelques jours, il n'y eut plus d'espoir. Mme de Chantal éperdue offrit sa vie à Dieu, pour sauver cette enfant que l'évêque de Genève lui avait confiée. Cependant, voyant que la petite Jeanne entrait en agonie, elle tomba à genoux, et fit vœu de donner une de ses filles à la maison de Sales, pour remplacer celle que la maison de Sales lui avait confiée. C'était le 8 octobre. « Elle lava le corps innocent de cette jeune trépassée autant de l'eau de ses larmes que de l'autre. » Elle écrivit alors à saint François de Sales un billet malheureusement perdu, auquel l'évêque de Genève répondit par une de ses plus admirables lettres, qu'il faudrait pouvoir citer en entier, et qui se résumait en ces mots : « Il ne faut pas seulement agréer que Dieu nous frappe, mais il faut acquiescer que ce soit sur l'endroit qu'il lui plaira ».

L'année suivante, le jeune baron de Thorens épousait Marie-Aimée. Saint François de Sales, qui était venu bénir le mariage de son frère, profita de l'occasion pour entretenir le président Frémyot du désir de plus en plus ardent que Mme de Chantal éprouvait de renoncer au monde. Le coup fut très rude pour le vieillard. Il demanda tout d'abord un certain répit, mais il finit par accepter courageusement le sacrifice; ce fut le 29 mars 1610 que sa fille quitta la maison paternelle. La scène des adieux fut déchirante. Celse-Bénigne, alors âgé de quinze ans, « que Mme de Chantal aimait, si jamais mère aima amoureusement son fils unique, se vint jeter à ses pieds et fut un sujet de pitié à toute la noble compagnie. Il fit un discours si sensible qu'on eût dit que c'était une harangue étudiée, et sa sainte mère lui répondit avec une force admirable, tandis que la compagnie redoublait ses larmes et ses sanglots, en entendant le discours filial et maternel si douloureusement amoureux. La vaillante mère voulant passer outre pour aller dire adieu à M. Frémyot, le jeune gentilhomme, avec des pleurs et une grâce non pareille, s'alla coucher sur le seuil de la porte de la salle. « Eh, bien! dit-il, ma mère, je suis trop faible et trop infortuné pour vous retenir, mais au moins sera-t-il dit que vous aurez foulé votre enfant aux pieds! » Et comme l'abbé Aubert, précepteur de ses neveux, disait à Mme de Chantal : « Eh quoi, les larmes d'un jeune homme pourraient-elles faire brèche à votre constance? — Nullement, répondit-elle, mais, que voulez vous, je suis mère! » Elle passa outre et entra dans le cabinet où le président s'était retiré pour cacher ses larmes et, comme elle s'était mise à genoux pour recevoir la bénédiction paternelle, le vieillard lui dit :

« Il ne m'appartient pas, ô mon Dieu! de trouver à

redire à ce que votre providence a conclu, en son décret éternel ; j'y acquiesce de tout mon cœur et consacre, de mes propres mains, sur l'autel de votre volonté, cette unique fille qui m'est aussi chère qu'Isaac était à votre serviteur Abraham. » Sur cela, il fit lever cette chère fille et, lui donnant le dernier baiser de paix : « Allez donc, dit-il, ma chère fille, où Dieu vous appelle, et arrêtons tous deux le cours de nos justes larmes, pour faire plus d'hommages à la divine volonté, et encore afin que le monde ne pense point que notre constance soit ébranlée ». Et le président lui remit la lettre suivante qu'il adressait au saint évêque de Genève :

« Ce papier devrait être marqué de plus de larmes que de lettres, puisque ma fille, en laquelle j'avais mis la meilleure partie de ma consolation pour ce monde, et du repos de ma misérable vieillesse, s'en va, et me laisse père sans enfants. Toutefois, à votre exemple, Monseigneur, qui, à la mort de Mme votre mère, avez pris une ferme et constante résolution sur la volonté de Dieu, je me résous et me conforme à ce qui plaît à Dieu. Puisqu'il veut avoir ma fille pour son service en ce monde, pour la conduire par ce chemin dans la gloire éternelle, je vieux bien montrer que j'aime mieux son contentement, avec le repos de sa conscience, que mes propres affections. Elle va donc se consacrer à Dieu, mais c'est à la charge qu'elle n'oubliera pas son père, qui l'a si chèrement et si tendrement aimée. Elle emmène deux gages, l'un desquels j'estime heureux, puisqu'il entre en votre bénie famille ; pour l'autre, je voudrais bien qu'elle voulût nous le conserver. A l'égard de son fils, j'en aurai le soin qu'un bon père doit à ses enfants, et tant que Dieu aura agréable de me laisser en cette vallée de pleurs et de misères, je le ferai instituer en tout honneur et vertu. Je vous supplie très humblement de me continuer toujours vos bonnes volontés, et de croire que je ne désire rien plus, après les grâces et bénédictions de ce Bon Dieu, que j'implore et dont j'ai bien besoin, que d'être conservé en votre souvenance, et de demeurer toute ma vie, Monseigneur, votre très humble et très affectionné serviteur. »

De Dijon, Mme de Chantal se rendit directement à Annecy : ce fut là que fut fondé, le 6 juin 1610, l'ordre de la Visitation, et que la sainte veuve, accompagnée de ses deux premières filles, les Mères Favre et de Bréchard, reçut, des mains de saint François de Sales, les constitutions du nouvel ordre. Il ne saurait être question de raconter ici la vie religieuse de Mme de Chantal : l'œuvre a été accomplie maintes fois, notamment par la Mère de Chaugy, nièce de la fondatrice, dont le livre est plein de charme, et aussi par Mgr Bougaud, évêque de Laval, dont le bel ouvrage a véritablement révélé au monde une vie qui jusqu'alors n'avait guère été connue en dehors d'un cercle restreint.

Dans le courant de l'année qui suivit son entrée en religion, la Mère de Chantal eut la douleur de perdre son père. Les dernières années du grand magistrat avaient été austères ; son fils, entré dans les ordres, et ses deux filles vivaient loin de lui. Toujours simple, le président Frémyot ne trouvait de plaisir que dans l'exercice de la charité. Il eut la douleur de voir mourir l'illustre Monarque dont il avait si bien servi la cause, et le chagrin, si une âme aussi haute eût pu en ressentir à ce sujet, de constater le peu de fonds qu'il faut faire sur la gratitude des princes. Lorsque la place de premier président, qu'il avait jadis refusée, devint vacante, ce fut à un autre que le successeur de Henry IV donna la succession de Brulart. Aussi bien, à ce moment, la fin de Bénigne Frémyot était-elle prochaine. Ce fidèle chrétien vit avancer la mort sans trouble, l'accueillant comme une amie et voulant recevoir les sacrements de la main de son fils André, alors archevêque de Bourges. Il mourut, le 11 août 1611, âgé de soixante-treize ans, donnant au monde, par sa vie sans reproches et sa mort sans peur, le plus rare exemple des vertus civiques et chrétiennes. « Ce fut, a dit avec raison un magistrat [1], la gloire la plus pure de la magistrature du xvi° siècle, et l'un des plus illustres fils de la Bourgogne, cette mère aux enfantements sublimes [2]. »

A la suite du nouveau deuil qui venait de la frapper, la Mère de Chantal partit, vers la fin du mois de septembre 1611, pour mettre ordre à ses affaires. A Bourbilly, les parents de M. de Chantal réunirent un certain nombre de gens doctes, et même de religieux, pour persuader

1. S. Doncieux : *Le président Frémyot*.
2. L'archevêque de Bourges survécut vingt-neuf ans à son père ; il mourut à Paris, en 1640, et avec lui finit la descendance masculine du président Frémyot. Le nom s'éteignit en 1670, par la mort de Claude Frémyot, neveu du président, qui fut lui-même président à mortier et qui, après avoir été deux fois marié, d'abord à Jeanne de Souvent, puis à Marguerite Bretagne, mourut sans postérité, à l'âge de soixante-dix-sept ans.
Le Président La Cuisine, dans son histoire du Parlement de Bourgogne, et après lui Mgr Bougaud, disent que le président Bénigne Frémyot, père de sainte Chantal, fut inhumé dans l'église Notre-Dame de Dijon, puis transféré dans celle de Saint-Bénigne, où l'on voit encore son monument. Il ont tous deux fait une confusion. Le monument qui se trouve à Saint-Bénigne est celui du président *Claude* Frémyot, mort en 1670, fils de Claude Frémyot, seigneur d'Is-sur-Tille et frère aîné du père de sainte Chantal.

à la Baronne, par des raisons de doctrine et de conscience, disaient-ils, qu'elle devait demeurer en Bourgogne, pour pourvoir aux biens de ses enfants, mais elle répondit gracieusement que telle n'était pas sa vocation. Une dame de ses parentes qui était là, voyant que rien ne pouvait l'ébranler, entra en colère, et lui dit que c'était une honte de la voir cachée sous deux aunes d'étamine et que, si on l'écoutait, on mettrait ce voile en mille pièces. A quoi la Sainte fit une réponse de reine : « Qui aime mieux sa couronne que sa tête ne perdra jamais l'une sans l'autre ».

Deux ans plus tard, en 1613, le vieux baron de Chantal mourut à son tour, et un nouveau voyage devint nécessaire. La Mère de Chantal partit donc pour la Bourgogne. Souvent elle allait à cheval, en un jour, de Monthelon à Bourbilly[1], et l'on ne savait qu'admirer davantage en elle, de son détachement des biens de ce monde, de son activité ou de sa sagesse. « Demain, disait-elle, nous irons à Bourbilly, dans la terre de mon fils. » On eut dit d'une morte, qui se survivait pour régler sa succession. Comme Celse-Bénigne était encore très jeune, et qu'il ne devait pas de si tôt habiter son château, elle fit vendre une partie des meubles qui se pouvaient gâter, et ne laissa que quelques chambres garnies. Elle plaça, au château, un régisseur intelligent, et se fit rendre compte, chaque année, jusqu'à la majorité de son fils, des revenus de la propriété.

Le 8 octobre 1615, « en sa qualité de mère et bailliste et ayant la garde de Celse-Bénigne son fils », elle constitua un

---

1. La distance est de soixante-dix kilomètres environ.

procureur pour reprendre de fief et rendre foy et hommage au seigneur d'Époisse et son mandataire, le sieur Jean Coullon se présenta, le 19 octobre, devant le suzerain, mais celui-ci refusa de recevoir l'acte, prétendant avoir droit de commise sur la terre de Bourbilly. Le 2 novembre suivant, le sieur Coullon revint à Époisse, pour y déposer le dénombrement [1], mais le marquis d'Époisse, Louis d'Anssienville de Bourdillon, fit la même réponse, et ne voulut pas davantage accepter ce document, à raison des acquets faits par la baronne de Chantal sans la permission de son suzerain [2].

Des arbitres furent alors nommés pour trancher le différend, et leur sentence « arbitratoire » fut acceptée par les parties, ainsi que cela fut déclaré lorsque Celse-Bénigne vint lui-même prêter foi et hommage, le 21 novembre 1616 [3].

Il est probable que la Mère de Chantal n'eut plus à s'occuper de Bourbilly, dont son fils avait pris possession; aussi bien la création du nouvel ordre religieux était une œuvre suffisamment importante et difficile pour absorber la fondatrice.

Dans la pensée de l'évêque de Genève et de la Mère de Chantal, l'ordre de la Visitation comportait tout ensemble la vie contemplative et la vie active; moins austère que le Carmel, il exigeait la mortification de l'esprit plus que celle du corps, mais, en même temps que les sœurs devaient

---

1. Voir Documents annexes, X, p. 232.
2. La coutume de Bourgogne porte : « Les fiefs du duché de Bourgogne sont sujets à la commise, au cas que l'acquéreur en aliénation et transport en prenne la possession réelle sans le consentement du seigneur dominant, car alors il perd entièrement son fief et il le commet au profit du seigneur dominant.
3. Voir Documents annexes, XI, p. 236.

travailler à leur sanctification, en se livrant à la prière, elles devaient aussi se consacrer au service du prochain et particulièrement des pauvres. Toutefois, au commencement du xvi° siècle, l'idée que des religieuses pourraient sortir de leur cloître et montrer leur visage, semblait si extraordinaire que, dès l'année même de la fondation, la plus vive opposition se produisit, et lorsqu'il s'agit d'établir une seconde maison de l'ordre, le cardinal de Marquemont, archevêque de Lyon, refusa absolument d'autoriser la communauté dans son diocèse, si les règles n'en étaient pas modifiées. Après une vive résistance, l'évêque de Genève finit par céder, et la Visitation devint un ordre cloîtré, mais lorsque, plus tard, les circonstances semblèrent plus favorables, la Mère de Chantal pressa saint Vincent de Paul de réaliser enfin ce qu'elle avait jadis conçu, et ce fut sous son inspiration que le grand apôtre établit la congrégation des Filles de la Charité.

Les progrès de la Visitation furent rapides et lorsque, en 1622, la Mère de Chantal eut la douleur de voir mourir le saint évêque qui, depuis vingt ans, avait été si intimement uni à sa vie, l'ordre était fermement établi en France.

Privée de cet incomparable appui, la fondatrice continua courageusement son œuvre. François de Sales avait écrit, en parlant d'elle : « Je puis dire en vérité qu'une âme ne peut arriver à une plus haute perfection », et encore : « Je ne parle de cette âme toute sainte qu'avec respect, on ne peut assembler une plus grande étendue d'esprit avec une plus profonde humilité ». Il semble cependant que la Mère de Chantal ne cessa pas de s'élever dans les voies de la perfection. « Elle paraissait si extraordinairement douce et aimable, dit la Mère de Chaugy, et dans une si continuelle occupation de Dieu que cela donnait du frémissement. » De toutes parts, on la sollicitait d'établir des maisons de son Ordre et, lorsqu'elle mourut, il existait, tant en France qu'en Italie, quatre-vingt-six monastères de la Visitation.

La fin de la Mère de Chantal fut admirable. Le cardinal de Bérulle avait dit : « Le cœur de cette dame est un autel où le feu de l'amour divin ne s'éteint pas. Ce feu se rendra si véhément qu'il ne consumera pas seulement le sacrifice, mais l'autel même ». La fondatrice était venue à Paris, au mois d'août 1641, sur la demande de la reine Anne d'Autriche, qui désirait la voir et la prier de bénir ses fils, dont l'un devait être le grand Roi, puis elle s'était remise en route, pour visiter quelques couvents de son ordre, lorsque, arrivée à Moulins, elle fut obligée de s'aliter. Pendant plusieurs jours, le mal fit des progrès et, enfin, le vendredi 13 décembre 1641, elle rendit à Dieu sa belle âme, en présence de la duchesse de Montmorency, qui avait vainement offert sa vie, pour obtenir la guérison de la Mère de Chantal.

Au moment même où la fondatrice de la Visitation quittait la terre, Dieu manifesta, par un miracle éclatant, la sainteté de sa servante. Saint Vincent de Paul s'étant mis en prières pour obtenir la guérison de la Mère de Chantal, dont il avait appris la maladie, « vit aussitôt paraître un petit globe de feu, qui s'élevait de terre et s'alla joindre, en la supérieure région de l'air, à un autre globe plus grand et plus lumineux et il lui fut dit intérieurement que ce globe était l'âme de la Mère de Chantal, le deuxième, celle de l'évêque de Genève, et que ces deux âmes s'étaient réunies à celle de Dieu. Et ayant dit la messe, en apprenant la nouvelle de la mort, il vit derechef les mêmes globes et leur union, et il lui resta un sentiment intérieur que cette âme était bienheureuse et qu'elle n'avait pas besoin de prières. Le saint ajoutait que « ce qui lui fait penser que c'est une vraie vision, c'est qu'il n'est point sujet à en avoir et n'a jamais eu que celle-ci et que, d'ailleurs, Dieu a manifesté la sainteté de sa servante en plusieurs endroits du royaume et en plusieurs manières [1] ».

D'éclatants miracles, survenus pendant la vie et après la mort de la Mère de Chantal, confirmèrent l'opinion que l'on avait de sa sainteté. Toutefois, les progrès de la cause de béatification [2] furent lents, et ce fut seulement le 21 novembre 1751, qu'après de minutieuses enquêtes, le pape Benoît XIV en publia le décret.

Peu après, le clergé de France, réuni en assemblée générale, sollicita du Souverain-Pontife la canonisation de la Bienheureuse. « Tel fut, disait-il, l'héroïsme de cette illustre femme, tel fut l'éclat de ses exemples et la renommée de ses vertus que les vœux les plus constants et les plus unanimes de tous les Français n'ont cessé de soupirer après son triomphe. Concitoyens de cette illustre femme, nous revendiquons sa gloire, l'amour de la patrie vient couronner l'amour de la religion. »

Ce fut en 1767 que Clément XIII publia le décret de canonisation de celle qui avait été « le modèle de la perfec-

---

1. Lettre de saint Vincent de Paul aux filles de la Visitation (procès de béatification).
2. Voir pour les dépositions des habitants de Bourbilly, au procès de béatification : Documents annexes, XIV, p. 242.

tion chrétienne dans l'état conjugal, dans le recueillement du veuvage et dans la sainteté de l'état religieux ».

Le corps de sainte Chantal repose aujourd'hui auprès de celui de saint François de Sales, dans l'église du monastère de la Visitation d'Annecy ; son cœur et ses yeux, conservés au couvent de Moulins, dans le reliquaire donné par la duchesse de Montmorency, sont actuellement au monastère de la Visitation de Nevers.

# CHAPITRE VI

## CELSE-BÉNIGNE DE CHANTAL

### (1615-1627)

Mme de Chantal avait eu six enfants ; les deux premiers, respectivement nés en 1593 et en 1594, étaient morts au berceau. En 1596, il lui naquit un fils, Celse-Bénigne, puis Dieu lui donna successivement trois filles : en 1598, Marie-Aymée, en 1599, Françoise[1], enfin, en 1601, quelques jours avant la mort de son mari, Charlotte ; cette dernière lui fut enlevée en 1610.

Marie-Aymée, disent les contemporains, « était une enfant charmante, parfaitement belle, de riche taille, de très belle humeur, d'un bon esprit, d'un jugement solide, avec la meilleure grâce du monde en toutes ses actions[2] ». Mariée, dès l'âge de douze ans, à Bernard de Sales, baron de Thorens, frère du saint évêque de Genève, veuve à dix-huit ans, religieuse aussitôt que veuve, elle mourut sans

---

[1]. L'histoire de Marie-Aymée et de Françoise de Chantal a été racontée dans un charmant ouvrage intitulé : *Les deux filles de sainte Chantal*. Le livre, publié sous le voile de l'anonyme, est dû à la plume de Mme la comtesse de Menthon.

[2]. *Marie-Aimée de Chantal*, par la M. de Chaugy.

postérité, le 7 septembre 1617, à peine âgée de dix-neuf ans. »

Françoise, « gaie, enjouée, bien faite, toute d'esprit et de feu, avait je ne sais quoi de noble et de bien fait qu'on admire, enfin de quoi éblouir » ; elle avait épousé, en 1620, le comte de Toulonjon[1], qu'elle eut la douleur de perdre en 1630. Elle mourut, le 4 décembre 1684, âgée de quatre-vingt-cinq ans[2].

Celse-Bénigne était devenu propriétaire de Bourbilly, au moment de la mort de son père, mais sa mère en avait conservé l'usufruit. Il en devint maître au moment de sa majorité. Passionnément attaché à sa mère, il avait été désolé de la voir partir pour fonder un ordre religieux, et l'on a vu par quels moyens il avait essayé de la retenir. Son éducation devait s'achever chez son grand-père, mais le président Frémyot mourut en 1611, et Celse-Bénigne, qui n'avait pas encore seize ans, se trouva livré à lui-même. Il devint, dit Bussy, « un des plus accomplis cavaliers de France, soit pour le corps, soit pour l'esprit, soit pour le courage. Il avait la taille la plus forte du monde. Il dansait avec une grâce sans pareille. Il faisait si bien des armes que si l'on n'eust connu qu'il était brave aux

---

1. La famille de Toulonjon est connue par trois chevaliers de la Toison d'or, par plusieurs chambellans, gouverneurs et maréchaux de Bourgogne, ambassadeurs et généraux des armées de nos ducs. (*Descentes généalogiques de plusieurs familles illustres de Bourgogne*, par Th. Varin, seigneur d'Andeux.)

2. Sa fille Gabrielle épousa, le 28 avril 1643, Bussy-Rabutin ; elle mourut en 1646, laissant trois filles : les deux aînées, Jacqueline et Diane, entrèrent en religion, la troisième, Louise-Françoise, épousa, en 1673, Gilbert de Langheac, marquis de Coligny, et, en secondes noces, Henri de la Rivière, seigneur de Coucy ; elle mourut en 1716. Son fils, François de Toulonjon, bailli de l'Autunois, né en 1632, épousa, en 1667, Bernarde de Pernes, fille du comte d'Épinac et d'Anne de Saint-Germain ; il mourut sans postérité.

CELSE BENIGNE DE CHANTAL
(1596-1627)
d'après le tableau du chateau de Bussy

marques qu'il en avait données à l'armée, on n'en eust
pas pu juger à ses combats particuliers, tant il les fesoit
sûrement. Il était extrêmement enjoué, il y avait un tour
dans ce qu'il disait qui réjouissait les gens, mais ce n'était
pas seulement par là qu'il plaisait, c'était encore par l'air
et la grâce dont il disait les choses; tout jouait en luy. »

« Le fréquent usage des duels étably parmy la noblesse
de France, et surtout parmi les gens de la cour de Louis
Treizième, donna occasion à Chantal de se signaler en plusieurs combats singuliers, entre lesquels celuy qu'il fit contre
Saligny, de la maison de Coligny, me paroist digne d'être
rapporté. Ces deux cousins n'avaient jamais eu d'autre
sujet de se battre qu'une antipathie naturelle, dont on ne
peut attribuer la cause qu'à l'envie réciproque de leur réputation. Ils étaient tous deux braves, de même âge et de
même pays et, quand ces conformités ne font pas naître
l'amitié, elles ne manquent pas de faire naître la haine. Ils
tirèrent l'épée, seul à seul, au bois de Boulogne, et Chantal
ayant eu avantage, Saligny n'en convint pas, un moment
après le combat. Ils recommencèrent donc à se battre, et
Saligny ayant été désarmé, cette fois Chantal ne luy
voulut rendre son épée qu'à la Muette, chés Boier-Bandole,
qui était gouverneur, devant lequel ils convinrent de leurs
faits. »

Par ses qualités et par ses défauts, Celse-Bénigne était
tout ensemble la joie et le tourment de sa mère. Bien reçu
à la Cour, où il jouissait d'une grande faveur, il menait une
vie dissipée et brillante, tantôt dans les fêtes, tantôt dans
les aventures. La Mère de Chantal vivait dans un état de
perpétuelle inquiétude, dont ses lettres portent la trace. « Il

est bon et a de bons mouvements, disait-elle, mais la jeunesse l'emporte. » En vain la sainte avait essayé de faire entrer son fils à la cour du duc de Nemours, Chantal n'avait pu se résoudre à demeurer en Savoie et il était revenu à Paris, où les duels avaient recommencé.

Je vous prie, écrivait la Mère de Chantal à la Mère de Chatel, « obtenez-moi cette charité de nos sœurs qu'elles prient fervemment et persévéramment pour mon fils, que les plus unies à Dieu entreprennent cela, je les en conjure et vous particulièrement ».

En 1624, Celse-Bénigne, alors âgé de vingt-huit ans, épousa Marie de Coulanges, fille de Philippe de Coulanges et de Marie de Bèze [1], que Bussy nomme « des gens pleins d'honneur et de vertu mais de petite noblesse ». Au dire de Conrart, Coulanges avait été fermier des gabelles, et il était parvenu, par son mérite, au rang de conseiller du Roi, en ses Conseils d'État et privé.

On put d'abord espérer que ce mariage assagirait le jeune baron : il paraissait très heureux de cette union et il écrivait à sa mère : « J'admire la conduite de Dieu sur nous, quand vous seriez demeurée au monde, selon nos souhaits, et que vous auriez pris les soins de nous avancer que votre amour maternel et votre non pareille prudence auraient su vous faire inventer, vous n'auriez pas pensé à me loger mieux que je ne suis, Dieu m'ayant donné, en mon mariage, tous les avantages souhaitables à ceux de ma condition, de mon âge et de mon humeur ».

---

1. Marie de Coulanges avait une sœur, Henriette, qui épousa le marquis de La Trousse, et trois frères : Philippe, qui épousa Mlle d'Ormesson, Charles, seigneur de Saint-Aubin, et enfin Christophe, abbé de Livry, que Mme de Sévigné appelait *le bien bon*.

En réalité, Celse-Bénigne n'était pas changé. Ce fut, en effet, peu de temps après qu'il risqua follement sa vie. « Le jour de Pâques 1624, dit Bussy, Chantal ayant fait ses dévotions à sa paroisse avec toute la famille de sa femme, un laquais de Bouteville luy vint dire dans l'église (où il étoist encore) que son maître l'attendoit à la porte Saint-Antoine. Il y alla, en petits souliers à mules de velours noir (comme on en portoit alors) et servit de second à Bouteville contre Pontgibaut. Les combattants prirent les couteaux d'une taverne pour leur servir de poignards. On rapportait de l'un d'eux de détestables paroles qu'il avait dites en allant se battre [1]. »

Le crime d'une infraction aux lois contre le duel était encore aggravé par le fait de la profanation du jour de Pâques et le Parlement de Paris rendit, le 24 avril, un arrêt déclarant les duellistes et leurs seconds atteints et convaincus de lèse-majesté divine et humaine, dès lors ignobles, roturiers et infâmes, les condamnant à être pendus et étranglés à une potence croisée dressée sur la place de Grève, et ordonnant que leurs maisons fussent rasées et leurs biens confisqués. L'arrêt fut rendu par contumace; les quatre coupables ayant pris la fuite ne furent pendus qu'en effigie.

Chantal se retira en Bourgogne, et demeura quelque temps caché chez son beau-frère de Toulonjon. Il finit par revenir à Paris et même par reparaître à la Cour, « où le Roy, peu jaloux de son autorité, dit Bussy, ne luy fit pas mauvais visage ».

Le danger auquel il avait échappé, grâce à la bienveil-

---

[1]. *Mercure français*, t. X, p. 315.

lance de Louis XIII, ne rendit pas Chantal plus prudent et, six mois plus tard, il provoquait en duel le duc d'Elbeuf. Une lettre de sa fille nous fait comprendre ce qu'était son caractère. Lorsque Schomberg fut nommé maréchal de France, en 1625, Celse-Bénigne lui adressa un billet ainsi conçu : « Monseigneur, qualité, barbe noire, familiarité », ce qui signifiait, au dire de Mme de Sévigné, « qu'il avait été nommé maréchal de France, parce qu'il avait de la qualité, la barbe noire comme le Roi son maître et qu'il avait de la familiarité avec lui[1] ».

Chantal avait été très lié avec Chalais, maître de la garde-robe du Roi, et l'on disait à la Cour qu'il était sa copie, ce qui, au dire de Bussy, donne de grandes idées de l'original. Ses ennemis prirent prétexte de cette amitié pour le desservir auprès du Roi. « Le cardinal de Richelieu, qui venait de faire couper la tête à Chalais et qui haïssait Chantal, à cause qu'il étoit son amy, celuy de Bouteville et celuy de Toiras (qui fut maréchal de France), avoit fait entendre à Sa Majesté que Chantal avoit de grandes liaisons avec Chalais, et comme cela ne détournoit pas assés l'inclination naturelle que ce prince avoit pour Chantal, le ministre, qui connoissoit le Roy extrêmement deffiant, luy dit que Chantal se moquoit de tout le monde. Ce fut assés pour le faire haïr que de le faire craindre. Voyant donc le mauvais visage que Sa Majesté luy faisoit depuis quelque tems, et son bon amy Bouteville venant d'avoir la tête coupée, à la suite de son duel avec Beuvron, en exécution d'un arrêt rendu le 21 juin 1627, dans lequel le Parlement avait rappelé le duel

---

1. Lettre à Bussy, du 6 août 1675.

du jour de Pâques, Chantal s'éloigna de la Cour. Il se rendit auprès de son ami Toiras, gouverneur de l'île de Ré, sachant qu'il y avait là des périls à courir. »

En apprenant son départ, sa mère lui écrivait : « Vous voilà parmi les hasards de la guerre, cela me rendra plus attentive devant Dieu pour vous. En tout lieu et en tout temps, un moment de vie ne nous est point assuré, mais où sont les périls imminents, il y a encore moins d'assurance, c'est pourquoi je vous prie et vous conjure d'avoir un soin extraordinaire de votre âme, de la mettre et tenir en bon état, et telle que nous voudrions qu'elle fût à l'article de la mort. C'est un passage qu'il faut que tous les hommes fassent, l'importance est de le faire en la grâce de Dieu, et, pour cela, il faut tâcher de s'y tenir, vivant en sa sainte crainte et obéissance à ses commandements.... Voilà les souhaits de votre mère, qui vous chérit comme son propre cœur et s'estimerait heureuse de mourir pour vous obtenir la grâce de vivre dans l'observance des divins commandements [1]. »

Le 22 juillet, les Anglais commandés par Buckingham débarquèrent, au nombre de plus de deux mille. Toiras n'avait que deux cents chevaux et huit cents fantassins. Les cavaliers ayant reçu l'ordre de charger, se précipitèrent à toute bride, mais le canon qui tonnait de tous côtés les arrêta et la plupart des chefs restèrent sur le champ de bataille. Chantal combattit en héros, pendant six heures. Il eut trois chevaux tués sous lui, et reçut vingt-sept coups de pique. Gregorio Leti dit que le dernier lui fut porté par

---

[1]. *Correspondance*, vol. VI, juillet 1627.

Cromwell. Il fut, dit le *Mercure français,* achevé par un coup de canon.

Saint François de Sales voulut annoncer lui-même la fatale nouvelle à la Mère de Chantal. Celle-ci demeura accablée, puis, après un long silence : « Mon Seigneur et mon Dieu, dit-elle, souffrez que je parle, pour donner un peu d'essor à ma douleur. Et que dirai-je, sinon de vous rendre grâces de l'honneur que vous avez fait à ce fils unique, de l'appeler lorsqu'il combattait pour l'Église romaine. Mon Rédempteur, recevez ce cher enfant dans les bras de votre miséricorde. » Puis, après avoir beaucoup pleuré : « Mon cher enfant, que vous êtes heureux d'avoir scellé, par votre sang, la fidélité que vos aïeux ont toujours eue pour l'Église romaine ; en cela, je m'estime heureuse d'avoir été votre mère[1] ».

« Chantal mourut qu'il n'avoist guères plus de trente ans, dit Bussy, s'il eust vescu davantage et qu'il eust servy avec la naissance, l'esprit et le courage qu'il avoit, vraysemblablement il seroit allé aux grands honneurs de sa profession. Je dis vraysemblablement, car, de certitude, il n'y en a point. La fortune empesche bien les gens sages de s'assurer de rien. »

Chantal fut inhumé dans l'église Saint-Martin-de-Ré[2], son cœur fut apporté à Paris et déposé dans l'église des Minimes de la place Royale ; sur le monument élevé dans cette dernière, on grava l'inscription qui suit :

*Hospes si tibi sunt virtus et pietas cordi siste atque luge-*

---

1. *Vie abrégée,* Bougaud, II, ch. 30.
2. L'exhumation de ses restes a eu lieu le 5 février 1862. Voir Documents annexes, XX.

*Pauxillo cor maximum vasculo hic concluditur invicti heroïs Celsi-Benigni de Rabutin, baronis de Chantal, Hedui : qui constanti erga principem fide, memor avitæ nobilitatis pro salute Galliæ fortissime dimicantis occubuit ætatis flore primulo. Martiæ conscius indolis Anglus gloriæ superstiti non invidit positaque feritate fassus strenuum bellatorem securus ingemuit et animi mortalitatis exuvias servat acerbæ cœdis rea insula; cui ereptum illæsi amoris corculum Maria de Coulanges conjux, heu! veris nimium lacrymis spargit insolabiliter. Obiit V Calend. August. Anno Christi 1627* [1].

[1]. Etranger, si tu estimes le courage, arrête-toi et pleure. Dans ce petit vase est enfermé le grand cœur de l'invincible héros Celse-Bénigne de Rabutin, baron de Chantal, du pays d'Autunois, qui, constamment fidèle à son Roi et se souvenant de la noblesse de ses aïeux, a vaillamment combattu pour le salut de la France et est mort à la fleur de l'âge. Conscient de son caractère martial, l'Anglais ne jalouse pas la gloire qui lui survit, et, oubliant sa cruauté, il confesse que c'était un vaillant guerrier, et il le pleure, n'ayant plus à le craindre. L'île qui a été témoin du combat acharné conserve les dépouilles de la partie mortelle de son être, auxquelles a été arraché ce cœur, plein d'un inviolable amour, que Marie de Coulanges, son épouse, pleure, inconsolable, hélas! avec un déluge de larmes amères. Il mourut le 5ᵉ jour des calendes d'août, l'an du Christ 1627.

# CHAPITRE VII

## MADAME DE SÉVIGNÉ

(1627-1696)

Avec Celse-Bénigne s'éteignait le nom de Chantal : de sa courte union avec Marie de Coulanges étaient nées deux filles ; la première était morte aussitôt[1], la deuxième, qui vint au monde l'année suivante, devait être Mme de Sévigné. Époque à jamais mémorable dans les annales de la France, qui, en l'espace de cinq années, voyait naître Molière, La Fontaine, Pascal, Bossuet et Sévigné :

*Magna parens virum!*

On a longtemps ignoré le lieu de la naissance de Mme de Sévigné et les auteurs le plaçaient à Bourbilly. La découverte de son acte de baptême a montré que la fille de Celse-Bénigne était née à Paris, le 5 février 1626, dans un hôtel

---

[1]. Sainte Chantal, qui avait appris presque simultanément la nouvelle de la naissance et celle de la mort de cette enfant, écrivait à Mme de Coulanges, mère de sa belle-fille : « Il me tarde infiniment de savoir des nouvelles de notre tant aimée et tant aimable fille : Dieu lui donne un heureux accouchement! » Et elle ajoutait à sa lettre un post-scriptum : « Or sus, il faut bénir Notre-Seigneur de ce qu'il lui a plu mettre cette chère petite en paradis où éternellement elle louera sa bonté et priera pour ses chers père et mère. Il en donnera d'autres, s'il lui plaît, mais ne pensez pas que ma fille m'en soit un brin moins chère. » (*Lettres*, vol. V, p. 419.)

de la place Royale et qu'elle a été baptisée, le lendemain, dans l'église Saint-Paul [1].

Elle avait donc dix-huit mois au moment de la mort de son père, et elle ne devait pas tarder à devenir doublement orpheline. En adressant à sa belle-fille les consolations que lui inspirait sa foi ardente, la Mère de Chantal lui disait : « Conservez-vous pour élever en la crainte du Seigneur, le cher gage qu'il vous a donné de ce saint mariage ». Malheureusement la jeune veuve fut atteinte, en 1633, d'une grave maladie; la fondatrice de la Visitation répondait à son frère, l'archevêque de Bourges, qui lui en donnait avis : « Votre lettre m'a sensiblement touchée, par la maladie de ma pauvre très chère fille.... Me voici donc dans l'occasion de plusieurs résignations, attendant ce qu'il aura plû à Dieu de faire d'une chère créature, qui causerait, par son départ, tant d'affliction à sa bénite maison, mais je sens l'autre au-dessus de tout, c'est la perte irréparable que ferait sa pauvre fille » [2]. Et, quelques jours plus tard, la sainte religieuse ayant appris la nouvelle de la mort, répondait : « Ne faut-il pas adorer, avec une très profonde soumission, la volonté de Dieu?... Il faut avouer que je fus tellement saisie qu'il y a apparence que si j'eusse été debout, je fusse tombée de mon haut et n'ai pas souvenance qu'aucune affliction m'ait causé un tel effet.... J'écris à M. et Mme de

---

[1]. Voici le texte de l'acte de baptême : Février, vendredi, sixième jour, fut baptisée Marie, fille de Messire Celse-Bénigne de Rabutin, baron de Chantal, et de dame Marie de Coulanges, place Royalle. Parrain : Messire Charles Le Normant, seigneur de Beaumont, maistre de camp d'un vieil régiment, gouverneur de la Fère et premier maistre d'hostel du Roy. Marraine : dame Marie de Baise, femme de Messire Philippe de Coulanges, conseiller du Roy en ses Conseils d'État et privé.

[2]. *Lettres*, vol. VII, p. 234.

MARIE DE RABUTIN CHANTAL
MARQUISE DE SÉVIGNÉ

Née à Paris en 1626, morte à Grignan en 1696.

(Hachette et C¹ᵉ Éditeurs)

Coulanges, je crois que leurs cœurs sont toujours les mêmes qu'ils ont été envers la pauvre petite orpheline[1] ».

Marie de Chantal n'avait que sept ans lorsqu'elle eut le malheur de perdre sa mère[2]. Elle fut alors recueillie par ses grands-parents, qui lui prodiguèrent tous leurs soins. La sainte grand'mère, remerciant M. et Mme de Coulanges « de l'incomparable amour qu'ils avaient eu pour son fils, leur rendait grâces des soins qu'ils donnaient si paternellement et si maternellement tous deux à cette pauvre petite pouponne. Hélas, disait-elle, qui eût jamais pensé que nous dussions nous condouloir ensemble sur le trépas de cette fille si uniquement aimée et si entièrement aimable? Mon Dieu soit béni, loué et glorifié éternellement en tous les effets de son bon plaisir!... Pour notre petite orpheline, je ne la plains pas tandis qu'il plaira à Dieu de conserver mon très honoré frère et vous, car je sais que plus que jamais vous lui serez vrai père et vrai mère et que vos dignes enfants la chériront toujours. Le cœur m'attendrit fort quand je la regarde dans ce dépouillement de père et mère[3]. »

Dans l'étude qu'il a consacrée à Mme de Sévigné, Lamartine assure que, si elle n'est pas née à Bourbilly, c'est là

---

1. *Lettres*, vol. VII, p. 239.
2. Extrait du registre des convois de la paroisse Saint-Paul. Le dimanche 21 août 1633, convoi général de la veufve Mme Chantal, fille de M. de Coulanges. Le corps porté droit de la maison de M. son père aux filles de Sainte-Marie de la Visitation, à l'église desquelles qu'il font bastir le dit sieur de Coulanges a fait édifier une chapelle pour y estre le lieu de leur sépulture. Le service, le lendemain, au dict lieu, de douze prestres faict par M. de Saint-Paul qui communia, après lui, toutes les religieuses, pendant quoy nous chantasmes la prose, et le mardi suivant, fut faict le grand service à Saint-Paul, sa paroisse, où son cœur et ses tripailles sont enterrés en la chapelle Notre-Dame.
3. *Lettres*, vol. VII, p. 241.

du moins qu'elle a été élevée [1]. La vérité est, au contraire, qu'après la mort de son époux, la veuve de Celse-Bénigne s'était retirée auprès de ses parents, qui vivaient tantôt à Paris, dans une maison de la place Royale, tantôt à Sucy-en-Brie. Il est probable qu'elle vînt parfois à Bourbilly, mais elle n'en fit pas sa demeure habituelle et, après sa mort, sa fille n'eut guère l'occasion d'y paraître, tout au moins avant l'époque de son mariage.

Marie de Chantal fit sa première communion en 1643, c'est-à-dire à l'âge de huit ans, et sa grand'mère écrivait à M. de Coulanges, qui l'en avait informée : « Vous me consolez bien des nouvelles que vous me dites de cette petite orpheline : qu'elle sera heureuse si Dieu vous conserve pour lui continuer votre pieuse et sage conduite! C'est la vérité que j'aime cette enfant comme j'aimais son père et tout pour le ciel. Je me réjouis de la grâce qu'elle aura de communier à Pâques. Je prie Dieu qu'à cette première réception de notre doux Sauveur, il lui plaise de prendre une si entière possession de cette petite âme qu'à jamais elle soit sienne. Que je vous suis obligée en cette petite créature! [2] »

---

[1]. « C'est à Bourbilly qu'elle avait été allaitée et bercée, au printemps de l'année 1626, époque où sa mère la rapporta dans ce nid de famille ; c'est là que ses yeux s'étaient ouverts à la lumière, qu'elle avait essayé ses premiers pas sur ces dalles, balbutié les premiers mots sous ces voûtes, reçu, pendant les années où l'âme émane des lieux, les premières impressions de cette nature, joué dans ces prairies comme le chevreuil de ces forêts, et respiré, avec cet air élastique et toujours frissonnant de la Haute-Bourgogne, cette vigueur de santé et cette impressionnabilité des sens, qui donnèrent à son teint ces roses célèbres et à son âme ce perpétuel frisson de sensibilité, prélude du génie quand il n'est pas le prélude de la passion.... Qui ne connaît pas le site ne connaît pas la plante.... L'homme est plante jusqu'à un certain âge de la vie, et l'âme a ses racines dans le sol, dans l'air et dans le ciel qui ont formé les sens. »

[2]. *Lettres*, vol. VII, p. 315.

Un mois à peine s'était écoulé depuis le jour de cette douce cérémonie lorsqu'un nouveau malheur vint frapper l'orpheline : sa grand'mère mourut, le 12 mai 1634, à l'âge de cinquante-sept ans [1].

M. de Coulanges redoubla de soins pour sa petite-fille et, d'Annecy, la Mère de Chantal l'en remerciait avec effusion : « Au moins, lui écrivait-elle, prendrons-nous le contentement de parler de vos bontés, des effets de votre singulière amitié et de la tendresse d'amour que Dieu vous a donnée pour cette pauvre petite orpheline, de laquelle et de ses affaires vous avez un soin si paternel. Dieu, par sa douce bonté, en sera votre récompense, comme de tout mon cœur je l'en supplie et de donner toujours plus grande grâce à cette petite, afin que, croissant en âge, elle accroisse aussi le contentement que vous en recevez, par des plus solides actions et devoirs de son obéissance. Je ne saurais vous dire ce que je sens vous devoir et à tous les vôtres [2]. »

Le dernier appui laissé à Marie de Chantal lui fit bientôt défaut. Son grand-père mourut, le 5 décembre 1636. Le conseil de famille, qui se réunit le 8 janvier suivant pour choisir un tuteur, confia ces fonctions à l'un des oncles [3]

---

[1]. Elle mourut à Paris, place Royale, et fut inhumée, comme sa fille, dans la chapelle du monastère de la Visitation.

[2]. *Correspondance de sainte Chantal*, vol. VII, p. 368.

[3]. Le procès-verbal de la délibération du conseil de famille se trouve aux Archives Nationales; il est daté du 8 janvier 1637. Il constate que « pardevant Denis de Corde, conseiller du Roy en son Chastelet de Paris, sont comparus les parens de Dlle Marie de Rabutin, fille mineure de deffunts Mre Bénigne de Rabutin, chevalier, baron de Chantal, et de Dame Marie de Collange jadis sa femme ». Le conseil se composait de seize membres; les uns, et notamment Bussy, voulaient choisir pour tuteur l'évêque de Chalon, mais la majorité fut d'un autre avis et le procès-verbal se termine ainsi : « Il sera dit que Mre Philippe de Coulanges, maître des comptes, demeurera tuteur et que la dame sa femme aura l'éducation de la dite Da-

de l'enfant, Philippe de Coulanges, seigneur de Montuleau, conseiller du Roy en ses conseils d'État et privé ; Bussy-Rabutin fut nommé subrogé-tuteur.

C'est donc par erreur que plusieurs historiens de Mme de Sévigné et, en particulier, M. Mesnard, affirment que l'abbé de Livry fut nommé tuteur[1]. Ce qui est vrai c'est que Christophe de Coulanges, abbé de Livry, s'occupa particulièrement des intérêts et de l'éducation de sa nièce, et fut pour elle le plus sagace et le plus affectueux des conseillers. Mme de Sévigné, qui lui en conserva toujours une profonde gratitude, ne le désignait que sous le nom de : *le bien bon*.

L'un des premiers actes du tuteur fut de consulter le conseil de famille sur les questions relatives à l'éducation et à la gestion des biens de sa pupille. Par une délibération du 1ᵉʳ avril 1637, il fut décidé que l'on conserverait, auprès de Mlle de Chantal, en qualité de gouvernante, Mlle de Gohorry, aux appointements de deux cents livres, qu'une somme de huit cents livres serait affectée annuellement à la nourriture de la mineure et de son train et une somme de douze cents livres à son entretien et au paiement des maîtres chargés de son instruction[2].

---

moiselle Marie de Rabutin mineure et feront le serment accoutumé. » Et le 28 janvier, le sieur de Collange « a volontairement pris et accepté lad. charge et fait le serment accoutumé ». Bussy fut nommé subrogé-tuteur et nous le voyons agir en cette qualité dans une délibération du conseil de famille du 1ᵉʳ avril 1637, relative à une vente d'immeubles.

1. *Notice sur Mme de Sévigné*, p. 28. C'est aussi par erreur que M. Walckenaer dit que Philippe de Coulanges mourut en 1636 et fut remplacé par son frère. Les procès-verbaux conservés aux Archives Nationales prouvent que Philippe agissait encore comme tuteur en 1637 et en 1642.

2. Cette somme fut portée à dix-huit cents livres, par une délibération du conseil de famille du 3 juin 1642.

Philippe de Coulanges et son frère l'abbé de Livry n'étaient pas de ceux qui pensent, comme certains personnages des comédies de Molière :

> ... qu'une femme en sait toujours assez
> Quand la capacité de son esprit se hausse
> A connaître un pourpoint d'avec un haut de chausse.

Ils prirent donc grand soin de choisir des professeurs distingués, notamment Chapelain et Ménage qui, malgré les ridicules dont on les a couverts plus tard, n'en avaient pas moins de grandes qualités. Voiture appelait Chapelain l'homme le plus judicieux du siècle et Ménage le définissait :

> Un homme merveilleux dont l'esprit sans pareil
> Surpassait en clarté les rayons du soleil.

Avec sa rare intelligence et la naturelle vivacité de son esprit, Marie de Chantal profita des leçons qu'on lui prodiguait. Elle n'apprit pas seulement le français, mais aussi l'italien et l'espagnol. Ménage lui enseigna même le latin, et elle parvint à le savoir assez bien pour être en état, comme elle le dit dans une de ses lettres, de « lire Virgile dans toute la majesté du texte [1] ».

En 1644, Marie avait atteint sa dix-huitième année. Elle était fort jolie, quoique, au dire de Mme de La Fayette, il manquât quelque chose à la régularité de ses traits. Bussy prétend qu'elle avait la bouche plate, la mâchoire et le nez carrés, la gorge, les bras et les mains mal taillés, mais, avec cela, le plus beau teint du monde, la belle couleur des lèvres, les yeux brillants, la taille belle, les cheveux

---

1. 16 juillet 1672 à Mme de Grignan.

blonds, délicats et épais. » Mme de La Fayette, qui parle de
« la bouche, des dents et des cheveux incomparables »
ajoute « le brillant de votre esprit donne un si grand éclat
à vos traits et à vos yeux que, quoi qu'il semble que l'esprit
ne dût toucher que les oreilles, le vôtre éblouit les yeux ».

En dehors de sa remarquable intelligence et du charme
de sa personne, la pupille de Coulanges possédait une belle
fortune : elle avait trois cent mille écus en se mariant[1],
somme très considérable pour l'époque.

De nombreux partis s'étaient présentés : celui qui l'emporta fut un neveu de Mgr de Gondi, archevêque de Corinthe, coadjuteur de Paris, et futur cardinal de Retz, Henri, marquis de Sévigné, gentilhomme breton. « Voici, écrivait la marquise, quelle est notre noblesse : quatorze contrats de mariage de père en fils, trois cent cinquante ans de chevalerie, les pères quelquefois considérables dans les guerres de Bretagne et bien marqués dans l'histoire, quelquefois retirés chez eux comme des Bretons, quelquefois de grands biens, quelquefois de médiocres, mais toujours de bonnes et grandes alliances, celles de trois cent cinquante ans, au bout desquels on ne voit que des noms de baptême, sont du Quelnec, Montmorency, Baraton et Châteaugiron, ces noms sont grands. Depuis ces quatre, ce sont des Guesclin, des Coetquenc, des Rosmadec, des Clindon, des Sévigné, des du Bellay, des Rieux, des Bodégat, des Plessis Ireul et d'autres qui ne me reviennent pas présentement jusqu'à Vassé et jusqu'à Rabutin[2]. »

1. Lettre du 10 juin 1671 à Mme de Grignan.
2. Lettre du 4 décembre 1668 à Bussy. — La Bibliothèque Nationale possède plusieurs manuscrits donnant la généalogie exacte des Sévigné. Nous donnons, ci-après, un document rédigé d'après ces manuscrits, qui portent

Tallemant des Réaux dit que Sévigné « avait fort peu de biens ». On voit cependant, dans un état dressé à sa mort, qu'il possédait des terres, dont la valeur était estimée à 358 000 francs [1]. Conrart, d'Ormesson et Bussy sont d'accord pour dire qu'il était beau cavalier, bien fait et paraissant avoir de l'esprit.

Le mariage était décidé, au mois de mai, mais sur ces entrefaites, Sévigné, appelé sur le terrain par Paul du Chastellet, qu'il avait frappé sur le Pont-Neuf, fut grièvement blessé à la cuisse, et ce fut seulement au mois de juillet que l'on pût signer le contrat. La bénédiction nuptiale fut donnée à Paris, dans l'église de Saint-Gervais-et-Saint-Protais, le 4 août 1644, à deux heures du matin, par Jacques de Neuchèze, évêque et comte de Chalon-sur-Saône, fils de la sœur de sainte Chantal [2].

Après leur mariage, les nouveaux époux partirent pour les Rochers, modeste château de Mme de Sévigné, situé à peu de distance de la petite ville de Vitré.

Ils vinrent ensuite à Bourbilly et Bussy nous apprend que le marquis de Sévigné fut pénétré d'admiration, en voyant, par les écussons qui ornaient la maison, l'antiquité et la grandeur des Rabutin-Chantal. Malheureusement le château avait été en partie démeublé, à la suite d'une délibération prise, le 7 janvier 1638, par le conseil de famille,

---

les cotes : Pièces originales, f. français, 29, 183; Sévigné, 59, 942, f° 35; f. français, 31, 192; Sévigné, 8.573, f° 3; f. français, 30, 150; cahiers bleus, 614; Sévigné, 6.179, f° 5. On n'y retrouve pas tous les noms cités par Mme de Sévigné, et qui étaient sans doute ceux de parents plus éloignés. Voir Documents annexes, XII, p. 237.

1. Savoir : les Rochers 120 000 livres, Bodégat 120 000 livres, le Buron 100 000 livres, Sévigné 18 000 livres.
2. Le texte de l'acte de mariage est reproduit dans l'édition de Mme de Sévigné, de la Collection des Grands Écrivains, vol. I, p. 325.

auquel le tuteur, Philippe de Coulanges, avait « remonstré que tous les meubles qui estoyent au château de Bourbilly ont esté laissés au dit lieu, sans avoir esté vendus après la prisée d'iceulx, que d'aultant que le chasteau est situé au paiy de Bourgogne qui est un continuel passage des gens de guerre et que attendu le dépérissement diceux et *la* risque de les conserver à cause du passage des dits gens de guerre il conviendrait de les vendre ». Le conseil avait donné au tuteur l'autorisation nécessaire, et il est probable qu'il en avait profité. Toujours est-il que le séjour en Bourgogne fut probablement assez court.

M. et Mme de Sévigné revinrent à Paris un peu avant la naissance de leur fille, c'est-à-dire vers l'automne de 1646. A cette époque, dit Saint-Évremond,

> La ville aussi bien que la Cour
> Ne respirait que les jeux et l'amour.

C'était, suivant Saint-Simon, « le temps de la belle conversation, de la belle galanterie, en un mot de ce que l'on appelait les ruelles ». C'était, en particulier, le beau temps du fameux hôtel de Rambouillet, où Mme de Sévigné rencontrait non seulement les plus illustres personnages de la Cour, mais aussi les plus beaux esprits de cette merveilleuse époque : Mme de Longueville, Mme de Sablé, Mme du Plessis-Guénégaud, Corneille, Segrais, Balzac, Voiture, Scudéry, Benserade et tant d'autres encore.

Dans les premiers jours de l'année 1648, M. et Mme de Sévigné retournèrent en Bretagne, et ce fut là que naquit leur fils Charles, puis, après avoir passé l'automne chez leur oncle de Neuchèze, à Ferrières, près Montargis, ils rentrèrent à Paris, vers la fin de l'année. C'était leur séjour préféré, chacun des époux pouvant s'y livrer à ses goûts, d'ailleurs fort dissemblables. La marquise y jouissait des plaisirs de la société, dans laquelle elle brillait par l'éclat de son esprit et le charme de sa conversation. Entourée d'un nombreux cercle d'admirateurs, dont chacun pouvait dire, comme Saint-Pavin :

> Je suis ami sans être amant,

elle savait tout entendre sans rien permettre. Sévigné, au contraire, avait sans cesse de nouvelles galanteries. « Il aima partout, dit Bussy, et n'aima jamais rien de si aimable que sa femme[1]. » Il avait bien, au début de la Fronde, suivi le duc de Longueville en Normandie, où la campagne consista surtout à distribuer des grades, mais ce furent là ses seuls exploits, et c'était sur un autre terrain qu'il faisait des conquêtes : la plus célèbre fut celle de Ninon de Lenclos. Bussy, qu'il avait choisi pour confident, vint tout raconter à sa cousine, en s'offrant à devenir l'instrument de la vengeance, « car enfin, lui disait-il, vos intérêts me sont aussi chers que les miens propres ». « Tout beau, lui répondit Mme de Sévigné, je ne suis pas si fâchée que vous le pensez[2] », et ce libertin sceptique est forcé d'avouer que cette honnête femme « n'aima jamais que son mari bien que mille *honnêtes gens* eussent fait des tentatives auprès d'elle ». Les admirateurs étaient, en effet, de plus en plus nombreux, mais ils en demeuraient tous au même point. L'un d'eux lui ayant adressé un billet, qu'il la suppliait de ne laisser voir à personne, elle le

---
1. *Histoire généalogique.*
2. *Histoire amoureuse des Gaules*, t. II.

montra, en disant : « Si je l'eusse couvé plus longtemps, il fût devenu poulet[1] ».

Malheureusement toutes les maîtresses du marquis de Sévigné n'étaient pas aussi désintéressées que Ninon, laquelle ne voulut, en le congédiant, recevoir qu'une bague de peu de valeur. Mme de Gondran, femme d'un de ses plus intimes amis, devenue sa favorite, était notamment fort exigeante. Les dépenses furent telles que Mme de Sévigné dut se séparer de biens, ce qui ne l'empêcha pas de se porter caution de son mari pour cinquante mille écus. En l'apprenant, Ménage ne put s'empêcher de lui dire « qu'une femme prudente ne doit jamais placer de si fortes sommes sur la tête d'un mari ». — « Pourvu que je ne mette que cela sur sa tête, que pourra-t-on dire ? » reprit-elle.

Au fond, Mme de Sévigné restait profondément attachée à l'homme qui la trompait d'une si indigne façon et qui menaçait, en outre, de la ruiner. « M. de Sévigné m'estime et ne m'aime pas, disait-elle, et moi je suis réduite à l'aimer sans l'estimer. » Très inquiète de la nouvelle que son mari devait se battre, elle lui avait écrit un billet plein de tendres reproches et d'affectueuse inquiétude. Cette lettre, relative à un duel qui n'eût pas lieu, parvint à Sévigné quatre jours avant celui du combat dans lequel il devait trouver la mort.

Conrart raconte ainsi l'événement : « Le chevalier d'Albret sut que le marquis de Sévigné avait tenu à Mme de Gondran des discours à son désavantage. Pour s'en éclaicir, il pria Saucourt de savoir si ce qu'on lui disait était vrai.

---

[1]. Tallemant des Réaux, *Historiette de Sévigny*.

Sévigné dit qu'il n'avait jamais parlé au désavantage du chevalier d'Albret, mais qu'il ne le lui disait que pour rendre témoignage à la vérité et non pas pour se justifier, parce qu'il ne le faisait jamais que l'épée à la main. Saucourt lia la partie avec lui, pour vendredi après-midi, 4 février 1651, et s'obligea de faire trouver le chevalier d'Albret derrière Pique-Puce. Ce dernier s'y rendit à l'heure qui avait été dite. Sévigné dit d'abord au chevalier qu'il n'avait jamais parlé de ce qu'on lui avait rapporté et qu'il était son serviteur. En disant cela, ils s'embrassèrent et ensuite le chevalier dit qu'il ne fallait pas laisser de se battre. Sévigné répondit qu'il l'entendait bien ainsi et qu'il n'eût pas voulu ne point se battre. Aussitôt, ils se mirent en présence et Sévigné porta trois ou quatre bottes au chevalier, qui eût ses chausses percées, mais ne fut point blessé. Sévigné continuant à lui porter, se découvrit et l'autre ayant pris son temps, lui présenta l'épée pour parer, dans laquelle Sévigné s'enferra lui-même et reçut un coup au travers du corps, de biais, mais qui ne perçait pas d'outre en outre. Le combat finit par là, car Sévigné tomba de ce coup, et ayant été ramené à Paris, les chirurgiens le jugèrent mort, dès qu'ils eurent vu sa blessure. Il en reçut la nouvelle avec chagrin et ne se pouvait résoudre à mourir à l'âge de vingt-sept ans. Il ne dura que jusqu'au lendemain matin. » Ses amis étaient accourus auprès de lui. On assure que le plus affligé fût le mari de Mme de Gondran, qui, au dire de Conrart, « s'en plaignait plus que pas un autre, comme faisant une perte dont il ne se pouvait consoler ».

Le marquis de Sévigné fut inhumé dans la chapelle du

monastère de la Visitation, au faubourg Saint-Antoine[1]. Il ne fut point regretté, assure Conrart, ayant la réputation d'être l'un de ces hommes que l'on nomme *fâcheux*.

Il y eut cependant une personne qui pleura Sévigné et ce fut précisément celle-là même qui avait le plus à se plaindre de lui. Bussy dit que Mme de Sévigné « parut inconsolable ». Comme sa grand'mère et comme sa mère, elle devenait veuve étant bien jeune encore : elle n'avait que vingt-cinq ans. Elle passa les premiers temps de son deuil dans sa solitude des Rochers, en compagnie de l'abbé de Livry, qui s'occupa de mettre ordre aux affaires que Sévigné avait laissées dans le plus fâcheux état, puis elle revint à Paris vers la fin de l'année et Lortet l'annonça dans la *Gazette* :

> Sévigné, veuve, jeune et belle
> Comme une chaste tourterelle
> Ayant d'un cœur triste et marri
> Lamenté Monsieur son mari
> Est de retour de la campagne.

L'année suivante, Mme de Sévigné reparut dans le monde. Elle fréquenta surtout la société de la Fronde : la Grande Mademoiselle, la princesse Palatine, les duchesses de Lesdiguières, de Chevreuse et de Châtillon et aussi Scarron, dont la femme présidait « ces agréables réunions de gens d'esprit, de gens de la Cour et de la ville, de tout ce qu'il y avait de meilleur et de plus distingué[2] ».

---

[1]. Son cercueil y a été retrouvé, en 1834, lors des fouilles pratiquées dans cette chapelle aujourd'hui convertie en temple protestant, pour l'établissement d'un calorifère. Le journal *le Libre Examen* du 6 octobre 1834 donne le détail des découvertes faites dans le caveau.
[2]. Saint-Simon, *Mémoires*, t. XIII.

Jeune encore, belle ou plutôt charmante, Mme de Sévigné ne pouvait manquer d'attirer les hommages, et le nombre des soupirants fut, en effet, considérable : elle refusa formellement tous les partis et Bussy, qui s'offrait toujours à la consoler, ne fut pas plus heureux, si bien qu'il finissait par écrire : « Je ne pense pas qu'il y ait, au monde, une personne si généralement estimée que vous ; vous êtes les délices du genre humain, l'antiquité vous aurait dressé des autels et vous auriez assurément été déesse de quelque chose ; dans notre siècle, où l'on n'est pas si prodigue d'encens, et surtout pour le mérite vivant, on se contente de dire qu'il n'y a point de femme plus vertueuse ni plus aimable que vous. Je connais des princes du sang, de grands seigneurs, de grands capitaines, des gentilshommes, des ministres d'État, qui fileraient pour vous, si vous les laissiez faire [1]. ».

Et Mme de Sévigné, qui ne pouvait se défendre d'un certain faible, sinon pour la personne, du moins pour l'esprit de son cousin, lui écrivait : « Je vous faisais une espèce de querelle d'Allemand pour avoir de vos lettres, qui ont toujours le bonheur de me plaire. N'allez pas, sur cela, vous mettre à m'aimer éperdûment comme vous m'en menacez : que voudriez-vous que je fisse de votre *éperdûment*... Vous êtes un homme bien excessif : n'est-ce pas une chose étrange que vous ne puissiez trouver de milieu entre m'offenser outrageusement ou m'aimer plus que votre vie ? Des mouvements si impétueux sentent le fagot. Je vous le dis franchement : vous trouver à mille lieues

---

[1]. Lettre du 7 octobre 1655.

de l'indifférence est un état qui ne vous devroit pas brouiller avec moi, si j'étais une femme comme une autre, mais je suis si unie, si tranquille et si reposée que vos bouillonnements ne vous profitent pas comme ils feraient ailleurs [1]. »

Honnête sans être prude, Mme de Sévigné ne craignait pas plus que Molière d'appeler les choses par leur nom. Tallemant dit qu'elle avait « l'esprit fort vif et ne pouvait se tenir de dire ce qu'elle croyait joli, quoique ce fussent assez souvent des choses un peu gaillardes ».

En fait, Mme de Sévigné jouait avec le feu, mais elle traversait les flammes sans se laisser brûler. Elle était préservée par le triple bouclier de sa foi sincère, de sa profonde honnêteté, enfin de son amour maternel, dont l'intensité était sans égale. L'histoire de sa vie a été maintes fois écrite, jamais elle ne l'a été si bien ni si complètement que par elle-même. Sa correspondance, dont il reste peu de traces avant l'année 1664, devient, à partir de cette date, assez fréquente pour nous permettre de suivre les diverses phases de son existence pendant ses trente-deux dernières années. Les événements importants y sont rares : le rôle de Mme de Sévigné a été celui de témoin et non d'acteur, mais « ses lettres forment non seulement le monument littéraire le plus original, le plus varié, le plus national de son siècle, mais peut-être le monument le plus intime et le plus pathétique du cœur humain dans tous les siècles [2] ».

Comme le dit avec raison M. Boissier, dans sa charmante étude [3], nulle époque n'a été plus vantée que le siècle de Louis XIV. Mme de Sévigné fait involontairement

1. Lettre du 4 juin 1669.
2. Lamartine, *Mme de Sévigné.*
3. *Mme de Sévigné,* dans la *Collection des Grands Écrivains français.*

voir le revers de la médaille, en racontant, sans trop s'en étonner, une foule d'anecdotes scandaleuses. « Dans cette cour d'un roi qui étale cyniquement son immoralité, combien de désordres honteux, de mauvais ménages, de fortunes soutenues par des expédients malhonnêtes, de grands seigneurs qui achètent sans payer, qui promettent sans tenir, qui empruntent sans rendre, qui sont aux genoux des ministres ou de leurs maîtresses, qui trichent au jeu, qui vivent aux dépens d'une grande dame, qui livrent leur femme au Roi, qui lui offrent leur nièce! Mais, à côté de cela, il y avait à cette époque un accord à peu près unanime sur certaines choses, notamment sur la religion et sur la politique : quoique beaucoup de gens vécussent fort mal, en réalité, presque tout le monde était croyant et la foi monarchique n'était pas moins profonde. »

Les lettres de Mme de Sévigné ne peignent pas seulement la société du grand siècle, elles montrent à nu l'âme et le cœur de celle qui les écrivait, elle font voir une épouse vertueuse, par-dessus tout une mère incomparable; l'amour maternel, comme elle le dit elle-même, à été « l'unique passion de son cœur, le plaisir et la douleur de sa vie ».

Lamartine dit avec raison que jamais femme ne fut aussi mère; il aurait pu ajouter que jamais amie ne fut plus constamment fidèle. Dans les bons comme dans les mauvais jours, et plus encore peut-être dans le malheur que dans la fortune, elle est restée sincèrement dévouée à ceux qu'elle aimait.

En même temps qu'elle nous raconte les événements du jour et qu'elle nous montre les sentiments intimes de

Mme de Sévigné, la correspondance nous permet encore de suivre la marquise dans ses divers déplacements. En fait, ses voyages sont les plus graves événements de son existence et ils ne sont pas bien lointains. La plus grande partie de son temps se passe soit à Paris ou à Livry, soit aux Rochers ou à Grignan. Elle ne fait guère que passer dans l'ancien château de ses pères et ses séjours n'y sont jamais bien longs. Celle que Bussy nomme « une demoiselle de Bourgogne un peu égarée en Bretagne » ne peut cependant s'empêcher d'aimer Bourbilly. « J'ai été prise et retenue d'une telle sorte, écrit-elle à sa fille, que, si je ne m'étais souvenue de vous je crois que je m'y serais oubliée »; et une autre fois : « Je changerais bien l'air de Bretagne à celui de Bourgogne, qui me conviendrait mieux, ce me semble, pour bien des raisons »; et encore, le 21 octobre 1673 : « Pour l'air d'ici, il n'y a qu'à respirer pour être grasse, il est admirable pour réparer ce que l'air de Provence a desséché ».

Plusieurs fois, dans sa correspondance, Mme de Sévigné parle de son « délicieux château de Bourbilly ». « J'arrive présentement, dit-elle le 16 octobre 1673, dans le vieux château de mes pères; voici où ils ont triomphé suivant la mode de ce temps-là. Je trouve mes belles prairies, ma petite rivière, mes magnifiques bois et mon beau moulin, à la même place où je les avais laissés. Il y a eu ici de plus honnêtes gens que moi.... Dubut est ici, qui a élagué des arbres devant cette porte, qui font, en vérité, une allée superbe. Tout crève ici de blé et *de Caron pas un mot*, c'est-à-dire pas un sol. » Et quelques jours plus tard, elle mande à sa fille : J'arrivai ici lundi soir... le lendemain

Guitaut vint, mouillé comme un canard, car il pleut tous les jours. Après que nous eûmes dîné très bien, malgré la rusticité de mon château, voilà un carrosse à six chevaux qui entre dans ma cour et Guitaut à pâmer de rire. Je vois, en même temps, la comtesse de Fiesque et Mme de Guitaut, qui m'embrassent... après les acclamations de part et d'autre que vous pouvez penser, on s'assied, on se chauffe, on parle de vous... Je conclus aujourd'hui mes affaires. Si vous n'aviez du blé, je vous offrirais du mien, j'en ai vingt mille boisseaux à vendre : Je crie famine sur un tas de blé [1]. »

Le château avait malheureusement besoin de réparations, et lorsque Mme de Sévigné vint en Bourgogne pendant l'été de 1677, elle dut demander l'hospitalité à ses voisins de Guitaut. « Je reviendrai à Bourbilly, mande-t-elle à Bussy, c'est-à-dire à Époisse, car le château de nos pères n'est pas en état de me loger [2]. » Et, d'Époisse, elle écrit à sa fille : « Nous avons déjà commencé à gronder de nos huit mille francs de réparations, et de ce qu'on a vendu mon blé, trois jours avant qu'il soit enchéri; cette petite précipitation me coûte plus de deux cents pistoles, je ne m'en soucie point du tout. Voilà où la Providence triomphe : quand il n'y a point de ma faute ni de remède, je me console tout aussitôt. »

Après son départ, elle suit de loin les travaux qu'elle a ordonnés et elle écrit à M. de Guitaut pour le prier de surveiller son fermier La Maison : « Je vous supplie, dit-elle, de vouloir bien faire comprendre à La Maison que vous

---

1. Lettre du 21 octobre 1673.
2. Lettre du 19 mai 1677.

prenez un grand intérêt à votre petite servante; il fait encore des folies sur nos réparations et, à force de vouloir soutenir mon vieux château, il me fera tomber dans la misère, de n'avoir pas de quoi souper, cet hiver[1] ».

Mme de Sévigné, espérant mieux faire, conclut un nouveau traité avec son fermier. Et, comme Mme de Guitaut semble ne pas apprécier cet arrangement, elle lui énumère longuement ses raisons : « Je veux vous expliquer ma pensée, dans le beau marché que j'ai fait avec mon fermier, dont je vois fort bien que vous vous moquez. Voici ma raison : tous les ans, j'étais en furie de n'être pas payée d'une demi-année; on me donnait pour raison que les grains étaient dans mes greniers, mais qu'on attendait qu'ils fussent chers, afin de n'y pas perdre. Ils faisaient plus, car comme ils voulaient y gagner, ils attendaient des quatre et cinq ans que la vente fût bonne et cependant je n'avais point d'argent et, ne voulant pas ruiner mon fermier en le faisant payer par force, je sentais l'incommodité de leur économie ou de leur avarice et je me trouvais entraînée dans l'attente d'une bonne année et quelquefois d'une ruine, par les hasards et les petites bêtes qui gâtent souvent les blés. Cela me donna la belle pensée de vouloir être maîtresse de les vendre quand il me plairait et de manger mon blé en vert quand la fantaisie m'en prendrait, de cette sorte, le fermier ne peut être ruiné, je ne le gronde point pour me payer, et je le suis quand je veux. Pourquoi trouvez-vous cela si ridicule, quand on sait qu'un fermier ne gagne quasi rien, et qu'on ne veut pas le mettre à bas?

---

1. Lettre du 15 novembre 1677.

Sérieusement, je trouvai cette pensée la plus belle du monde¹ ».

Le nouvel arrangement ne semble pas avoir été complètement heureux. « Je vous souhaite une bonne santé, écrit-elle à M. de Guitaut, afin que vous ne soyez pas accablé par toutes sortes de maux ; pour moi, j'ai celui de ne savoir que faire de ma pauvre terre. Je ne suis point contente de l'humeur et de la conduite de La Maison, je crains de me rembarquer avec lui ; il ne s'en trouve point d'autre² ».

Elle finit cependant par découvrir un nouveau fermier nommé Lapierre, qu'elle installe « dans son beau château, avec son ancien receveur », mais les choses n'en vont pas mieux et les plaintes continuent : « Ma terre de Bourbilly, dit-elle, est quasi devenue à rien, par le rabais et par le peu de débit des blés et autres grains. Il n'y a que d'y vivre qui peut nous tirer de la misère. Mais, quand on est engagé ailleurs, il est comme impossible de transférer ses revenus ». Et, sur ce, Bussy lui propose un remède : « Faites-vous exiler, la chose n'est pas si difficile qu'on pense, et vous mangerez vos denrées à Bourbilly³ ».

Cependant, malgré ses besoins d'argent, Mme de Sévigné ne veut pas recourir à des coupes extraordinaires de bois : « Je prends plus de part à l'avenir qu'au présent », dit-elle, vous me voulez tenter de faire abattre ma belle allée de Bourbilly, je veux que ma fille en fasse une partie d'une campagne à son fils ; je ne veux point dégrader une terre qui doit être à elle⁴ ».

1. Lettre du 4 juillet 1679.
2. Lettre du 30 mars 1683.
3. Lettre du 31 mai 1687.
4. Lettre du 18 janvier 1694.

## CHAPITRE VII.

Quoique ne résidant pas habituellement à Bourbilly, la petite-fille de sainte Chantal tenait à maintenir les traditions de charité de sa grand'mère. Lorsque le curé de la paroisse lui écrit pour lui demander de donner aux pauvres vingt boisseaux de blé par mois, elle trouve cela lourd pour une personne qui, comme elle, « n'est pas très bien payée de son bien et a peine à trouver le bout de l'année ». Elle finit cependant par accorder les vingt boisseaux, mais moitié blé et moitié seigle.

Mme de Sévigné s'inquiétait également des intérêts spirituels du pays. Le 12 janvier 1683, elle écrivait à M. de Guitaut : « Je veux aussi vous dire que la barbarie et l'ignorance de mes pauvres sujets nous a fait penser à faire une paroisse de ces deux villages, afin d'être instruits et d'entendre quelquefois prêcher Jésus-Christ. Pour vous qui êtes le seigneur, je suis persuadé que vous le voudrez bien, par la raison que je n'en relève pas moins de vous, et que c'est une augmentation au nombre de vos paroisses. Plus une terre est belle et plus le seigneur est grand seigneur. Vous ne me verrez pas souvent à votre paroisse, ainsi je crois que vous aimerez mieux que moi, ma paroisse et ma terre vous rendent hommage, que de charger votre conscience de l'ignorance de nos paysans, qui nous parurent comme des Indous ».

Et, quelques jours plus tard, elle ajoutait : « Pour notre paroisse, je crois que je pourrai mettre de l'eau dans mon vin, et dire, comme Tartuffe : c'est un excès de zèle ; mais pour votre intérêt, le bon abbé, qui se connaît en droits honorifiques comme en bon vin, il ne comprend pas que vous ne dussiez autant aimer de m'avoir, et moi, et ma paroisse, et mon château, relevant de vous, que d'avoir cette paroisse de moins, et me voir pêle-mêle avec vos paysans, à votre Vic-de-Chassenay. Savez-vous bien d'où vient que nous avons été ainsi traités familièrement? C'est qu'un seigneur de Montagu, seigneur d'Époisse, Couches et autres lieux, dernier prince de la première race des ducs de Bourgogne, maria sa fille unique, légitimée à la vérité, à un Rabutin, en 1467, et lui donna Bourbilly, Forléans, Foux, Changy, Plumeron, et enfin pour vingt mille livres de rente, chose considérable alors, et tout cela relevant, comme de raison, du père, qui avait toutes sortes de droits sur sa fille. En ce temps, on était ravi d'être à plate-terre dans la paroisse du Montagu; par la suite des temps, on se trouve bien durement sur ses genoux et, s'il était vrai que cela vous fût égal d'avoir une paroisse de plus, vous m'avouerez que cette pensée est toute naturelle, quand elle est jointe à une espèce de scrupule qui fait que l'on croit faire quelque chose de bon de contribuer à l'instruction des peuples »[1].

L'abbé de Coulanges avait écrit à la fin de cette lettre : « Je suis fort de votre avis sur les inconvénients de l'érection d'une paroisse, c'est l'affaire de M. d'Autun de pourvoir à l'instruction de ses diocésains, et la Mère de Chantal, qui a habité ce château sous la conduite de saint François de Sales, n'a point été inspirée de ce zèle ».

L'idée fut abandonnée. « Je ne veux pas, dit Mme de Sévigné, surpasser la Mère de Chantal, ce qui serait proprement vouloir aller au delà du Paradis! » Elle s'occupa seulement de régler l'exercice du culte, dans la chapelle du

[1]. Lettre du 26 janvier 1673.

château. En 1678, elle en avait confié la charge, avec le bénéfice, à l'abbé Poussy, fils d'un bourgeois de Semur. « Je me suis trouvée heureuse, disait-elle, qu'un honnête homme ait voulu une si petite chose qui dépendait de moi. » Malheureusement le chapelain n'était pas exact dans l'accomplissement de ses fonctions, et Mme de Sévigné s'en préoccupait : « Il faudrait, écrivait-elle à Mme de Guitaut, le 17 juillet 1693, voir à quoi la fondation l'oblige et le revenu, et s'il ne fait pas son devoir, l'obliger de se corriger ou en mettre un autre. Ce serait à M. d'Autun à terminer ce différend, car, sans cela, M. Poussy se moquera toujours de moi et chargera toujours sa conscience, comme il fait depuis quinze ans. Pour moi, je suis très peinée de cette négligence et je ne prétends point la mettre sur mon compte, déclarant devant Dieu que je suis prête à faire sur cela tout ce que vous me conseillerez ».

La correspondance ne permet pas de savoir si Mme de Sévigné revint à Bourbilly, pendant les dernières années de sa vie. Au printemps de 1694, Mme de Grignan, qui était venue passer quelque temps à Paris, auprès de sa mère, repartit pour la Provence. C'était l'époque où Fénelon déclarait au Roi « que la France entière n'était plus qu'un grand hôpital désolé et sans provisions, et où la capitale était désolée par de cruelles épidémies ». Mme de Sévigné partit, le 4 mai, pour Grignan, et ce fut son dernier voyage. Elle eut la joie d'assister, l'année suivante, au mariage de sa petite-fille et la tristesse de voir la santé de sa fille gravement altérée.

Au mois de mars 1696, Mme de Sévigné fut atteinte de la petite vérole et, dès les premiers jours de la maladie, elle se sentit perdue. Elle avait souvent pensé à la mort. « Je suis embarquée dans la vie sans mon consentement, disait-elle un jour, il faut que j'en sorte, cela m'assomme, et comment en sortirai-je? Par où? Par quelle porte? Quand sera-ce? En quelle disposition? Comment serai-je avec Dieu? Je m'abîme dans ces pensées, et je trouve la mort si terrible que je hais plus la vie parce qu'elle y mène que par les épines dont elle est semée[1]. » Cette crainte, qu'elle avait souvent manifestée quand sa fin lui semblait éloignée, fit place à une grande sérénité lorsque la mort lui sembla proche. « Cette personne si tendre et si faible pour tout ce qu'elle aimoit, écrivait M. de Grignan, n'a trouvé que du courage et de la religion quand elle a cru ne devoir songer qu'à elle[2]. »

Ce fut le 17 avril 1696 que Mme de Sévigné cessa de vivre; elle avait soixante-dix ans et deux mois[3].

La crainte de la contagion était telle qu'on l'inhuma précipitamment; son cercueil fut placé sous le cœur de l'église de Grignan.

« Madame de Sévigné, si aimable et de si excellente compagnie, dit Saint-Simon, mourut à Grignan, chez sa fille, qui était son idole et qui le méritait médiocrement. Cette femme, par son aisance, ses grâces naturelles, la douceur de son esprit, en donnait, par sa conversation, à ceux qui n'en avaient pas, extrêmement bonne d'ailleurs,

---

1. Lettre à Mme de Grignan, 16 mars 1672.
2. Lettre à Mme de Coulanges, 23 mai 1696.
3. Extrait des registres de l'église collégiale de Saint-Sauveur à Grignan : « Le dix-huit avril mil six cent nonante-six a esté ensevelie dans le tombeau de la maison de Grignan dame Marie de Rabutin-Chantal, marquise de Sévigné, décédée le jour précédent munie de tous ses sacrements, âgée environ de septante ans.

et savait extrêmement toutes choses, sans vouloir jamais paraître savoir rien. »

Ayant été visiter, au mois de mai 1901, les ruines grandioses du château de Grignan, j'entrai dans l'église, où je remarquai une dalle portant le nom de Mme de Sévigné. Voulant savoir s'il ne se trouvait pas quelque autre souvenir, j'entrai au presbytère, et voici ce que me raconta le vénérable curé de la paroisse : « Il y a trente ans environ, peu de temps après mon arrivée, il fut nécessaire de faire des fouilles, sous le chœur de mon église. On découvrit alors un crâne, qui avait été scié et dont la partie supérieure manquait. Or, d'après une tradition locale, le crâne de Mme de Sévigné avait été ainsi coupé, d'où l'on conclut qu'on se trouvait en présence du sien. Le maire voulut s'emparer de cette relique, et la placer à la mairie, dans une vitrine. Je m'y opposai absolument et je fis déposer le crâne à l'endroit même où il avait été découvert, puis je plaçai, dans le dallage du chœur, la plaque que vous venez de voir. Voilà tout ce qui reste de Mme de Sévigné. »

Heureusement, ajoutai-je, il reste aussi ses lettres.

## CHAPITRE VIII

### MADAME DE GRIGNAN

(1696-1704)

Madame de Sévigné laissait, en mourant, deux enfants : une fille, née à Paris le 10 octobre 1646, et un fils, né aux Rochers, au mois de février 1648. La naissance de ce dernier lui avait causé une grande joie. « Je vous apprends, quand vous en devriez enrager, écrivait-elle à Bussy, que je suis accouchée d'un garçon, à qui je vais faire sucer la haine contre vous avec le lait, et que j'en ferai encore bien d'autres seulement pour vous faire des ennemis. Vous n'avez pas eu l'esprit d'en faire autant, le beau faiseur de filles [1]. »

Ces deux enfants étaient remarquablement beaux : Il me semble, dit l'abbé Arnauld, dans ses mémoires, « que je vois encore Mme de Sévigné, telle qu'elle me parût, la première fois que j'eus l'honneur de la voir, arrivant, dans le fond de son carrosse tout ouvert, au milieu de son fils et de sa fille, tous trois tels que les poètes représentent Latone au milieu du jeune Apollon et de la petite Diane,

---

[1]. Lettre du 15 mars 1648. Bussy, alors veuf, n'avait eu que deux filles; de son second mariage avec Louise de Rouville il eut deux fils et deux filles.

tant il éclatait d'agréments et de beauté dans la mère et dans les enfants ».

On ignore où et comment fut élevé Charles de Sévigné; on sait seulement qu'à l'âge de vingt ans, il s'engagea dans la folle expédition de Candie, que La Feuillade conduisit au secours de Venise contre les Turcs; il en revint au printemps de 1669 et acheta la charge de guidon de la compagnie des gendarmes dauphins, moyennant 75 000 livres payées au marquis de Rochefort. Il ne tarda pas à tomber sous les charmes de Ninon, qui avait jadis séduit son père, mais cette créature ne tarda pas à congédier celui qu'elle nommait « une vraie citrouille fricassée dans la neige » et il se consola avec la Champmeslé, chez laquelle il trouvait joyeuse compagnie et notamment, faut-il le dire, Racine et Boileau. Sa mère était la confidente de ses folies et elle les raconte, dans des termes dont la crudité n'effarouchait pas les oreilles habituées à entendre Molière. Cette confiance lui permettait, d'ailleurs, de faire, comme elle le dit, « un petit sermon là-dessus », de lui dire « un petit mot de Dieu, » et de le prier « de ne point étouffer le Saint-Esprit dans son cœur ». Sévigné promettait de se corriger, puis il retombait vite, et il venait avouer à sa mère qu'il se faisait « mal au cœur à lui-même ». « Et à moi aussi », répondait-elle [1].

La faible mère ne pouvait, d'ailleurs, s'empêcher de pardonner, tout en maugréant quelquefois. « Il trouve, écrivait-elle, l'invention de dépenser sans paraître, de perdre sans jouer et de payer sans s'acquitter; toujours une soif et un

---

[1]. Lettres des 8, 17 et 22 avril 1671.

FRANÇOISE MARGUERITE DE SÉVIGNÉ
COMTESSE DE GRIGNAN

Née à Paris en 1646, morte à Mazargues en 1705

(Hachette et Cie Éditeurs)

besoin d'argent, en paix comme en guerre, c'est un abîme de je ne sais pas quoi, car il n'a aucune fantaisie, mais sa main est un creuset où l'argent se fond[1]. »

Saint-Simon[2] dit que « Sévigné était moins un homme d'esprit que d'après un esprit », c'est-à-dire qu'il était un reflet de sa mère, et ce n'est pas un médiocre compliment. Il ajoute que c'était un bon et honnête homme : cela rachète bien des folies de jeunesse.

En 1674, Sévigné reçut l'ordre de se rendre à l'armée de Condé, et il fut blessé à la bataille de Senef. Reçu enseigne, en 1677, il se distingua au siège de Valenciennes où, dit un document de l'époque, « en portant avec beaucoup d'intrépidité la fascine à la tête de la compagnie à la tranchée, il eut le talon de sa botte emporté, sans que la semelle en fut endommagée, ce qui rendit les chairs de son talon fort noires et comme en bouillie; on fut obligé d'y faire des incisions qui le mirent en danger. Quoiqu'il ne fût pas guéri, et hors d'état de monter à cheval, cependant, à la nouvelle du siège de Charleroi, dans le mois d'août, il fut sans équipage, en chaise, joindre la compagnie; mais à son arrivée, le prince d'Orange ayant levé le siège, il fut privé de la gloire de se signaler. Il n'en fut pas de même l'année suivante : il avait servi sous les yeux du Roi, aux sièges de Gand et d'Ypres, et était ensuite passé, avec le corps de la gendarmerie, sous les ordres du maréchal de Luxembourg, et se trouva à la bataille de Saint-Denis, où il fut ordonné, avec l'escadron qu'il commandait, d'aller soutenir les gardes françaises à la droite : ce fut là qu'il fit éclater

1. Lettre du 27 mai 1680.
2. *Mémoires*, t. X, p. 363.

une fermeté héroïque aïant été plus de trois heures exposé au feu du canon des ennemis qui mit plus de quarante des gendarmes dauphins hors de combat et, comme il se vit ensuite inutile à cette droite, et que le combat s'échauffait plus que jamais, à la gauche, au village du Cateau, il vola en diligence avec son escadron, pour y avoir encore part, mais le Maréchal le renvoia avec les autres de la gendarmerie. Il était monté cette même année à la sous-lieutenance de la compagnie moyennant la somme de 36 000 livres[1]. Il garda son enseigne jusqu'en 1682, et quitta l'armée l'année suivante ».

Le 8 février 1684, Charles de Sévigné épousa Jeanne-Marguerite de Bréhan de Mauron, fille de Maurille de Bréhan, comte de Mauron et de Plélo, conseiller au parlement de Bretagne, et de dame Louise de Quélen[2]. C'était, au dire de sa mère, un grand mariage, par la fortune, dans un temps où l'argent était devenu rare. La dot était de deux cent mille francs. Quant à Charles, sa mère lui faisait don de la terre de Buron[3].

Sévigné, en se mariant, dit adieu aux folies de sa jeunesse « et retrouva au fond de son cœur les sentiments religieux qui, longtemps, y avaient sommeillé ». « Il est savant, écrivait sa mère, il lit souvent les livres saints, il en est touché, il en est persuadé. Sa femme entre dans ses sentiments. » Et, deux ans plus tard, elle disait qu'il venait de rentrer chez lui, « avec un fonds de philosophie chrétienne, cha-

---

1. Manuscrit de la Bibliothèque Nationale, f. fr., 30.159, cahier 614.
2. Elle était sœur de Jean-François-Amalric de Bréhan, comte de Mauron et de Plelo, seigneur de Galinée, conseiller au Parlement de Bretagne.
3. Le contrat de mariage fut signé le 31 janvier 1684 par-devant Berthelot et Bertin, notaires à Rennes.

marré d'un brin d'anachorète et, sur le tout, une tendresse infinie pour sa femme, dont il était aimé de la même façon, ce qui faisait, en tout, l'homme du monde le plus heureux parce qu'il passait sa vie à sa fantaisie[1]. »

Sévigné devint, plus tard, conseiller du Roi en ses conseils, et lieutenant pour Sa Majesté des villes et comté et évêché de Nantes[2], mais il finit par se retirer entièrement du monde et, en 1703, il vint se fixer, avec sa femme, dans une maison du faubourg Saint-Jacques, vis-à-vis de Saint-Magloire; il finit même par se retirer dans une cellule de ce couvent, dont Massillon était alors prieur. Ce fut là qu'il mourut, le 26 mars 1713; il fut inhumé dans l'église Saint-Jacques-du-Haut-Pas. Il n'avait pas d'enfants et, avec lui, s'éteignit le nom de Sévigné. Sa femme lui survécut assez longtemps; elle mourut à Paris, le 29 avril 1737, à l'âge de soixante-neuf ans[3].

Par suite des dispositions qu'avait prises Mme de Sévigné, Bourbilly ne devint pas la propriété de Charles, car,

1. Lettres du 27 décembre 1784 et du 25 octobre 1786.
2. L'acte de nomination est particulièrement élogieux : « Louis, par la grâce de Dieu, Roi de France et de Navarre.... Comme notre intention a été de pourvoir un sujet distingué tant par sa naissance et pour ses services que par ceux de ses ancêtres, pour les conserver à la postérité comme autant de témoignages de leur mérite et des marques de la satisfaction qui nous en reste, nous avons cru ne pouvoir faire un meilleur choix que de notre cher et bienaimé Charles de Sévigné, marquis du dit lieu, dont la famille est l'une des plus considérables de notre province de Bretagne, lequel ayant hérité du courage et du zèle de ses aïeux, a commencé à nous servir dès l'an MVI[e] soixante-huit... dans lesquels emplois il s'est acquitté de ses devoirs avec beaucoup de distinction et de valeur, en ayant donné des marques dans toutes les occasions qui se sont présentées et espérant que lorsqu'il sera revêtu d'une charge qui lui donnera de l'authorité, il redoublera son zèle et son attachement pour notre service ». (Bibliothèque nationale, f. français, 29183, pièces orig. 2699, Sévigné 59.943, f° 33).
3. Bibliothèque nationale, f. fr., 30159, cahiers bleus 614, f° 7. Les historiens disent qu'elle mourut en 1735; le manuscrit donne la date exacte indiquée ci-dessus.

dans son contrat de mariage, il avait été stipulé que Mme de Grignan prendrait la terre de Bourbilly après la mort de sa mère, pour se remplir de ce qui lui restait dû sur le montant de sa dot. Ce fut donc à Françoise de Sévigné que passa la propriété[1].

Françoise-Marguerite de Sévigné était née à Paris le 10 octobre 1646; elle fut baptisée, le 28 du même mois, dans l'église Saint-Paul; son parrain était l'évêque de Chalon, Jacques de Neuchèze, et sa marraine Mme de Gondi. Elle fut, toute jeune encore, placée au couvent de la Visitation, tantôt à Nantes, lorsque sa mère était en Bretagne, tantôt au faubourg Saint-Jacques, à Paris; vers l'âge de treize ans, Mme de Sévigné la reprit auprès d'elle et se chargea de son éducation, avec l'aide de l'abbé de La Mousse. Bussy disait plus tard « la bonne nourriture qu'elle lui donna et son exemple sont des trésors que les rois même ne peuvent toujours donner à leurs enfants[2] ».

Malheureusement, l'excessive tendresse de Mme de Sévigné allait sans cesse en augmentant. Arnauld d'Andilly lui disait « qu'elle était une jolie païenne, qu'elle faisait

---

[1]. Le 13 avril 1689, Mme de Sévigné écrivait à Bussy : « Je dis que j'ai donné le fonds de la terre de Bourbilly à ma fille, en la mariant ». Cela n'était pas tout à fait exact. Aux termes du contrat de mariage de Mme de Grignan reçu par Gigion et Simonnet, notaires à Paris, le 27 janvier 1669, Mme de Sévigné avait constitué à sa fille une dot en argent. Ce fut par le contrat de mariage de Charles de Sévigné, reçu par Berthelot et Bertin, notaires à Rennes, le 31 janvier 1784, que la nue-propriété de Bourbilly fut assignée à Mme de Grignan, pour la couvrir d'une somme de cent mille francs, restant due sur sa dot. Mme de Sévigné s'en était réservé l'usufruit. Le 21 décembre 1692, elle écrivait à Mme de Guitaut : « Je n'ai nul dessein de vendre Bourbilly, par une petite raison, c'est que c'est à ma fille après ma mort. En attendant, je suis bien aise d'en jouir ».

[2]. *Histoire généalogique*.

de sa fille une idole dans son cœur, et que cette sorte d'idolâtrie, quoiqu'elle la crût moins criminelle qu'une autre, était aussi dangereuse [1] ».

Le fait est que Françoise prenait, de sa personne, des soins excessifs, « se contemplant dans son essence, comme coq en pâte, se condamnant à un jeûne d'anachorète et ne vivant que de son amour-propre, qu'elle mettait à toute sauce, hormis à ce qui pouvait la nourrir, répondant enfin, à celui qui lui disait : « Tout cela pourrira », — « Oui, mais cela n'est pas pourri [2] ». Dans un jour de franchise, Mme de Grignan écrivait, plus tard, à sa mère : « Vous m'avez mal élevée », et celle-ci répondait : « Vous avez raison [3] ».

Mlle de Sévigné avait seize ans lorsqu'elle fit son entrée à la Cour. Sa beauté était éblouissante : blonde comme sa mère, elle avait la même fleur de teint; sa bouche était petite, fine, parfaite [4]. Bussy la nommait la plus jolie fille de France, et Tréville prédisait que « cette beauté brûlerait le monde ». Elle dansait à ravir et, en 1663, elle fut invitée à paraître dans le ballet royal des Arts, dans lequel dansait le Roi. C'est à cette occasion que le poète Benserade avait écrit ces vers :

> Déjà cette beauté fait craindre sa puissance
> Et pour nous mettre en butte à d'extrêmes dangers,
> Elle entre justement dans l'âge où l'on commence
> A distinguer les loups d'avecque les bergers.

Les succès ne furent pas moindres, pendant les années suivantes, mais Mlle de Sévigné restait insensible à tous

---

1. Lettre de Mme de Grignan, 29 avril 1671.
2. Lettre du 19 février 1690.
3. Lettre du 17 janvier 1680.
4. Lettres des 13 décembre 1671 et 29 janvier 1672.

les hommages, et lorsque, en 1665, elle parut, dans le ballet de la naissance de Vénus, dans le rôle d'Omphale, le poète disait[1] :

> L'ingrate foule aux pieds Hercule et sa massue
> Quelle que soit l'offrande, elle n'est point reçue
> Elle verrait mourir le plus fidèle amant
> Faute de l'assister d'un regard seulement.

Et La Fontaine écrivait, dans sa dédicace de la fable du *Lion amoureux* :

> Sévigné, de qui les attraits
> Servent aux Grâces de modèle
> Et qui naquîtes toute belle,
> A votre indifférence près..

Cependant, les années s'écoulaient et Mlle de Sévigné avait atteint l'âge de vingt-trois ans, sans qu'elle eût agréé aucun de ceux qui s'étaient offerts à l'épouser. Saint-Pavin écrivait à la marquise :

> Votre fille est le seul ouvrage
> Que la nature ait achevé ;
> Aussi la terre est trop petite
> Pour y trouver qui la mérite,
> Et la belle, qui le sait bien,
> Méprise tout et ne veut rien.

Françoise parvint cependant à se décider, et elle finit par épouser le comte de Grignan, qui n'était ni très beau, ni très jeune, et qui était déjà deux fois veuf. C'était, dit Saint-Simon, « un fort honnête homme, fort poli, fort noble, sentant fort ce qu'il était, grand, fort bien fait et laid[2] ». Et Mme de Sévigné écrivait : « La plus jolie fille

---

1. *Œuvres de Benserade*, t. II, p. 309 et 310.
2. *Mémoires*, t. XI, p. 425.

de France épouse, non pas le plus joli garçon, mais un des plus honnêtes hommes du Royaume[1] ».

La famille de Grignan était fort ancienne. D'après un mémoire que possède la Bibliothèque Nationale, « elle se justifie dès l'an 600 »; d'autres documents conservés aux archives de Grignan assurent qu'elle était déjà puissante en 825, et illustrée par des alliances avec les maisons souveraines de Bourgogne, du Dauphiné, etc. Toutefois le premier personnage dont le nom ait été connu est Aimar-Adhémar, évêque du Puy, qui prit part à la première croisade. Ce prélat ayant visité la Terre-Sainte, en 1086, revint pénétré d'affliction, et insista auprès du pape Urbain II pour que l'on portât remède aux maux qui l'avaient ému; aussi, lors du Concile de Clermont, où fut prêchée la première croisade, fut-il l'un des premiers à pousser le cri de *Dieu le veut* et à se croiser. Nommé légat du Pape et chef de l'expédition, il accepta cette dure mission, et il entraîna son frère Hugues, quatre de ses neveux, Adhémar, comte d'Orange et de nombreux nobles du Velay, du Languedoc et de la Provence.

Après la prise d'Antioche, et la bataille livrée à Kerboga, pendant laquelle l'évêque du Puy, couvert d'une cuirasse et coiffé d'un casque, fit des prodiges de valeur, la peste se déclara. Adhémar en fut, l'un des premiers, frappé. Il fit alors venir les chefs de l'armée, et, après leur avoir donné ses instructions, il ajouta : « Si vous voulez triompher et être amis de Dieu, conservez la pureté de votre corps et ayez pitié des pauvres : nulle chose ne vous pré-

---

1. Lettre du 25 juin 1670.

servera de la mort autant que l'aumône, elle vous garantira mieux qu'un bouclier, elle est aux ennemis plus aiguë qu'une lance... montrez-vous pleins d'humanité pour vos inférieurs, car ils sont d'une même nature que vous, faites leur part des richesses que Dieu à mises entre vos mains et soyez convaincus que s'ils ne peuvent vivre sans vous de la vie temporelle, de même, sans eux, vous prétendriez en vain à la vie éternelle ». Cet homme de Dieu, comme l'appelaient les Croisés, mourut le 1$^{er}$ août 1099. Pour obéir à ses instructions, l'armée se dirigea vers Jérusalem, qui fût enfin conquise. Deux Adhémar y perdirent la vie, mais un autre Adhémar, Raimbaud, fut un des premiers à pénétrer dans la ville.

A leur retour de Palestine, les deux seigneurs de Monteil se partagèrent les biens de leurs frères morts et formèrent les deux maisons de Grignan et de La Garde. Un des petits-fils du premier des Grignan, Guillaume Adhémar, s'adonna à la poésie et fut un des plus distingués troubadours provençaux. Épris d'Alix, comtesse de Die, poète elle-même, mais trop timide pour se déclarer, il tomba malade en apprenant que sa belle était fiancée. Alix, l'ayant su, courut à Grignan pour le désabuser. En la voyant, le poète eut un éclair de joie : « Que la mort m'est douce, dit-il, puisqu'elle me donne la liberté de vous dire que j'ai osé vous aimer », et il rendit l'âme, en pressant la main que lui tendait la comtesse[1]. Alix alla cacher sa douleur dans le monastère de Saint-Honoré de Tarascon, où elle mourut en 1193.

Le frère aîné du poète, Giraud Adhémar IV, avait suivi

---

1. Nostradamus, *Vie des anciens poètes provençaux*, p. 45.

Frédéric Barberousse en Italie; il en reçut, le 22 avril 1164, l'investiture de la seigneurie de Monteil, de celle de Grignan et de leurs dépendances, avec pleine puissance et juridiction entière sur tous ses vassaux, avec faculté de battre monnaie, d'instituer des juges, de lever des impôts et autres attributs de la souveraineté, *ainsi qu'en avaient joui ses ancêtres*[1].

Pendant la guerre des Albigeois, Gérard Adhémar V fut au nombre des partisans du comte de Toulouse; son fils Giraudet suivit son exemple et se distingua, particulièrement au siège de Beaucaire, par son intrépide bravoure[2].

Ce fut au XIII<sup>e</sup> siècle que les Adhémar perdirent leur indépendance. Saint Louis avait marié ses frères aux héritières uniques de Provence et de Toulouse et les seigneurs se soumirent peu à peu. Les Grignan et les La Garde furent les derniers à céder. Enfin, au mois de juillet 1257, Aimar d'Adhémar se rendit à Tarascon et prêta serment de fidélité à Charles d'Anjou et à la comtesse Béatrix, son épouse, et il leur fit hommage pour la baronnie de Grignan.

Au XIV<sup>e</sup> siècle, un Grignan, Gaucher Adhémar de Monteil, épousa Diane de Montfort, fille et héritière du duc de Termoli et Campobasso, qui lui apporta une fortune considérable. Il mourut en 1519, laissant un fils et quatre filles, dont l'une épousa Gaspard de Castellane et fut instituée héritière de son père, pour le cas où son frère Louis mourrait sans postérité.

---

1. Bouché, *Histoire de Provence*, p. 900.
2. *Chronique de la croisade albigeoise*, publiée par F. Fauriel.

Louis de Grignan fit hommage de sa baronnie à François 1ᵉʳ, en 1517. Il avait épousé Anne de Saint-Priest, nièce du cardinal de Tournon, premier ministre du Roi. Il fut successivement nommé gouverneur de Marseille, intendant des galères et vaisseaux de la mer du Levant et lieutenant du Roi en Provence. Tombé en disgrâce, sous Henri II, et même emprisonné pendant quatre ans, il rentra en faveur, et reçut le commandement du Lyonnais. Il mourut, en 1559, laissant toute sa fortune au duc de Guise, qui, après avoir été le principal instrument de sa disgrâce, avait été celui de sa réhabilitation. Son neveu, Gaspard de Castellane, qui avait épousé d'abord Anne de Tournon, puis la nièce de Lucrèce de Grimaldi, dame d'honneur de Catherine de Médicis, était ambassadeur du Roi auprès du pape Paul III. Il poursuivit l'annulation du testament et il finit par obtenir gain de cause devant le Parlement de Toulouse, qui, par un arrêt du 23 mars 1563, débouta le duc de Guise de ses prétentions, et adjugea le comté de Grignan aux enfants de Blanche Adhémar. Dès lors, se conformant aux lois de la maison d'Adhémar, Gaspard ajouta à son nom celui de Grignan [1]. De là est venue l'union des trois noms portés par ses descendants, de Castellane, Adhémar et Grignan. Il mourut en 1569, laissant deux fils.

L'aîné, Louis Adhémar, qui devint comte de Grignan, combattit en Italie, en 1567, sous le général Strozzi, il devint ensuite gouverneur de Sisteron, puis lieutenant

---

[1]. La maison de Castellane, dans laquelle se fondait celle de Grignan, était l'égale de cette dernière. Dès le xᵉ siècle, les Castellane s'étaient rendus indépendants dans la ville qui porte leur nom et dans les pays environnants. Ils sont représentés à la première croisade; l'un d'eux, Boniface, était un troubadour. Ils durent enfin rendre hommage aux comtes de Provence.

général de Provence, conseiller d'État et sénéchal du Valentinois. Il avait épousé Isabelle de Pontevez, fille du comte de Carces; il mourut en 1598, laissant huit enfants, dont l'aîné, Louis-François, lui succéda en qualité de sénéchal du Valentinois, et mourut en 1620. La vie de ce dernier n'offre rien de remarquable. De sa femme, Jeanne d'Ancezune, comtesse de Vénéjan, il avait eu douze enfants. Son fils aîné, Louis Gaucher, qui fut colonel du régiment de Grignan et maréchal des camps, avait épousé Marguerite d'Ornano, fille aînée du seigneur de Mazargues, premier écuyer de Gaston d'Orléans [1]. Il était le père du gentilhomme que le comte de Brancas avait présenté et fait agréer à Mlle de Sévigné.

François Adhémar, comte de Grignan, avait alors près de quarante ans et sa fiancée trouvait « qu'il abusait de la permission qu'ont les hommes d'être laids [2] ». On l'avait surnommé le *Matou*, à cause de certaine touffe ébouriffée. Mme de Sévigné ne l'en considérait pas moins comme « le plus souhaitable mari et le plus divin pour la société [3] ». Il était homme du monde et homme d'esprit, excellent musicien, plein d'intelligence et de tact. Il avait été, en 1654, colonel du régiment de Champagne et, deux ans plus tard, capitaine-lieutenant des chevau-légers de la Reine. Au moment de son mariage, il était, depuis 1663,

---

1. Trois de ses fils entrèrent dans les ordres : François devint archevêque d'Arles, où il fit son entrée aux fêtes de Noël 1646; Joseph fut évêque d'Uzès; un de ses frères, évêque de Carcassonne. Deux autres portèrent les armes. Quatre filles se marièrent : Jeanne avec Escalin Adhémar, baron de La Garde; Louise avec Antoine de Flotte de la Battie; Marie avec Honoré de Brancas, baron de Ceireste, et Marguerite avec Ange de Pontevez, seigneur de Buoux.
2. Lettre de Mme de Sévigné du 22 janvier 1674.
3. *Id.*, 4 juin 1669.

un des lieutenants généraux en Languedoc. Il avait été deux fois marié, d'abord, le 27 avril 1658, avec la plus précieuse des filles de *l'incomparable Arthénice*, Angélique-Clarice d'Angennes, fille du marquis de Rambouillet, morte le 20 décembre 1664, lui laissant deux filles; il avait épousé, deux ans plus tard, Angélique, fille du marquis du Puy du Fou et de Madeleine de Belièvre : cette dernière union avait été de peu de durée, et il n'en avait pas eu d'enfants. Il possédait, en Provence, des biens considérables, mais sa fortune se trouvait fort obérée, à ce point qu'aux termes du contrat de mariage, signé le 27 janvier 1669, sur les deux cent mille livres en deniers apportés par Mlle de Sévigné, cent quatre-vingt mille devaient être employés à payer les dettes de son époux [1].

Le mariage fut célébré le 29 janvier, jour de la fête de saint François de Sales. Mme de Sévigné avait espéré que son gendre obtiendrait quelque charge à la Cour et que, par conséquent, sa fille ne s'éloignerait pas d'elle. Il n'en fut rien; avant même la fin de l'année, le 29 novembre, le comte de Grignan était nommé lieutenant général en Provence et, comme le duc de Vendôme, gouverneur de cette province, n'avait alors que treize ans, la présence de M. de Grignan était indispensable; il partit donc de Paris à la fin du mois d'avril 1670.

Mme de Grignan, retenue d'abord par un accident, puis par une grossesse, ne l'y rejoignit que l'année suivante. Elle ne tarda pas à trouver un grand charme à son nouveau rôle de *Reine de Provence*; aussi, lorsque, en 1672,

---

1. L'original du contrat se trouve à la Bibliothèque Nationale, Supplément français, n° 2831.

une occasion s'offrit de revenir à la Cour, elle combattit la pensée qu'avait eue son mari de solliciter la charge de premier maître-d'hôtel du Roi, en remplacement du maréchal de Bellefonds. Mme de Sévigné, désolée, écrivait à sa fille : « Votre grande paresse de ne vouloir pas seulement penser à sortir, un moment, d'où vous êtes, me blesse le cœur. Vous avez une vertu sévère, qui n'entre point dans la faiblesse humaine »[1].

La tâche de M. de Grignan était cependant assez délicate. Sa lutte avec l'évêque de Marseille, dont l'influence lui portait ombrage, était d'autant plus difficile que le prélat se montrait constamment plein de courtoisie. Mme de Grignan, lui témoignait « une amitié dont la dissimulation, disait-elle, est le lien, et l'intérêt le fondement[2] ». Il y avait aussi des embarras financiers, l'État demandant des sommes que la province ne voulait ou ne pouvait pas payer. Grignan se tirait habilement de ces difficultés, mais il gérait moins heureusement ses propres affaires. Il a, disait Mme de Sévigné, « une religion et un zèle pour les intérêts du Roi son maître, qui ne se peut comparer qu'à la négligence qu'il a pour les siens ». Il n'y avait pas seulement de la négligence, il y avait aussi le goût du faste et celui du jeu. « C'étaient des brèches sur des brèches et des abîmes sur des abîmes[3] ».

Pour faire quelques économies, M. et Mme de Grignan quittaient quelquefois la ville d'Aix, où leur train magnifique était ruineux, et ils allaient s'installer à Grignan,

---

1. Lettres du 27 et du 29 janvier 1672.
2. Lettre du 8 avril 1671.
3. Lettre du 4 octobre 1671.

mais, là encore, le naturel reparaissait, et Mme de Sévigné ne pouvait s'empêcher d'écrire : « Pour Grignan, je ne comprends jamais comment vous y pouvez souhaiter d'autre monde que votre famille; vous savez bien que, quand nous étions seules, nous étions cent dans votre château.... C'est proprement le carnaval que la vie que vous faites [1]. »

Pour subvenir à cette existence ruineuse, il fallait sans cesse recourir à de nouveaux expédients. En présence des difficultés inextricables au milieu desquelles se débattait sa fille, Mme de Sévigné en vint à conseiller de vendre le domaine de ses pères. « Songez, disait-elle, car il y a des temps que l'on ne saurait rien ménager, que Bourbilly est à vous : c'est un petit morceau qu'il était bon de garder pour la soif, mais vous ne sauriez être plus altérée que vous l'êtes présentement [2]. »

Et, quelques semaines plus tard, elle ajoutait : « Je ne sais pourquoi vous ne voulez faire aucun usage de la proposition de Bourbilly. J'entends la délicatesse de votre amitié, mais bien loin d'avoir quelque chose de funeste et qui vous fasse penser à l'avenir, cela me ferait une vraie satisfaction, en me faisant jouir, pendant ma vie, de la commodité que vous en pourriez recevoir » [3]. Et elle revenait à la charge : « Vous devriez songer à Bourbilly; c'est là que vous trouverez peut-être du secours.... Songez-y, ma bonne, je vous conjure et vous le dis encore une fois [4]. »

1. Lettres du 21 février et du 17 mai 1780.
2. Lettre du 22 janvier 1690.
3. Lettre du 12 février 1690.
4. Lettre du 19 février 1690.

Mme de Grignan ne put se résoudre au sacrifice que lui suggérait sa mère. Bourbilly lui rappelait, sans doute, des souvenirs de jeunesse. « Je vous ai vue ici, lui écrivait un jour Mme de Sévigné, voilà où vous m'appelâtes marâtre d'un si bon ton [1]. » Il est cependant probable qu'elle y alla rarement après son mariage, et rien n'indique qu'elle y ait séjourné pendant les années où elle en eut la pleine propriété.

La santé de Mme de Grignan était depuis longtemps précaire, quand sa mère arriva près d'elle, en 1694. Lorsque Mme de Sévigné fut frappée du terrible mal auquel elle devait succomber, sa fille adorée se trouvait alitée sous le même toit, et ne put même pas se traîner auprès d'elle.

Avant de quitter Paris, Mme de Sévigné avait laissé, entre les mains du lieutenant civil Le Camus, une cassette contenant des papiers par lesquels elle assurait des avantages à sa fille. Aussitôt qu'il eut connaissance de ce document, Charles de Sévigné écrivit à sa sœur une lettre profondément touchante et qui fait connaître la rare noblesse de son cœur : « Ma mère m'a toujours fait un secret sur ce qui s'était passé entre vous, depuis l'accommodement qu'elle eut la bonté de faire, en faveur de mon mariage. Je n'ai jamais été bien connu d'elle, sur ce sujet : elle m'a quelquefois soupçonné d'intérêt et de jalousie contre vous, pour toutes les marques d'amitié qu'elle vous a données. J'ai présentement le plaisir de donner des preuves authentiques des véritables sentiments de mon cœur. Je suis très content de ce que ma mère a fait pour moi, pendant que j'étais dans la

---

1. Lettre du 16 octobre 1673.

gendarmerie et à la Cour; j'ai encore devant les yeux tout ce qu'elle a fait pour mon mariage, auquel je dois tout le bonheur de ma vie, je vois toutes les obligations longues et solides que nous lui avons; ce sont là les mêmes paroles dont vous vous servez dans votre lettre, tout le reste ne m'a jamais donné la moindre émotion. Quand il serait vrai qu'il y aurait eu, dans son cœur, quelque chose de plus tendre pour vous que pour moi, croyez-vous en bonne foi, ma très chère sœur, que je puisse trouver mauvais qu'on vous trouve plus aimable que moi, et ma fortune, soit faute de bonheur, soit faute de mérite, s'est-elle tournée de manière à bien encourager à me faire des biens de surérogation? Jouissez tranquillement de ce que vous tenez de la bonté et de l'amitié de ma mère; quand j'y pourrais donner atteinte, ce qui me fait horreur à penser, et que j'en aurais des moyens aussi présents qu'ils seraient difficiles à trouver, je me regarderais comme un monstre, si j'en pouvais avoir la moindre intention. Les trois quarts de ma course, pour le moins, sont passés; je n'ai point d'enfants, et vous m'en avez faits que j'aime tendrement; je suis plus aise de leur laisser ce que Dieu m'a donné en ce monde, que si je le laissais à des marmots de ma façon, qu'on ne saurait ce qu'ils devraient devenir un jour. Je ne souhaite point d'avoir plus que je n'ai; si je pouvais souhaiter d'être plus riche, ce serait par rapport à vous et à vos enfants. Nous ne nous battrons jamais qu'à force d'amitié et d'honnêteté.... Adieu, ma très chère et très aimable sœur! N'est-ce pas une consolation pour nous, en nous aimant tendrement par inclination, comme nous faisons, que nous obéissions à la meilleure et à la plus aimable de toutes les mères? Soyons donc plus étroitement unis que jamais et comptez que tout ce qui pourra vous faire plaisir sera une loi inviolable pour moi[1]. »

Mme de Grignan, devenue propriétaire absolue de Bourbilly, reprit de fief et fournit dénombrement au seigneur d'Époisse, les 20 avril et 13 juillet 1679[2]. Elle ne survécut que huit ans à sa mère; elle mourut, le 16 août 1704, à Mazargues. Selon Dangeau, elle fut emportée, comme Mme de Sévigné, par la petite vérole[3]. Le médecin Chambon, qui la soigna pendant sa dernière maladie, dit que « cette dame s'était épuisée par la charge et le fardeau des affaires qui regardaient sa maison, dont elle soutenait tout le poids et qui avait le même sort que bien d'autres grandes maisons[4] ».

On lit, dans Saint-Simon : « Mme de Grignan, beauté vieille et précieuse, mourut et, quoi qu'en ait dit Mme de Sévigné dans ses lettres, fort peu regrettée de son mari, de sa famille et des Provençaux[5] ». Le jugement est sévère, mais il n'est pas juste. Mme de Sévigné, qui connaissait bien sa fille, écrivait : « Vous avez de la tête, du jugement, du discernement, de l'incertitude à force de lumières, de l'habileté, de l'insinuation, du dessein quand vous voulez, de la prudence, de la conduite, de la fermeté, de la présence d'esprit, de l'éloquence et le don de vous faire aimer quand il vous plaît et quelquefois plus, beaucoup plus que vous ne voudriez[6] ». L'éloge ne semble pas immérité; l'on

1. Cette lettre n'est pas datée; elle est du mois de juillet ou d'août 1696.
2. Voir Documents annexes, XIII, p. 239.
3. *Journal,* 21 août 1705.
4. *Traité des métaux,* p. 411.
5. Vol. V, p. 21.
6. Lettre du 9 juin 1680.

y pourrait ajouter la force d'esprit dans les choses abstraites.

L'attachement de Mme de Grignan à la philosophie de son *père* Descartes lui a valu la sympathie des métaphysiciens. Deux de mes honorables confrères lui ont rendu particulièrement hommage. Dans son étude sur Mme de Sablé, M. Cousin dit : « Mme de Grignan n'a ni la verve, ni la grâce de sa mère, mais outre qu'elle est beaucoup plus belle, elle a du caractère et un sérieux particulier... elle soutient le cartésianisme persécuté.... Si nous possédions un plus grand nombre de ses lettres, je soupçonne qu'elles la mettraient assez haut ». De son côté, M. Paul Janet, après avoir entrepris de reconstituer, en quelque sorte, les lettres de Mme de Grignan, au moyen de celles de sa mère[1], conclut ainsi son agréable étude : « Mme de Grignan était une vraie grande dame, elle avait l'âme forte et fière et elle était possédée, au plus haut degré, de l'amour des grandeurs. Elle partagea toujours avec son mari le souci des affaires, et ressentit aussi vivement et plus vivement que lui les animosités dont il fut l'objet.... Ce goût de la grandeur ruina ses affaires... elle jouait par gloire et perdait toujours.... Grande par les dehors, elle l'était aussi par l'âme : c'était une personne vraie, comme le disait sa mère, mais ce n'était pas une personne tendre... son esprit était haut et ferme, elle pensait plus qu'elle ne croyait... elle affectait d'être cartésienne et l'on doit supposer qu'elle s'y connaissait. Avec tous ces aspects si sévères, elle avait un fond de gaîté qui tenait de race, et qui éclatait tout à coup; en fusées légères et en saillies parfois passablement salées, car le

---

[1]. Les lettres de Mme de Grignan, Paris, 1888.

sel est le trait de son style que sa mère estime le plus. Ce style était ferme et précis, mais froid, il avait du trait et de la profondeur, non sans quelque affectation.... Tout cet ensemble compose une personne d'une vive originalité et qui, sans inspirer la même sympathie que sa charmante mère, impose cependant une sorte d'admiration et de déférence pour un si rare mélange de qualités si dignes encore de la brillante famille des Chantal et des Rabutin ».

Le comte de Grignan survécut à sa troisième femme. Il mourut, le 31 décembre 1714, dans une hôtellerie où il fut forcé de s'aliter, en allant de Lambesc à Marseille. Il avait gouverné la Provence pendant quarante-cinq ans et y avait rendu de très utiles services. En 1707, notamment, il avait sauvé Toulon menacé par le duc de Savoie et par le prince Eugène, et il n'avait pas hésité à faire fondre toute sa vaisselle d'argent pour solder les dépenses de ses troupes Dans le combat contre les impériaux, Grignan, toujours à cheval, se battit, pendant six heures, comme un jeune officier. Louis XIV, auquel le maréchal de Tessé avait rendu compte de ces événements, lui écrivit, de sa propre main : « M. le comte de Grignan, on ne peut être plus content que je le suis des preuves que mes sujets de Provence m'ont données de leur valeur et de leur fidélité durant la dernière campagne.... Il ne se peut rien ajouter aussi à la satisfaction que j'ai de vos services et je prie Dieu qu'il vous ait, monsieur le comte de Grignan, en sa sainte garde. A Versailles, le 30 novembre 1707 ».

« Louis. »

Saint-Simon dit, en parlant de la mort de Grignan :

« c'était un fort honnête homme, en tout fort obligeant et universellement estimé, aimé et respecté en Provence où, à force de manger et de n'être point aidé, il se ruina ».

Avec lui finit l'une des races les plus anciennes de la noblesse méridionale et s'éteignit le nom de Grignan[1].

---

1. Le comte de Grignan avait été créé marquis d'Entrecasteaux par des lettres patentes de 1676, enregistrées à Aix le 7 décembre 1678. Son fils, dont il sera parlé ci après, prit le titre de marquis de Grignan.

# CHAPITRE IX

## MADAME DE SIMIANE

(1704-1719)

M<sup>me</sup> de Grignan avait eu cinq enfants, dont deux moururent en bas âge ; il lui resta une fille, Marie-Blanche, née à Paris en 1670, puis un fils, Louis-Provence, né en 1672, et enfin une seconde fille, Pauline, née en 1674 [1].

Mme de Sévigné avait gardé Marie-Blanche auprès d'elle, pendant les trois premières années. Elle la surnommait *ses petites entrailles*, et elle en raffolait. « Son teint, disait-elle, sa gorge, tout son petit corps est admirable ; elle fait cent petites choses, elle parle, elle caresse, elle bat, elle fait le signe de la croix, elle demande pardon, elle fait la révérence, elle baise la main, elle hausse les épaules, elle danse, elle flatte, elle prend le menton, enfin elle est jolie de tous points, je m'y amuse des heures entières [2]. »

A l'âge de cinq ans et demi, l'enfant fut placée à la Visitation d'Aix, elle y prit le voile à l'âge de seize ans, et y

---

1. Des deux filles que M. de Grignan avait eues de son premier lit, l'une entra au couvent des Bernardines de Gif, mais n'ayant pu y rester à cause de sa santé, elle se retira dans une maison, où elle mena une vie de recluse. L'autre épousa, en 1689, le lieutenant-général Hurault de Vibraye.
2. Lettre du 20 mai 1672.

mourut religieuse, en 1735, à l'âge de soixante-cinq ans.

Louis-Provence était né à Lambesc, le 17 novembre 1761. Son père était venu, le lendemain même, le présenter à l'assemblée des communautés, qui avait décidé que les procureurs généraux du pays tiendraient l'enfant sur les fonts baptismaux, au nom de la Provence [1].

Le jeune Grignan épousa, le 2 janvier 1695 [2], la fille du fermier général Saint-Amant, trésorier des États du Languedoc. « On a cru, disait sa grand'mère, qu'un tel parti serait bon pour soutenir les grandeurs de la maison, qui n'est pas sans dettes. » La jeune fille avait dix-huit ans et était, au jugement de Mme de Sévigné, « jolie, aimable, sage, bien élevée et raisonnable au dernier point ».

Le mariage fut célébré à Grignan, le 2 janvier 1695, avec la plus grande somptuosité. Il fut béni par l'évêque de Carcassonne, en présence d'une nombreuse assistance. Mme de Sévigné en a décrit les magnificences champêtres, mais, lorsque son cousin Coulanges se permit de lui demander certains détails intimes, il s'attira une réponse très réservée : « Nous ne savons ce que vous voulez dire d'une première nuit de noces. Hélas! que vous êtes grossier! J'ai été charmée de l'air et de la modestie de cette soirée. On mène la mariée dans son appartement, on porte sa toilette, elle se décoiffe, on la déshabille, elle se met au

---

[1]. Acte de baptême du 18 novembre 1671. — « Les parrains ont été tous MM. les députés des trois ordres de l'assemblée et toutes les communautés qui composent la dite assemblée, ayant été tenu sur les fonts de baptême par les consuls nommés et soussignés. »

[2]. Le contrat de mariage, daté du 18 novembre 1694, est reproduit dans l'ouvrage de M. F. Masson : *le marquis de Grignan*. Ainsi que cela a été dit ci-dessus, le comte de Grignan avait été créé marquis d'Entrecasteaux en 1676; son fils avait pris le titre de marquis de Grignan.

PAULINE DE GRIGNAN, MARQUISE DE SIMIANE
1674-1737

lit, nous ne savons ni qui va, ni qui vient dans cette chambre, chacun va se coucher, on ne va point chez les mariés. Ils se lèvent de leur côté, ils s'habillent, on ne leur fait point de sottes questions. Êtes-vous mon gendre? Êtes-vous ma belle-fille? Ils sont ce qu'ils sont... tout est dans le silence et la modestie, il n'y a point de mauvaise contenance, point d'embarras, point de méchantes plaisanteries et voilà ce que je n'avais jamais vu et que je trouve la plus honnête et la plus jolie chose du monde [1] ».

Cette union ne fut pas heureuse; la brouille entra bientôt dans le ménage, et Saint-Simon en raconte la cause. « Le comte de Grignan s'était ruiné à commander en Provence... ils marièrent donc leur fils à la fille d'un fermier général fort riche. Mme de Grignan, en la présentant au monde, en faisait ses excuses et, avec ses minauderies, en radoucissant ses petits yeux, disoit qu'il falloit bien, de temps en temps, du fumier sur les meilleures terres. Elle se savoit un gré infini de ce bon mot qu'avec raison chacun trouva impertinent quand on a fait un mariage et le dire, haut et bas, devant sa belle fille. Saint-Amant son père, qui se prêtait à tout pour leurs dettes, l'apprit enfin et s'en trouva si offensé qu'il ferma le robinet. » Sa pauvre fille n'en fut pas mieux traitée; mais cela ne dura pas longtemps. Grignan, qui s'était fort distingué à la bataille d'Hochstedt, mourut le 14 octobre 1704, à Thionville : on dit que ce fut de la petite vérole. « Il avait un régiment, était brigadier et sur le point d'avancer [2]. »

---

1. Lettre du 3 février 1695.
2. M. F. Masson, de l'Académie française, a consacré au marquis de Grignan un volume fort intéressant, dont la deuxième édition a paru en 1887.

Dans la lettre de condoléances qu'il adressait à la mère désolée[1], Fléchier disait : « Vous pleurez avec raison ce fils estimable par sa personne et plus encore par son mérite, on peut dire à la fleur de son âge, sorti depuis peu des plus grands dangers de la guerre, honoré de l'approbation et des louanges du Roi et couvert de sa propre gloire.... Je sais le profit qu'il avait fait des principes que vous lui aviez donnés pour les mœurs et pour la conduite de la vie. Dieu seul qui a fait le mal peut le guérir et c'est uniquement du fond de votre piété que vous pouvez tirer les véritables consolations ».

Le marquis de Grignan ne laissait pas d'enfants. « Sa veuve, dit Saint-Simon, étoit une sainte, mais la plus triste et la plus silencieuse que je vis jamais. Elle s'enferma dans sa maison, où elle passa le reste de sa vie, peut-être une vingtaine d'années, sans en sortir que pour aller à l'église et sans voir qui que ce fut[2]. » Elle mourut le 20 septembre 1736.

Par suite de la mort prématurée de Louis de Grignan, la fortune de ses parents, ou du moins ce qui en restait, passa naturellement à sa sœur. Bourbilly devint donc la propriété de Pauline.

Françoise-Pauline de Grignan était née à Paris, le 9 septembre 1674 ; elle fut baptisée, le 13 du même mois, en l'église Saint-Paul ; son parrain était le cardinal de Retz, sa marraine Mme la princesse d'Harcourt, dont le mari était cousin germain de M. de Grignan[3]. Elle était jolie

---

1. Nîmes, 15 novembre 1704.
2. *Mémoires*, vol. IV, p. 361.
3. Lettre de d'Hacqueville à Mme de Guitaut, 14 septembre 1764.

enfant et elle annonça, de bonne heure, beaucoup d'esprit. Saint-Simon dit qu'elle était « adorée de Mme de Grignan, comme celle-ci l'était elle-même de sa mère[1] ». Peut-être est-ce beaucoup dire, mais ce qui n'est pas douteux, c'est que Mme de Sévigné l'aimait de tout son cœur. « C'est, disait-elle, une petite fille à manger. »

Cependant, lorsque Mme de Grignan vint à Paris, en 1677, elle laissa sa fille au couvent d'Aubenas; elle la reprit, quand elle revint en Provence, au mois de septembre 1679, et ce fut une grande joie pour la tendre grand'mère. « Ah! que vous avez bien fait de la retirer de ce couvent, gardez-la, ma fille, ne vous privez pas de ce plaisir, la Providence en aura soin, » et elle offrait de la recevoir chez elle pour faire son éducation, promettant qu'elle serait « délicieusement occupée à conserver les merveilles de cette petite[2] ».

Plusieurs fois, Mme de Grignan eut la tentation de faire entrer sa fille à la Visitation; elle craignait de ne pouvoir l'établir convenablement. Mme de Sévigné protestait : « C'est un prodige que cette petite! son esprit est sa dot, disait-elle. Pauline vous adore, et sa soumission à vos volontés, si vous décidez qu'elle vous quitte, me fait une pitié et une peine extrêmes[3]. » « Que je crois Pauline jolie! Que je lui crois un esprit qui me plait! Il me semble que je l'aime et que vous ne l'aimez pas assez!... aimez-la sur ma parole[4]. » Et, de son côté, Charles de Sévigné, très tendrement attaché à sa nièce, qu'il nommait

---

1. *Mémoires*, t. XI, p. 436.
2. Lettre du 6 octobre 1679.
3. Lettre du 26 octobre 1688.
4. Lettres du 30 avril 1689 et du 21 juillet 1689.

*sa déesse,* écrivait à sa sœur : « Il faut des autels pour ma divinité, mais il ne faut pas envoyer ma divinité au service des autels [1] ».

Cependant, la prédiction de Mme de Sévigné finit par s'accomplir : l'esprit et la figure de Pauline lui servirent de dot et, le 29 novembre 1695, elle épousa Louis de Simiane, marquis d'Esparron, qui avait vingt-cinq mille livres de rentes en terres, tandis qu'elle n'apportait elle-même que vingt mille écus de capital [2].

La famille de Simiane était de très ancienne et noble origine. Dès le $xi^e$ siècle, les aïeux de celui qui allait épouser Mlle de Grignan jouissaient des droits régaliens dans la ville d'Apt; ils portaient les noms de seigneurs d'Apt, d'Agoult et de Caseneuve; le premier qui prit celui de Simiane fut Guiran d'Agoult, mort vers 1170. Le fils de ce dernier, Guiran II, rentra, en 1242, en possession de la seigneurie de Gordes et ce fut lui qui fonda le couvent des frères mineurs de la ville d'Apt. Il épousa Isoarde de Marseille, *dite* de Signe, tante de sainte Dauphine de Signe et femme de saint Elzéar de Sabran; il mourut en 1249.

Guiran III, son fils, fut au nombre des seigneurs qui se rendirent à Naples pour secourir Charles d'Anjou : il épousa Étiennette de Blacas, dont il eut Guiran IV, viguier de Marseille de 1315 à 1317, qui se croisa contre les Maures d'Espagne et mourut en 1342. Guiran V prit une part importante aux guerres de Gascogne; il devint la souche de la branche des Châteauneuf, dont le chef fut son fils cadet Melchior.

---

1. Lettre du 12 juillet 1690.
2. *Journal de Dangeau,* 2 décembre 1695.

Melchior, seigneur de Châteauneuf, eut lui-même plusieurs enfants : son second fils, Louis de Simiane, seigneur de Vers, de Céderon et de Cairane, prit part, en 1571, comme capitaine de vaisseau, à la bataille de Lépante. De son épouse, Françoise de Guilhens, fille de Jean, seigneur de Puy-Laval, il eut un fils Antoine, qui épousa Lucrèce de Claret, fille et héritière de Louis de Truchenu d'Esparron et fut le premier de la branche de Truchenu.

Louis II, seigneur de Truchenu, fils d'Antoine, fut le premier qui porta le titre de marquis de Simiane; il fut capitaine de cavalerie au régiment Cardinal. Il avait épousé Madeleine Hay de Coeslin et du Châtelet, mais il était resté fort léger de mœurs et il faisait à sa femme de nombreuses infidélités, que celle-ci supportait impatiemment : « Est-il vrai, écrivait Mme de Sévigné, le 5 mai 1676, que la Simiane s'est séparée de son mari, sous prétexte de ses galanteries? Quelle folie! Je lui aurais conseillé de faire quitte à quitte avec lui ». Il ne semble pas que la Marquise ait suivi ce conseil, mais il n'y eut, d'ailleurs, ni séparation, ni éclat. Elle devint veuve, en 1684. Ce fut son fils qui épousa Mlle de Grignan.

Le mariage de Pauline, d'abord ratardé par l'absence de M. de Simiane alors à l'armée, puis par la maladie de Mme de Grignan, fut célébré, dans l'église du château de Grignan, par l'archevêque d'Arles. Il n'y eut ni fêtes ni apparat, à cause de l'état de santé de la mère de Pauline[1].

Après le mariage, les époux s'installèrent à Valréas, à

---

[1]. Le contrat fut signé, au château de Grignan, le 28 novembre 1695. Le texte en est reproduit dans le volume du marquis de Saporta intitulé : *La famille de Mme de Sévigné en Provence*.

deux lieues de Grignan, dans le magnifique hôtel de la famille de Simiane; quelquefois, cependant, ils venaient à Paris, où ils avaient un logement dans la rue Saint-Louis, ainsi que cela résulte du texte de l'acte de foi et hommage rendu au seigneur d'Époisse, lorsque la mort de Mme de Grignan rendit Mme de Simiane propriétaire de Bourbilly[1].

Il ne semble pas que l'union ait été très heureuse. Au mois d'avril 1707, M. de Simiane avait acheté, moyennant cent mille livres, une sous-lieutenance des gendarmes écossais, mais il se trouvait dans de telles difficultés d'argent, qu'il dût la revendre, dès le mois de décembre suivant, ce qui mécontenta vivement Mme de Simiane. M. de Grignan fut indigné[2] et, le 9 janvier 1702, il écrivit à M. de Chamillart, ministre de la Guerre, pour lui exprimer à quel point il blâmait la conduite de son gendre :

« Le 9 juillet, à Marseille, 1702. Je ne puis cacher ma douleur extrême, Monsieur, trouvez bon que je vous en fasse part, avec la confiance que doivent me donner les bontés dont vous m'avez toujours comblé. La surprise où je suis d'apprendre que M. de Simiane, mon gendre, quitte

---

[1]. Voici les qualités mentionnées dans cet acte daté du 2 juin 1706 : « Haute et puissante dame Pauline Adhémar de Monteil de Grignan, épouse d'hault et puissant Sr messire Louis, marquis de Simiane, authorisée par justice à la poursuitte de ses droits et actions, par sentence du Chastelet de Paris... la dite dame seulle et unique héritière par bénéfice d'inventaire de deffunte haute et puissante dame Françoise-Marguerite de Sévigné, sa mère, au jour de son décès épouse séparée de biens de hault et puissant Sgr messire François-Adhémar de Monteil, comte de Grignan, duc de Talmay et de Campobasso, chevalier des ordres du Roy, lieutenant général de ses armées de la province de Provence; demeurant la dite dame de Simiane à Paris, rue Saint-Louis, quartier du Marais du Temple, propriétaire de ladite terre et seigneurie de Bourbilly, située en Bourgogne » (2 juin 1706).

[2]. F. Masson, *Le marquis de Grignan*, p. 25.

le service, égale ma douleur. Il m'a laissé ignorer ses démarches, jusqu'à ce que la *Gazette* me les ait découvertes. Je ne suis pas mieux instruit de ses raisons, mais il ne saurait jamais me faire comprendre qu'on en puisse avoir de bonnes de ne pas sacrifier ce qui nous reste de biens et de vie, quand il est question de servir le Roi et de lui plaire. Je ne me console qu'en osant me flatter que S. M. me rendra la justice de croire que je n'ai point été consulté dans la conduite de mon gendre. Oserais-je espérer aussi que vous voudrez bien m'honorer de vos bons offices auprès d'elle, en lui faisant connaître mon improbation et la vivacité de tous mes sentiments dans cette malheureuse occasion[1]. »

Après la mort du comte de Grignan, M. de Simiane, qui était premier gentilhomme de la chambre du duc d'Orléans, fut nommé lieutenant général de Provence, en remplacement de son beau-père, auquel il ne survécut pas longtemps. Il mourut, le 23 février 1718, âgé de quarante-sept ans.

Mme de Simiane fut alors nommée dame de compagnie de la duchesse d'Orléans. En 1720, elle fut l'une des quatre dames choisies pour accompagner, jusqu'à Antibes, Mlle de Valois, fille du Régent, qui allait épouser le duc de Modène. A partir de cette même année, elle se fixa en Provence et n'en revint plus. Elle s'arrangea une retraite, dans une maison de campagne située aux environs d'Aix et nommée Belombre, vivant dans la société de ses filles et dans l'intimité de la famille de Castellane et de M. d'Héricourt, intendant à Marseille, correspondant avec quelques

[1]. Lettre à M. de Chamillart, Dép. de la Guerre, vol. 1607.

anciens amis tels que le comte de Toulouse, Massillon et l'abbé Poulle, mais ne regrettant pas la Cour, car elle avait, dit-elle, « besoin d'oublier et d'être oubliée ».

Cette mélancolie tenait à certaines désillusions qu'elle avait pu avoir, et elle déclarait elle-même que « ses attachements étaient la source de ses maux ». « C'est une expérience, écrit-elle, que je fais, depuis que je suis au monde, toutes les peines sont légères auprès des déceptions du cœur.... J'ai passé par toutes sortes de peines, d'indigences, de tribulations, tout m'a secouée, mais rien ne m'a abattue que ce qui a attaqué mon cœur, du côté de l'amitié. Ménagez donc ma sensibilité et, puisque je vous aime, aimez-moi un peu, avec tous mes défauts, mon *sauvage*, ma retraite, mon divorce avec le monde, que tout cela ne vous rebute point, gardez-moi pour les moments où le goût de la solitude et des réflexions vous prendra; ne serais-je pas bien flattée de vous voir venir à moi quand vous voudrez être à vous [1]. »

La liquidation de la succession de son père avait suscité à Mme de Simiane de très graves embarras; elle ne l'avait acceptée que sous bénéfice d'inventaire; elle dut longtemps plaider contre des créanciers dont les comptes d'intérêts lui semblaient exagérés et aussi contre Mme de Vibraye, sa demi-sœur; ce fut à cette occasion qu'elle écrivait à un magistrat de la cour d'Aix :

> Lorsque j'étais encore cette jeune Pauline,
> J'écrivais, dit-on, joliment
> Et sans me piquer d'être une beauté divine,
> Je ne manquais pas d'agrément;

[1]. Lettre du 30 novembre 1732 à M. d'Héricourt.

> Mais depuis que les destinées
> M'ont transformée en pilier de palais,
> Que le cours de plusieurs années
> A fait insulte à mes attraits,
> C'en est fait, a peine je pense,
> Et quand, par un heureux succès,
> Je gagnerais tout en Provence,
> J'ai toujours perdu mon procès.

Pour sortir de ces difficultés, il fallut recourir au parti que Mme de Sévigné avait naguère proposé à Mme de Grignan. Bourbilly était, en réalité, inhabité, et Mme de Simiane n'y avait été que bien rarement, si même elle y avait jamais été, pendant sa jeunesse. Le château n'avait cependant pas été complètement adandonné et la chapelle était toujours desservie par l'abbé Poussy. Un ancien document donne même, à ce sujet, d'intéressants détails : il est extrait du livre de fondation de la maison de Semur-en-Auxois et émane de la Mère Marie-Aimée Folin, supérieure du monastère en 1711. Après avoir raconté l'histoire de la guérison miraculeuse d'un habitant de Semur, obtenue par l'intercession de la Mère de Chantal, l'auteur de la circulaire[1] ajoutait : « Depuis un an surtout, la chapelle de Bourbilly est devenue tout à fait renommée par les miracles qui s'y opèrent. Il s'y fait, presque tous les jours, des pèlerinages, et les uns en remportent la santé du corps, les autres les biens de l'âme ».

Quoi qu'il pût lui en coûter de renoncer à cette maison qui, depuis plus de trois siècles, était restée la propriété de ses ancêtres et qui rappelait de si grand souvenirs, Mme de Simiane se résigna au sacrifice et, en 1719, elle vendit Bourbilly. Cela même ne suffit pas et, en 1732, elle fut

---

1. Voir Documents annexes, XV, p. 246.

forcée de vendre également Grignan, au maréchal Félix du Muy, moyennant le prix de 436 841 livres *indiquées aux créanciers* dit l'acte. C'est ainsi que les dépenses faites par M. de Grignan pour embellir son *royal château* eurent pour résultat d'en déposséder la famille [1].

Le chevalier de Perrin dit que « Mme de Simiane possédait, au souverain degré, le talent de bien parler et le don de plaire, sans aucune affectation, que sa conversation était vive et enjouée, qu'un peu d'inégalité dans l'humeur était le seul reproche qu'on pouvait lui faire, mais que son âme, d'ailleurs était haute, généreuse, compatissante, son cœur droit, sensible, ami du vrai ».

La Harpe, qui publiait, en 1773, les lettres de Mme de Simiane, dit qu'elles offrent un véritable air de famille avec celles de son aïeule, et Horace Walpole en faisait également beaucoup de cas. Quoi qu'il en soit, elles témoignent d'une grande bonté et il est touchant de voir en quels termes cette femme de cœur s'exprimait pour venir en aide à un ancien serviteur de ses parents : « Vous avez un bon cœur, écrivait-elle à un magistrat, vous avez des entrailles, vous savez ce que c'est qu'un vieux domestique d'un père et d'une mère tendrement aimés... quand je le vois fondre en larmes, à la vue du portrait de mon père, je vous avoue que, s'il me demandait tout mon bien, je crois que je le lui donnerais, et je vous annonce que je vous fatiguerai beaucoup, au sujet de son fils ; prenez courage et armez-vous de patience [2] ».

---

[1]. M. le marquis de Saporta a reproduit, dans son livre sur la famille de Mme de Sévigné en Provence, un état détaillé des dettes laissées par M. de Grignan.

[2]. Lettre du 25 juin 1732 à M. d'Héricourt.

Quel que soit le mérite de cette correspondance, dont on ne connaît, d'ailleurs, qu'une faible partie, il est certain que le plus grand titre littéraire de la petite-fille de Mme de Sévigné est la publication de lettres de son aïeule. Deux éditions parurent simultanément, en 1726, l'une à Rouen, l'autre à La Haye. En envoyant au comte de Bussy, évêque de Luçon, les copies qu'elle avait fait faire d'une partie de ces lettres, Mme de Simiane disait : « C'est une mère qui écrit à sa fille, sans avoir jamais pu croire que ses lettres tombassent en d'autres mains... elles sont, d'ailleurs, remplies de préceptes et de raisonnements si justes et si sensés, avec tant d'art et d'agréments, que leur lecture ne peut-être que très utile aux jeunes personnes et même à tout le monde... »

La publication de cette correspondance provoqua de nombreuses réclamations, et Mme de Simiane dut la désavouer, en faisant insérer, dans le *Mercure de France*, une note déclarant que la famille avait « souffert impatiemment que l'on ait pu penser qu'elle eût la moindre part à cette édition ». Pour éviter les fausses interprétations et rectifier le texte que les éditeurs avaient défiguré, la petite-fille de Mme de Sévigné chargea l'un de ses amis, le chevalier de Perrin, de préparer une nouvelle édition et elle lui remit tous les originaux des lettres qu'elle possédait.

Les six volumes de cette collection parurent successivement entre 1734 et 1737. En réunissant ces petits écrits, Pauline de Simiane avait élevé l'un des plus incomparables et des plus parfaits monuments de la langue et de l'esprit du grand siècle.

Mme de Simiane mourut à Aix, le 3 juillet 1737, dans les principes d'une rigide piété.

M. et Mme de Simiane avaient eu un fils et trois filles : le fils était mort tout jeune encore, le 10 mai 1703; l'aînée des filles entra, en 1720, au couvent des Filles du Calvaire, à Paris, la seconde épousa, en 1723, le marquis de Villeneuve-Vence, la troisième se maria, en 1725, avec le marquis de Castellane-Esparron, issu d'une famille dont l'une des branches avait formé, au xv° siècle, la maison de Grignan.

De même que le nom de Chantal s'était éteint avec Celse-Bénigne, celui de Sévigné avec Charles, celui de Grignan avec le gendre de Mme de Sévigné, celui de Simiane s'éteignit avec le mari de Pauline : le même fait s'était produit pour quatre générations successives et Bourbilly avait cessé d'appartenir aux descendants de ceux qui l'avaient successivement possédé depuis le commencement du xv° siècle.

## CHAPITRE X

### LES CHARTRAIRE

(1719-1795)

Guy Chartraire de Saint-Agnan avait acquis Bourbilly, aux termes d'un acte reçu par M° Dutertre, notaire à Paris, le 16 juillet 1719, « de dame Pauline de Castelnau Adhémart de Monteil de Grignan, marquise de la Garde, baronne de Baudegat et de Bourbilly, veuve de Louis, marquis de Simiane et de Claret[1]. »

Les Chartraire descendaient de François Bazin, bourgeois de Saulieu, seigneur de Saint-Agnan, qu'il tenait en fief de l'abbaye de Fontenet. Ce Bazin était mort, vers 1686, laissant pour héritiers ses deux neveux : Germain et François. Germain, l'aîné, avait eu deux fils : Guy et Émilien ; ce fut l'aîné, Guy, qui acquit Bourbilly. Le nouveau propriétaire de la maison des Rabutin avait été conseiller au Parlement de Dijon, et commissaire aux requêtes du Palais, de 1691 à 1741, puis il s'était retiré, en faveur de Philippe de La Loge, en gardant le titre de conseiller vétéran En 1717, il avait acquis le marquisat de Ragny, de Her-

---

[1]. Voir documents annexes, XVI, p. 250.

cule de Neuville, duc de Villeroy[1], moyennant la somme de 200 000 livres et, en 1718, il acheta la baronnie de Forléans. Il mourut, le 30 juin 1732, dans son hôtel de la rue de Tournon, à Paris, et, comme il n'avait point d'enfants, ce fut son neveu et filleul Guy Chartraire qui hérita de ses biens, en vertu d'un testament daté du 1ᵉʳ août 1731, déposé chez Roger, notaire à Paris.

Guy Chartraire était le fils aîné d'Émilien Chartraire, baron de Romilly, conseiller au Parlement de Metz, et de dame Gérard-Dutel. Il était né le 22 mai 1715. A la mort de son oncle, dont il recueillait la succession, il prit les titres de marquis de Ragny, baron de Forléans et de Bourbilly, seigneur de Saint-Agnan. Le 11 mai 1734, il signifia reprise de fief au seigneur d'Époisse. A peine âgé de dix-neuf ans, il épousa, le 20 janvier 1734, dans l'église Saint-Sulpice, à Paris, Marie-Reine de Chauvelin, fille de Germain-Bernard de Chauvelin, seigneur de Beauséjour, conseiller d'État[2], et de Catherine Martin d'Auzeilles. Les jeunes époux allèrent s'installer au château de Ragny, situé entre Avallon et Époisse.

1. Jean-François-Paul de Bonne de Créqui, duc de Lesdiguières, marquis de Ragny et autres lieux, était fils de François-Emmanuel de Créqui et de Paule-Marguerite-Françoise de Gondy, duchesse de Retz. Né le 3 octobre 1678, il avait épousé, le 17 janvier 1696, Louise-Bernardine de Durfort, fille de Jacques-Henri de Durfort, duc de Duras, et de Marguerite-Félicité de Lévy-Vantadour, et il était mort, en Italie, le 6 octobre 1703, sans postérité.
Par un testament olographe du 26 novembre 1695, il avait institué sa mère légataire universelle. Lorsque cette dernière mourut, elle laissa pour héritiers : Paul de Neuville, comte et archevêque de Lyon, Louis-Nicolas de Neuville, duc de Villeroy, pair de France et capitaine de la première et plus ancienne compagnie du Roi, et François de Neuville, pair et premier maréchal de France.
2. C'est par erreur que certains auteurs ont indiqué que la marquise de Ragny était fille de Louis de Chauvelin, garde des sceaux de France et ministre des Affaires étrangères. Son père Bernard était cousin du garde des sceaux. (Voir *La Chesnaye des Bois*, vol. V.)

BOURBILLY AU XVIIIᵉ SIÈCLE

Avant la fin de cette même année, un drame sanglant vint briser l'existence et ruiner l'honneur de l'infortuné Ragny. Les détails en sont peu connus et les auteurs qui en ont parlé se sont contentés de dire, en une ligne, que le jeune Chartraire assassina le comte de Jaucourt [1] et fut condamné à mort. Il est donc nécessaire de raconter exactement les faits, pour montrer quel fut leur véritable caractère. Le récit nous en est fourni par deux documents inédits : d'abord l'arrêt rendu, le 5 juillet 1735, par le Parlement de Dijon, ensuite le mémoire, beaucoup plus détaillé, rédigé par Sozzi, avocat au Parlement de Lyon, et dont l'impression ne fut pas terminée, par suite de la mort de Sozzi [2].

Le lundi 8 novembre 1734, le jeune Ragny était allé, avec l'abbé de Romilly, son frère, chez le comte de Jaucourt, au château de Vault. On le retint à dîner. Les convives firent honneur aux vins généreux de la Bourgogne et leurs têtes étaient déjà échauffées, lorsqu'ils se mirent en route pour Avallon, où ils devaient souper. L'abbé de Romilly étant parti de son côté, Jaucourt et Ragny se trouvaient en tête à tête. Pendant la route, le premier se mit à parler de certains bruits qui couraient sur la naissance de son compagnon, et il en vint à dire : « Il n'y a que les bâtards d'heureux; si ta mère n'avait pas été une p..., tu ne serais pas seigneur de Ragny », puis, insistant sur cette injure, il ajouta : « Tu sais bien que ta mère était la maîtresse de son cousin, qu'elle t'a donné pour parrain ». Le jeune Ragny

---

[1]. Pierre Lazare, baron de Vault et comte de Jaucourt, était né en 1688. Il avait épousé une fille du marquis de Grave-Villefargeau.

[2]. Le seul exemplaire qui n'ait pas été détruit se trouve dans les archives de M. Ernest Petit, qui a bien voulu me le communiquer. L'impression s'arrête à la page 182.

sut se contenir et, quoique profondément blessé, il ne laissa rien paraître.

On soupa chez le seigneur de Sermizelles et, là encore, on fit bonne chère; après boire, on se mit à jouer et, Jaucourt ayant gagné, Ragny prit, en plaisantant, vingt-sept louis d'or qui se trouvaient sur la table, les mit dans sa poche et dit que cet argent était à la pointe de son couteau de chasse. Il fit encore maintes folies, que la société prit en bonne part. La nuit était avancée lorsque l'on se sépara. Ragny, qui était parti le premier, pour rentrer chez lui, fut bientôt rejoint par Jaucourt, qui le pressa de venir coucher au Vault. Les deux cavaliers se mirent en route. Au moment où ils passaient devant le champ du Fourneau, près du hameau de Champien, Jaucourt, revenant sur le sujet qu'il avait déjà touché, dans la journée, prononça de nouveau le mot de *bâtard*. Cette fois, la patience échappa à ce fils dont on outrageait la mère, et Ragny dit à l'insulteur qu'il lui demanderait raison de ce propos. Jaucourt répondit en lui lançant un coup de fouet. Ragny, tirant alors son couteau de chasse, se rapprocha de son compagnon, mais il n'atteignit que le cheval de ce dernier; la bête se cabra, le cavalier fut démonté et tomba sur le sol. Ragny sauta lui-même à terre, en disant à Jaucourt : « Défends-toi ».

La partie n'était pas égale; d'un côté, un jeune homme, presque un enfant de dix-neuf ans, de petite taille et de tempérament faible; de l'autre, un homme de quarante-six ans, grand et robuste. Jaucourt se contenta de lancer un coup de botte à Ragny, en lui adressant une nouvelle injure : « f.... fils de p.... » C'en était trop, Ragny, aveuglé par la colère, étendit le bras et perça la poitrine de Jaucourt, qui tomba mort, sur le coup.

Il était deux heures du matin, et nul témoin n'avait assisté au drame. Le domestique de Jaucourt s'était mis à la poursuite du cheval de son maître ; cet homme, nommé Gallet, revint bientôt, il pria deux villageois qui passaient de veiller sur le corps étendu à terre et il courut prévenir la famile de la victime.

Ragny affolé et probablement dégrisé, piqua des deux, jusqu'à son château, puis, sans rien dire à sa femme alors enceinte, il partit pour Paris, afin de mettre son beau-père au courant du triste événement, et de solliciter l'intervention de son parent, le garde des sceaux Chauvelin. Que ce soit ou non sur le conseil de ce dernier, il se remit en route, gagna la Suisse et se réfugia à Lucerne.

Cependant, après huit jours de réflexion, la veuve de Jaucourt se décida à porter plainte ; le lieutenant criminel d'Avallon se rendit à Champien, interrogea le domestique de la victime et les paysans qui avaient gardé le corps, puis il rédigea un rapport, à la suite duquel le gouvernement français demanda l'extradition du coupable ; Ragny fut donc arrêté et enfermé à la prison de Landscroon, près de Bâle, puis conduit à Dijon. Toutefois, il n'y eut pas de jugement. Le Roi s'étant fait rendre compte des faits, adressa, le 31 mai 1735, au Parlement de Bourgogne, des lettres de pardon et abolition [1], à la condition que Ragny donnerait satisfaction à la famille de Jaucourt, ne résiderait jamais auprès d'elle et ne franchirait pas un rayon de dix lieues autour du château de Vault.

1. Voir Documents annexes, XVII, p. 253.

La famille de Jaucourt consentit, en effet, à retirer sa plainte, moyennant le versement d'une somme de cent cinquante mille francs, dont un tiers pour la veuve et un tiers pour chacun de ses deux fils. Ragny se croyait sauvé; on avait invoqué, en sa faveur, son jeune âge, l'état dans lequel il se trouvait à la suite des libations inaccoutumées dans lesquelles l'avait entraîné Jaucourt, l'extrême provocation qu'il avait reçue, l'absence évidente de toute préméditation, les angoisses de sa femme, dont l'enfant, né le 9 mars 1735, au milieu de ces cruelles angoisses, était mort presque aussitôt, enfin sa propre douleur en présence de ce malheur; bref, il y avait un rare ensemble de circonstances que l'on nommerait aujourd'hui atténuantes. Tout cela ne parut pas suffisant pour justifier une grâce complète et le Roi ordonna que Ragny fût enfermé dans la forteresse de Pierre-Encize, près de Lyon. La lettre de cachet portait qu'il n'en pourrait sortir qu'avec le consentement de Mme de Jaucourt et de ses fils. Ces derniers avaient bien voulu recevoir les cent cinquante mille livres que Ragny leur avait payées, mais là s'arrêta leur clémence. Ils étaient protestants et, comme beaucoup de leurs coreligionnaires, ils avaient la bouche pleine de miel et le cœur plein de fiel. La veuve mourut, le 2 août 1749, le fils aîné, le 8 juillet 1768, son frère, le 4 janvier 1774. Ragny pouvait espérer qu'on lui rendrait la liberté, mais les portes de la prison ne s'ouvrirent pas pour l'infortuné captif.

Pendant les premières années, la vie du prisonnier fut assez pénible, car on ne lui permettait pas de communiquer avec l'extérieur. Sa femme mourut, le 13 septembre 1739, abreuvée de chagrin : elle n'avait que vingt-sept ans.

Avec les années, cependant, la situation s'améliora; elle devint même supportable, lorsque Ragny se trouva sous la dépendance du marquis de La Ferrière, grand sénéchal du Lyonnais[1]. On permit au prisonnier de faire arranger et meubler à sa guise un bastion que l'on avait mis à sa disposition, on l'autorisa à recevoir des visites, et même à donner des fêtes, et à mener aussi grand train qu'il le pouvait désirer. Faut-il ajouter ce détail, révélé par des documents certains, qu'il eut quatre enfants naturels.

Tout cela malheureusement ne valait pas la liberté. Louis XV avait toujours refusé cette grâce. Ragny espéra que Louis XVI se montrerait plus clément; il n'en fut rien et, après un emprisonnement de quarante-huit années, le dernier marquis de Ragny mourut, le 13 février 1783, au château-fort de Pierre-Encize[2].

Dans le mémoire de l'avocat Sozzi, il est fait discrètement allusion aux très hautes influences qui auraient constamment fait obstacle à la mise en liberté de Ragny et aux motifs très peu désintéressés qui auraient poussé ses héritiers présomptifs à user de leur crédit pour le faire maintenir en prison. Il est certain que le traitement infligé à cet infortuné semble assez difficilement explicable, mais aucun document ne permet de connaître, sur ce point, toute la vérité.

Ragny ne laissait pas d'enfants. En vertu de la clause

---

[1]. Par une curieuse coïncidence, le château et la terre de Bierre, propriété des Chartraire et singulièrement embellie par le cousin de Ragny, qui fut son héritier, a été acquise, en 1840, par le comte de La Ferrière, petit-fils du Sénéchal.

[2]. Dans son ouvrage sur le Morvand, M. Baudiau dit que Ragny mourut peu après sa condamnation; on voit combien cela est inexact.

de substitution, contenue dans un codicile du 5 mai 1732 [1], ajouté au testament de 1731, ci-dessus mentionné, la fortune du marquis de Ragny fut dévolue à son cousin Antoine Chartraire, comte de Montigny et de Bierre, trésorier-général des États de Bourgogne [2]. Pour la dernière

---

1. Le codicile réglant l'ordre des substitutions est ainsi conçu : Déclare le dit codiciliant qu'il confirme l'institution d'héritier et le legs universel qu'il a fait par son dit testament au proffit de Guy Chartraire son filleul, même en tant que besoin est ou serait le dit sieur de Saint-Aignan nomme et institue d'abondance le sieur Guy Chartraire son héritier et légataire universel dans tous ses biens, sous la charge de substitution en faveur des enfants mâles du dit Guy Chartraire esnoncé aud. testament. Mais, voulant changer l'ordre des substitutions portées par led. testament, dans le cas où le dit Guy Chartraire décéderait sans enfans mâles, a ledit codiciliant déclaré que sa volonté est que dans led. cas de décès dud. Guy Chartraire sans enfans masles, tous les biens provenant de la succession dud. sieur codiciliant soient et demeurent substitués aux deux enfants masles de messire François Chartraire de Bierre trésorier général des États de Bourgogne, pour par eux recueillir lad. substitution également et chacun par moitié. Veut le dit sieur de Saint-Aignan qu'en cas de décès de l'un des deux enfans masles du feu sieur de Bierre, avant le dit sieur Guy Chartraire, les enfans masles de celuy d'entre eux qui sera décédé le représentent pour recueillir l'effet de lad. substitution. Comme aussy que dans led. cas de prédécès de l'un des d. enfans masles dud. sieur de Bierre avant led. Guy Chartraire, sans enfans masles, le survivant des d. deux enfants masles dud. feu sieur de Bierre recueillera la totalité de lad. substitution. Et, en outre, que si après que lad. substitution aura été recueillie par les d. deux enfants dud. feu sieur de Bierre l'un deux vient à décéder sans enfans masles, la moitié dont il aura profitté de la d. substitution reviendra et appartiendra au survivant, auquel led. sieur de Saint-Aignan la substitue par ces présentes. Et finallement, en cas que les d. deux enfants masles dud. feu sieur de Bierre viennent à décéder sans enfans masles, soit avant soit après avoir recueilli lad. substitution, tous les biens de la succession dud. sieur de Saint-Aignan demeureront et appartiendront à Denis Chartraire de Romilly auquel led. sieur de Saint-Aignan les substitue dans les cas et dans l'ordre cy-dessus marqué.

(Codicile dicté aux Conseillers du Roy, notaires à Paris, Aléaume et Roger, le 29 juin 1732, par Guy Chartraire Sgr de Saint-Agnan et de Ragny, conseiller vétéran au parlement de Bourgogne demeurant ordinairement en son château de Ragny étant de présent à Paris, en sa maison rue de Tournon, paroisse Saint-Sulpice).

2. Le comte de Montigny était né le 8 décembre 1746. D'après le testament de Guy Chartraire de Ragny, daté du 10 février 1783, l'héritage devait appartenir à Denis Chartraire de Romilly, mais ce dernier y avait renoncé, par un acte reçu par Bro, notaire à Paris, le 24 décembre 1784.

fois, le vassal de Bourbilly prêta foi et hommage au seigneur d'Époisse. Le procès-verbal, daté du 10 avril 1786, constate que son mandataire, porteur d'une procuration du 31 mars 1783, « s'est présenté sur le pont-levis du donjon, tête nue, un genouil en terre, sans éperons ny gants et, baisant la chesne dudit pont-levis, a rendu foy et hommage, et serment de fidélité ordinaire et a observé les autres formalités prescrites par la coutume ».

Le comte de Montigny vivait en grand seigneur et dépensait largement ses revenus, si bien qu'on l'avait surnommé le Trésorier *sans compter*. Il résidait habituellement à Bierre et il fit rebâtir le château dans des proportions grandioses[1]. Il y avait, paraît-il, quatre-vingt-dix-neuf chambres : on s'était arrêté à ce chiffre, parce que, seuls, les châteaux royaux pouvaient en contenir davantage.

Après la suppression des États de Bourgogne, Montigny devint maire de Dijon, et il resta en fonctions, depuis le 14 février 1790 jusqu'au mois de décembre 1791. A cette dernière date, il fut jeté en prison et lui-même a raconté l'histoire de son arrestation, dans un mémoire daté du 11 décembre 1792.

Sur le rapport de Guiton Morveau, le gouvernement avait décidé que les trésoriers seraient tenus de déclarer immédiatement le chiffre de leur débet, faute de quoi les commissaires des départements étaient autorisés à prendre contre eux tous les moyens de sûreté, y compris l'arrestation. M. de Montigny, mis en demeure de formuler cette déclaration, répondit qu'il ne pouvait pas indiquer un

---

[1]. Il fit également bâtir, à Dijon, l'hôtel Nansouty. C'est aussi à lui que l'on doit la promenade de l'Arquebuse, avec ses fontaines.

chiffre, avant d'avoir rendu ses comptes au bureau de comptabilité, mais il ajouta qu'en attendant il avait déposé, à titre de cautionnement, une somme de 600 000 francs au Trésor national et qu'il possédait, en outre, des immeubles d'une valeur de trois millions, ce qui était une garantie plus que suffisante. Cependant, le Directoire de la Côte-d'Or, voulant couvrir sa responsabilité, ordonna, le 28 août 1792, que M. de Montigny fût gardé à vue et il le fit emprisonner, le 2 novembre suivant[1]. Cet acte odieux provoqua une vive indignation dans la population.

Le samedi 1er décembre, un attroupement se forma au marché au blé et se porta vers la Conciergerie. La foule envahit la prison et délivra le prisonnier, mais celui-ci refusa de sortir; on le mit dehors malgré lui; alors il déclara qu'il se rendait dans sa propre maison et qu'on pourrait toujours l'y trouver. Il rentra, en effet, chez lui, accompagné d'un flot de peuple; arrivé là, il annonça qu'il se tenait à la disposition de l'autorité et il invita la foule à se disperser, puis il écrivit aux corps administratifs pour les informer « qu'il avait été ramené chez lui et qu'il y attendait de nouveaux ordres ». Une heure après, un détachement de troupes, suivi d'un canon, vint le chercher et le réintégrer à la Conciergerie. Une demi-heure plus tard, arriva un autre détachement qui le conduisit à la grande prison voisine de la mairie.

M. de Montigny fut transféré, le 11 décembre suivant, à

1. Le 28 août, l'assemblée administrative de la Côte-d'Or requiert le commandant du poste des canonniers de commander une garde suffisante qui sera placée chez M. Chartraire, pour s'assurer de sa personne et de ses biens. Le 2 novembre, le Directoire ordonne l'arrestation, avec saisie des meubles et des biens (Archives nationales, f. fr., 5786).

Paris, où les dénonciations le suivirent[1]. On a souvent vanté le caractère chevaleresque des Français, mais il faut constater que les choses ont bien changé depuis la fin du xviii$^e$ siècle. La dénonciation est malheureusement entrée dans nos mœurs, avec la république, et cet ignoble vice a reparu de nos jours. On accusa donc M. de Montigny de n'avoir pas fait afficher la Déclaration des droits de l'homme, d'avoir désapprouvé l'assassinat de Louis XVI, d'avoir reçu, en don, une gravure séditieuse et autres forfaits aussi abominables, que la mort seule pouvait expier. La nouvelle qu'il allait monter sur l'échafaud se répandit en

1. Dijon, ce 16 floréal an II. « Le Comité de surveillance municipale aux citoyens représentants du peuple composant le Comité de salut public :

« Nous vous faisons part des dénonciations contre Chartraire ci devant Montigny, receveur général de la ci-devant Bourgogne, que nous envoyons au citoyen *Foutier Tienville*, accusateur public du Tribunal révolutionnaire à Paris.

« Depuis un an que nous faisons fonction de surveiller les mauvais citoyens, nous n'avons cessé de dénoncer le N$^é$ Chartraire ci devant Montigny. Comme on nous assure qu'il est réellement en accusation, nous croyons qu'il est prudent de dénoncer plusieurs faits qui t'assureront de ses sentiments contre-révolutionnaires et que nos bons patriotes se feront un devoir d'affirmer en tout tems s'il en est besoin.

« Étant maire, il s'est refusé avec force et passion à l'inscription des Droits de l'homme sur la porte de la Liberté.

« Il s'est refusé à la descente du buste du traître Condé, qu'il avait l'audace de défendre et d'appeler un bon Prince en pleine séance.

« Lors de la fuitte de Capet avarenne (*sic*) il eut la scélératesse de dire que le moment était venu où chacun allait tirer à son bord.

« Comme chef des contre-révolutionnaires, on lui a décerné une gravure représentant deux médaillons où il était représenté comme le protecteur des nobles et des prêtres contre le ci-devant tiers-état peint sous la forme d'un reptile.

« Occupant des ouvriers, au nombre de 1 200, à faire une promenade, des citoyens se plaignirent de ce qu'ils ne travaillaient point. Chartraire répondit que cela ne regardait personne, vu que c'était lui qui payait.

« Nous pensons que de pareils faits étant connus et attestés de toute notre commune mérite bien que les considérations qui ont paru se faire pour sa personne cessent pour assurer la tranquillité des bons patriotes. »

Signé : Huchevot aîné, Darson, Forey, Gouffard, Boutreux, Rolin. (Archives nationales, carton W 74, n° 3 993.)

Bourgogne et la tradition du pays est qu'il a subi le dernier supplice. La vérité est, au contraire, que le Comité de salut public le fit sortir de prison, le 14 brumaire an III, mais en le considérant comme détenu dans sa propre maison, sous l'étroite surveillance de deux individus : le cordonnier Laporte et le portier Hubert, auxquels on fit prêter serment de le garder et de le surveiller.

Pendant que l'ancien trésorier général était, sinon retenu dans les fers, du moins privé de sa liberté, les patriotes du district d'Avallon l'avaient dénoncé comme émigré et l'on avait saisi sa propriété de Ragny. En apprenant cette infamie, M. de Montigny protesta et il n'eut pas de peine à prouver qu'il n'avait jamais quitté le territoire français; le comité de législation de la Convention fit droit à sa réclamation et prononça, le 9 ventôse an III, sa radiation de la liste des émigrés. Ces longues épreuves avaient miné sa santé, et il mourut, le 10 messidor an III (29 juin 1795), dans la maison qu'il occupait au n° 29 de la rue Vivienne, « section de Guillaume Tell », dit l'acte de décès.

Après la mort du comte de Montigny, sa fortune fut dévolue à sa sœur, Reine-Jacqueline Chartraire, veuve de Marc-Antoine-Bernard Chartraire, marquis de Bourbonne[1], président au Parlement de Dijon. Par suite de quelle circonstance Mme de Bourbonne, qui vivait en Suisse, put-elle recueillir la succession? Elle aussi avait été inscrite sur la liste des émigrés, mais elle avait demandé sa radiation, en produisant un certificat constatant qu'elle

---

1. L'intitulé de l'inventaire fait par Bro, notaire à Paris, le 25 thermidor an III, constate qu'elle avait accepté sous bénéfice d'inventaire, en vertu de la faculté accordée par un jugement du tribunal du 2e arrondissement du département de Paris, en date du 22 thermidor.

avait quitté la France antérieurement au 1ᵉʳ juillet 1789, et même, en fait, depuis l'année 1785, et qu'elle avait alors, pour raison de santé, fixé sa résidence à Lausanne, auprès du médecin Tissot, qui lui donnait ses soins. Il est assez probable qu'elle avait fait valoir quelques autres considérations particulièrement convaincantes auprès des incorruptibles législateurs de l'époque. Toujours est-il que le comité de législation avait fait droit à sa demande, comme à celle de son frère, et elle avait été rayée, le 11 ventôse an III.

Quoi qu'il en soit, le premier acte de Mme de Bourbonne, après avoir pris possession des biens de son frère, fut de vendre Bourbilly. L'acte, reçu par Mᵉ Boilleau, notaire à Paris, le 14 fructidor an III, indique que le prix fut de quatre millions de livres tournois. L'acquéreur était Frédéric-Augustin Pomme, demeurant rue Honoré, 28, en face des Jacobins, qui passa presque aussitôt déclaration de command au profit de Mme Henriette-Placide de Bessé, son épouse, suivant acte reçu, le 7 ventôse an IV, par Mᵉ Boilleau, notaire à Paris.

# CHAPITRE XI

## MM. POMME ET DE CAUX

(1795-1832)

Donc, le successeur des Beaujeu et des Savoie, des Rabutin et des Sévigné était M. Pomme! Si le nouveau propriétaire n'avait rien de brillant, moins brillant encore était alors le vieux castel. La légende veut que la Révolution soit responsable de la dégradation des bâtiments, mais les documents contemporains permettent d'apprécier ce qui s'est réellement passé.

Pendant que M. de Montigny était privé de sa liberté, le directoire du district de Semur s'était occupé de Bourbilly. Il avait pris, le 2 frimaire an II, un arrêté relatif à la suppression des fortifications et signes de féodalité, et le citoyen Chevier, architecte, s'était transporté, le 25 nivôse, « au ci-devant château de Bourbilly, appartenant à Chartraire, ci-devant trésorier de la ci-devant province de Bourgogne ». Dans son rapport[1], daté du 2 pluviôse (21 janvier 1794), il constatait que « cette maison, qui était une petite forteresse, n'était plus en état de défense, par la

---

1. Archives de la Côte-d'Or, série L, fonds du directoire du département. Documents annexes, XVIII, p. 257.

vétusté des bâtiments ». Cependant, il concluait qu'il y aurait lieu de démolir le pavillon sous lequel se trouvait la porte d'entrée, ainsi que la porte de la première cour et le mur de rempart situé près de la tour formant colombier.

Le 1ᵉʳ ventôse an II (19 février 1794), le directoire de Semur ordonna « qu'il fût fait sommation au propriétaire de faire entreprendre, dans le délai de trois jours, la destruction des tours, fossés, créneaux, pont-levis et toute autre espèce de fortifications, faute de quoi il serait procédé d'office à la destruction de tous ces signes de féodalité, et cela aux frais du propriétaire[1] ».

Par qui et dans quelle mesure furent exécutés les ordres du directoire de Semur : il n'est pas possible de le savoir précisément, mais il semble que les dégradations furent peu considérables. On combla les fossés, on rasa la partie supérieure des murs d'enceinte, de façon à en diminuer la hauteur, on fit disparaître ce qui pouvait rester du pont-levis, après quoi le directoire considéra probablement que la République était à l'abri de l'imminent péril que pouvait constituer pour elle le maintien des restes de féodalité existant à Bourbilly. Il n'en est pas moins vrai que ces démolitions excitèrent une certaine émotion dans le pays; la légende s'en mêla et le temps ne fit qu'exagérer l'importance des faits. Un auteur, qui a recueilli naguère les souvenirs de cette époque, a écrit le récit suivant : « Par une belle soirée d'automne, arrivé sur un petit tertre d'où la vue plonge sur les vieux murs de Bourbilly, j'aperçus devant moi un vieillard à genoux sur la pelouse. Les

---

1. Voir Documents annexes, XVIII, p. 257.

regards fixés sur le château, il murmurait quelques prières. « Eh bien! lui dis je, pourquoi donc priez-vous ici? — Où voulez-vous donc que je *La* prie? Elle aimait les pauvres du bon Dieu, *Elle*, s'écria-t-il, avec un profond soupir. Et, étendant son bras amaigri, il me montrait, du doigt, le château de Bourbilly. Hélas! Monsieur, dans les mauvais jours, il s'est trouvé des malheureux pour oser porter une main coupable sur son château. Ils ont profané sa chapelle; ils ont détruit notre four; mais cela ne leur a pas porté bonheur.... Ah! combien nous en avons été affligés! Nous autres pauvres du Morvand, nous aimons bien Mme de Chantal; et je ne puis jamais passer ici, sans me recommander à sa charité. »

« Puis, il me raconta le vandalisme commis dans l'enceinte de cette demeure sacrée, la douleur universelle qui éclata dans tous les environs, lorsqu'on vit attenter au château de sainte Chantal, et les choses étranges dont on fut témoin en ces lieux.

« Nul, en effet, ne saurait reproduire le cri de douleur qui courut dans la vallée du Serein et les pays d'alentour, lorsque le marteau révolutionnaire osa s'attaquer, en 1793, à la sainte demeure de Mme de Chantal. On ne saurait peindre l'effroi qui glaça tous les cœurs, lorsqu'on entreprit de démolir la forteresse, de raser le four des pauvres, quand on profana la chapelle du château.

« On répète encore les visions incroyables qui troublaient, chaque nuit, les destructeurs révolutionnaires. Des bêtes immondes, aux formes affreuses, allaient, tous les soirs, se vautrer dans la boue des chemins, au moment du passage de ces nouveaux vandales, on en vit même jusque dans la cour du château, lorsque les murailles de la forteresse eurent été rasées. Des bruits inexprimables se faisaient entendre, la nuit, dans l'enceinte du vieux manoir; les bœufs y répondaient par de longs et insolites mugissements. Plusieurs fois, au matin, on trouvait le bétail pêle-mêle au milieu des étables, quoique la veille chaque bête eût été solidement attachée à sa crèche. Bref, la terreur avait si bien saisi tout le monde, qu'on n'osait plus qu'en tremblant s'approcher de ces lieux profanés [1]. »

En réalité, l'état de quasi-ruine dans lequel le château se trouvait au moment où M. Pomme en fit l'acquisition, était bien plutôt l'effet du temps que l'œuvre du vandalisme révolutionnaire. C'est là, du moins, ce qui paraît résulter d'un procès-verbal de visite ou état de lieux portant la date du 26 germinal an IV (15 avril 1796), rédigé contradictoirement par Jean Clenet, architecte, représentant M. Pomme, et Claude Melot, charpentier, représentant Mme de Bourbonne [2].

La description que l'on y donne des diverses parties du château est véritablement lamentable; elle montre que, depuis de longues années, tout avait été laissé à l'abandon. Pour chaque bâtiment, pour chaque pièce, on retrouve les mêmes expressions : « menuiseries usées de vétusté, ferrures en ruines, fenêtres sans croisées et sans vitres, fermées par des volets qui ne tiennent pas, portes vermoulues, carrelages usés de vétusté et, en grande partie, détruits, bois de charpentes pourris, planchers fléchissant,

---

1. L'abbé Merle, *Souvenirs*.
2. Je dois la communication de cette curieuse pièce, qui comprend 24 pages in-folio, à l'obligeance de M. Testard, ingénieur des ponts et chaussées à Semur. Voir Documents annexes, XIX, p. 259.

toiture si mauvaise qu'elle doit être entièrement refaite, escaliers menaçant ruine, certains murs en partie éboulés, et le surplus prêt à s'écrouler, etc. ». En comparant ce document avec le rapport rédigé, deux ans auparavant, par l'architecte Chérier, on reconnaît que l'état du château lui-même n'avait guère changé depuis 1794.

On avait vraisemblablement fait davantage à l'extérieur. Le rapport des experts constate, en effet, que le pont-levis est détruit, les murs de clôture sont en mauvais état et, en partie, démolis; les fossés, qui avaient jusqu'à soixante pieds de largeur, sont comblés et remplis de butin [1] au point qu'il ne leur reste que la forme de ce qu'ils ont été.

Un aussi lamentable tableau n'était pas fait pour réjouir le nouvel acquéreur. Allant au plus pressé, il ordonna que l'on fît réparer deux pièces, après quoi il résolut de se rendre lui-même sur les lieux [2].

---

1. Ce terme de *butin*, usité en Bourgogne, signifie toute sorte de détritus, des objets de toute nature ; il était déjà employé dans ce sens, au XVIe siècle. Il existe, à Bourbilly, une pierre sculptée portant les armes des Rabutin dont le centre est occupé par un écusson sur lequel est un rat dévorant du butin. Le facétieux sculpteur avait-il inventé ce jeu de mots ou quelque Rabutin en était-il l'auteur?

2. Voici la lettre qu'il adressait à son homme d'affaires et dont nous respectons l'orthographe :

30 ventôse an V.

« Les divers travaux de Bourbilly exigeant ma Présence il est déjà décidé que Mme Pomme viendra m'y tenir compagnie avec ses enfans, sa sœur, une tante et des cousines aimables; ce nombre est effrayant, mais chacun est décidé à camper et à passer les six mois sous la tente : convenés que les parisiennes sont courageuses, 3 chambres nous suffisent : en voilà deux de closes et blanchies sur le jardin ; nous en ferons autant à celles que les pioniers occupent et que les deux cabinets en dépendans Rendent un peu plus commodes. La 4e Chambre restera au meunier et nous fourrerons tous les ouvriers dans la chapelle ; on trouvera une cheminée quelque Part Pour faire leur soupe. avec une croisée que j'ai déjà la chambre du four actuel nous servira de Cuisine ; un Lait de chaud sur les murs, un fourneau et une pierre à Laver, voilà tout ce qu'il y faut ; les deux offices en dépendant Logeront la cuisinière et les provisions : je vais écrire à M. Clenet pour qu'il aye

Les lettres qu'il adressait à son représentant, « le citoyen Finot, homme de loi à Semur », ont passé sous mes yeux : leur style ne rappelle que de loin celui de Mme de Sévigné et l'orthographe en est quelque peu fantaisiste.

Quel fut le résultat de ce voyage? Il semble que M. Pomme se soit fort peu préoccupé de la Sainte qui avait jadis habité cette demeure à demi ruinée. S'il faut en croire la légende, la Sainte aurait eu, au contraire, à s'occuper de lui [1]. Quoi qu'il en soit, il paraît certain que l'un des premiers soins de M. Pomme fut de faire démolir le donjon, qui occupait le centre de la façade est du château. C'était le conseil qu'avaient donné les experts, dont les

la complaisance de pourvoir à ces petites drogues, comme au Raccommodage très en Gros des trous de la galerie et des Portes : nous enverrons de Paris les meubles indispensables.

« Je le Repette : avoués que l'entreprise est courageuse; vous serés surement asses Bon Pour servir ses succès et venir Partager de tems en tems son humble simplicité; on jouit souvent beaucoup mieux sous le chaume que dans les lambris dorés. »

1. Voici la légende du pays. On pourrait en dire *Is fecit cui prodest* : « La cloche de la chapelle est restée à sa place. Le peuple la vénère, heureux d'en entendre les sons argentins, et il la nomme encore *la cloche de Mme de Chantal*. On la sonne à l'approche des orages, et l'on ne saurait assez répéter quelle confiance elle inspire à tout le voisinage. Cette cloche fait aussi les frais d'une légende éminemment populaire; il n'est pas un enfant des pays voisins qui ne sache ce que je vais raconter.

« Sainte Chantal, par bienveillance pour les habitants de Beauregard et de Bourbilly, leur avait donné le droit de faire paître leurs troupeaux dans sa prairie du Serein. Un nouveau possesseur, nommé M. Pomme, ne voulut reconnaître ni sainte Chantal ni les services qu'elle avait rendus au pays. Il refusa donc de continuer le droit de la sainte dame : un procès s'ensuivit. Or, la veille du jugement, il se passa la chose étrange que voici :

« La cloche de Mme de Chantal se mit, d'elle-même, en branle et sonna toute la nuit. Les habitants du château en furent étonnés, effrayés, consternés. On essaya de l'arrêter : vains efforts. M. Pomme se transporta lui-même dans la chapelle, espérant être plus heureux; mais il y reçut le châtiment d'Héliodore, qui avait osé violer la majesté du temple de Jérusalem. La corde de la cloche se mit à le flageller dans tous les sens, de telle sorte qu'il fut renversé et laissé presque pour mort. Ses gens furent obligés de l'emporter. Le lendemain, le jugement était rendu, confirmant le droit de sainte Chantal. » (Merle, *Souvenirs*.)

conclusions étaient sensées. « Comme ce donjon et galerie, disent-ils, ne peuvent être d'une grande utilité, et qu'il coûterait beaucoup pour remettre le tout en bon état, nous pensons et estimons que le parti le plus avantageux serait de détruire et démolir cette masse énorme et qui ferait le plus grand bien à la grande cour qui est petite et entourée de bâtiments de toutes parts très élevés, au point que le soleil ne donne presque jamais et par ce moyen on se le procurerait et donnerait de l'air à la cour qui en a besoin. »

Cette première entreprise achevée, M. Pomme résolut de démolir également la tour carrée qui s'élevait au centre de la façade ouest, de telle sorte que le château se trouva coupé en deux parties et que l'on put traverser, de part en part, la cour centrale jadis absolument fermée. Il est probable que l'on fit également les travaux nécessaires pour tenir clos et couverts les bâtiments conservés.

Le nouveau propriétaire ne semble pas, d'ailleurs, avoir conçu pour Bourbilly un vif attachement. On voit, dans sa correspondance, que, dès l'année 1800, il songeait à le vendre; après en avoir conféré *à 8 clos* (sic) avec un ami, il voulut acheter une autre propriété[1]. Ce projet n'eut pas de suite, et M. Pomme, qui exerçait d'importantes fonctions dans l'entreprise des Messageries nationales[2], s'occupa de

---

1.  29 frimaire an 9.
« J'ai causé, ce matin, à 8 clos, avec M. Besson et son frère... il est question de l'acquisition d'une terre à 50 lieux de Paris d'une valeur j'ose dire double à Bourbilly, à deux lieus de la Loire et Battie : c'est du patrimonial... je regarde l'affaire comme superbe, surtout eu égard au prix que j'espère obtenir : si cela a lieu, il faut que je vende Bourbilly. » Et, le 25 frimaire : « il s'agit d'un coup de partie qui ne se présentera pas deux fois dans la vie ».

2. En 1798, quatorze compagnies de transport, qui existaient à Paris

faire mieux desservir le pays. Il obtint notamment que l'itinéraire de la diligence allant à Dijon par Montbard et Chanceaux fut changé et que les voitures suivissent la route de Montbard à Semur et à Vitteaux. Enfin, l'ambition s'empara de son esprit et il rêva de devenir député de la Côte-d'Or [1].

Vain espoir! M. Pomme n'eut jamais la gloire de dicter des lois à la France. Dès lors la vente de Bourbilly fut décidée.

Déjà, le 29 nivôse an VII, M. et Mme Pomme n'ayant payé, de leurs deniers, qu'une somme de trois millions en assignats sur le prix de vente du domaine, et ne pouvant rembourser au financier qui le leur avait prêté le quatrième million, durent reconnaître, par un écrit reçu par M° Chevron, notaire à Paris, que le quart de la propriété appartenait à M. Jean-Pierre-Germain, banquier à Paris, fils du fameux orfèvre dont parle Voltaire dans sa pièce des *Vous et des Tu* [2].

> Et ces plats si chers que Germain
> A gravés de sa main divine
> . . . . . . . . . . . .

fusionnèrent, pour former une société en commandite, sous le nom de *Messageries nationales*. Cette fusion se fit sur l'initiative et par l'entremise de M. Pomme, qui exerça, dans la compagnie, les fonctions de directeur général des recouvrements.

1. Lesperance toujour Subsistante mais toujour trompée, mon cher Monsieur, detre bientôt convoqué pour nous Rendre à l'assemblée électorale de Dijon où je compte aller a Rettardé mon voyage de Bourbilly et fait languir notre Correspondance, mais s'il faut en croire ce que l'on m'a dit l'autre jour au Ministère de l'intérieur Nous aurons bientôt Le pied à L'étrier, Dieu le veuille : quelques Bonnes Relations avec des puissances marquantes me garantiraient ma nomination au Corps Législatif si L'assemblée électorale me mettai au nombre de Ses candidats chose que je ne crois pat très aisée : enfin nous tenteront je suis Bien sur que si vous pouvez y donner un coup de main, vous voudrés Bien le faire (15 brumaire an XII).

2. Voltaire, *Épîtres*, XXXIII.

Ne valent pas un des baisers
Que tu donnais dans ta jeunesse.

M. Germain, dont la fortune était considérable, et qui avait été régent de la Banque de France, mourut au mois de germinal an XI, et des difficultés surgirent aussitôt. Mme Germain était, paraît-il, une personne fantasque et d'humeur difficile, de sorte que la correspondance de M. Pomme est pleine de récriminations ; le 14 messidor an XII, la patience est près de lui échapper ; le 12 nivôse an XIII, elle lui échappe tout à fait. On finit cependant par s'entendre, et cela d'autant plus facilement que Mme Germain ne tarda pas à mourir et que la propriété passa dans les mains de son fils.

Auguste-Jean Germain, né à Paris en 1786, avait d'abord été nommé attaché au ministère de l'Intérieur ; en 1806, il sollicitait une place d'auditeur au Conseil d'État, mais l'Empereur, qui le savait intelligent et, de plus, fort riche, le nomma chambellan. En 1808, il suivit Napoléon en Espagne, comme officier d'ordonnance ; envoyé, l'année suivante, en Tyrol, il se distingua par la bravoure et l'intelligence dont il fit preuve dans la défense de Kufstein. L'Empereur lui conféra, le 19 décembre 1809, le titre de comte de Montforton, avec majorat[1]. Le 24 février 1812, il avait épousé Constance-Jeanne-Stéphanie de Houdetot, et,

---

1. Dans son éloge prononcé à la Chambre des Pairs, le duc de Broglie disait que le titre avait été conféré par Louis XVIII, ce qui est une erreur. Dans la plupart des notices consacrées à A.-J. Germain, notamment dans la Biographie universelle, dans celle de Michaud, dans le dictionnaire de Larousse, dans celui de Ludovic Lalanne, etc., il est dit que le titre conféré fut celui du comte de Monfort ; cela aussi est inexact. Du reste, dans tous les documents de l'Empire ou de la Restauration, on trouve seulement les mots de *Comte Germain*.

l'année suivante, l'Empereur l'avait nommé ministre plénipotentiaire auprès du grand-duc de Wurtzburg.

Rentré en France, après la désastreuse bataille de Leipzig, le comte Germain fut nommé, le 8 janvier 1814, adjudant-major de la garde nationale de Paris. Cinq mois plus tard, Louis XVIII le nommait préfet de Saône-et-Loire. Fidèle au souverain auquel il s'était rallié, Germain refusa de servir Napoléon pendant les Cent-Jours, mais, aussitôt après le retour du Roi, il fut nommé préfet de Seine-et-Marne, puis créé pair de France (5 mars 1819). Il quitta l'administration en 1820 et, l'année suivante, il fut emporté par une fièvre typhoïde.

Il mourut à Paris le 16 avril 1821. Le duc de Broglie prononça son éloge funèbre à la Chambre des pairs[1]. Après avoir déploré la mort prématurée d'un homme si jeune encore et dont l'avenir était si plein de promesses et d'espérances, le noble pair ajoutait : « Son esprit était vif et généreux, son caractère résolu et mesuré, sa vie privée pure, exacte, irréprochable. Il a vu s'approcher ses derniers moments avec la fermeté d'un chrétien ; enlevé, à la force de l'âge, à sa famille qu'il chérissait, à l'existence la plus heureuse, la plus brillante, la religion dont il avait constamment révéré les préceptes et pratiqué les commandements, la religion l'a secouru, si elle ne l'a pas consolé ».

Avant de partir pour l'Allemagne, M. Germain, comte de Montforton, avait vendu sa part de la propriété de Bourbilly à M. Antoine-Joseph Rigobert de Caux ; l'acte reçu par

---

1. *Moniteur universel* du 9 juin 1821.

Mᵉ Massé, notaire à Paris, le 10 mai 1813, porte que le prix payé avait été de 48 500 francs. L'année suivante vit cesser l'indivision. M. de Caux et Mme Pomme se mirent d'accord pour procéder à une licitation amiable. La totalité du domaine comprenant, outre le château, 355 hectares, dont 116 hectares de terres, 44 hectares de prés, 192 hectares de bois, etc., fut mise en adjudication, le 9 juillet 1814, sur la mise à prix de 200 000 francs. M. de Caux en devint adjudicataire, moyennant 240 000 francs; en déduisant le quart lui appartenant, il avait à payer 180 000 francs.

*Sic vos non vobis* : Le nouveau propriétaire n'eut pas le temps de jouir de son acquisition; trois mois après le jour de l'adjudication qui lui avait assuré la totalité du domaine, il mourut à Paris, le 28 octobre 1814. Aux termes de son testament daté du 24 août 1814, il laissait toute la quotité disponible de sa fortune aux enfants nés où à naître de sa fille unique, laquelle avait épousé un de ses cousins, M. Belle de Caux.

Mme Belle de Caux ayant survécu à son père, les petits enfants n'eurent droit qu'à la moitié des biens de leur aïeul, l'autre moitié appartenant légalement à leur mère, mais il n'y eut, d'ailleurs, aucun partage effectué.

Mme Belle de Caux mourut à Calais, le 14 septembre 1816. Aux termes d'un testament daté du 29 août précédent, elle avait fait don à son époux du quart de ses biens en propriété et d'un autre quart en usufruit. Elle laissait quatre filles, dont la dernière, Cécile, née à Paris le 2 août 1815, avait à peine un an.

Tous les biens restèrent dans l'indivision. Investi de la tutelle de ses filles, M. Belle de Caux s'installa, avec elles, à Bourbilly. Il fit raser d'anciennes constructions demeurées debout, mais qui lui semblaient inutiles. L'un des bâtiments du château, celui de la chapelle, servit de grange et d'écurie; à l'autre, on annexa des petits corps de logis destinés aux ouvriers et aux domestiques. On respecta seulement la cuisine et cinq chambres du premier étage, que l'on restaura, suivant le goût de l'époque, en appliquant des plafonds de plâtre sous les poutrelles demeurées apparentes, en brisant les corniches des grandes cheminées de pierre, pour placer en avant des cloisons droites et des petites cheminées de marbre, enfin en élevant des murs, pour diviser des pièces jugées trop vastes. Un petit pavillon fut bâti sur les anciennes fondations de la grande porte de l'enceinte extérieure du château, des barrières furent élevées autour de la maison, et une centaine de chevaux furent lancés dans les prairies qu'arrose le Serein. Bourbilly était devenu une ferme et un haras d'amateur. L'installation des habitants était modeste et défectueuse; on étudia les moyens de l'améliorer, mais, au lieu de songer à restaurer le château, on se décida à bâtir une maison moderne, au sommet de la Garenne. Les matériaux furent préparés, et l'on commençait à les apporter sur place, lorsqu'éclata le choléra de 1832.

M. Belle de Caux, qui avait fait, en amateur, ses études médicales, fut très effrayé, lorsqu'il entendit parler de ce mal nouveau. Convaincu que, si le fléau frappait la Bourgogne, on ne pourrait pas trouver, à Semur, les secours nécessaires, il partit avec ses filles et les conduisit à Versailles, chez leur sœur aînée, récemment mariée. L'idée était bonne, car la ville de nos Rois fut absolument épargnée, mais M. Belle de Caux s'étant rendu un jour à Paris, fut subitement saisi du choléra; transporté dans un petit appartement qu'il s'était réservé, il fut emporté, en quelques heures, le 10 juillet 1832.

Il est superflu de dire qu'il n'y eut, à Bourbilly et dans ses environs, aucune trace de l'épidémie, et que M. Belle de Caux eût été épargné, s'il eût suivi l'avis de La Fontaine [1] :

Demeure en ton pays...

Sa mort fut vivement regrettée dans l'Auxois, où il avait beaucoup fait pour les progrès de l'agriculture, notamment pour l'amélioration de la race chevaline et où son nom était universellement aimé et respecté.

Parmi tous ceux qui ont visité alors Bourbilly, il en est un qui a retracé, dans des pages charmantes, le récit de sa première arrivée et de l'incident qui le mit en relation avec M. Belle de Caux. Nous ne saurions résister au désir de reproduire ces lignes, que Lamartine a placées au début de son livre sur Mme de Sévigné :

« Un jour, le hasard d'une chasse dans les forêts de la Haute-Bourgogne me conduisit au revers d'une colline boisée d'où se découvrait, à travers les feuilles jaunies et les brumes transparentes de l'automne, une large vallée au-dessous de moi. Des prairies en formaient le bassin, une rivière, de quelques pas de largeur, traversée à gué par des troupeaux de vaches blanches et de bœufs roux, y serpentait, sous une double haie de grands saules. Le

---

1. *L'homme qui court après la fortune.*

vent de l'eau, en retournant les feuilles, les faisait miroiter, comme des lames d'argent. Cette rivière, sans cours et sans murmure, semblait sortir, au midi, de l'ombre d'une vaste étendue de bois, comme un égouttement de la brume sur les innombrables rameaux; du côté du nord, elle étincelait au soleil couchant, aussi loin que l'œil pouvait la suivre, entre d'autres falaises boisées, qui s'entre-croisaient pour la resserrer, ou qui s'entr'ouvraient pour lui laisser passage. Excepté le bassin herbeux de la vallée, tout était forêt à l'horizon.

« C'était la saison et l'heure où les brouillards humides qui sortent des bois rampent sur l'herbe, montent, descendent au plus léger mouvement de l'air, se déchirent, se recomposent, s'éclaircissent de nouveau, à un rayon de soleil, et, par leurs ondulations convulsives, semblables à celles des grandes vagues, imitent tout d'une mer tempêteuse, excepté son bruit.

« Tout à coup, au-dessus de ce lit mouvant des brumes, je vis transpercer et surgir une tour noire, au faîte de laquelle une volée de corneilles s'ébattait, en jetant des cris; deux autres tourelles sortirent peu à peu de l'ombre éclaircie, puis le toit d'un haut et large donjon carré, puis la longue façade grise d'un château démantelé, percé irrégulièrement de fenêtres hautes et basses, où le lierre des fossés se cramponnait, par touffes, aux grillages de fer. Les parapets éboulés de ces fossés trempaient, par brèches, dans l'eau stagnante, qui servait d'abreuvoir aux bœufs et aux poulains; le pont-levis, dont les chaînes brisées et inutiles pendaient, comme deux branches de gibet, au-dessus de la porte, était remplacé par une chaussée en pierre. Des charettes dételées et des gerbes éparses en jonchaient le sol. Une paysanne en sabots jetait du grain aux poules, sur les marches d'une porte en ogive, dont les écussons, mutilés par le marteau de la révolution populaire, ressemblaient à un stigmate blanc de boulet sur un mur de rempart. Les fenêtres, au lieu de réverbérer le soleil couchant sur des vitres, dégorgeaient, par toutes leurs ouvertures ou leurs lucarnes, la paille et le foin de la dernière récolte. Des batteurs en grange faisaient entendre le bruit cadencé de leurs fléaux, dans la grande salle des gardes. On voyait que le château était devenu une ferme, mais, par une vicissitude assez ordinaire à ces édifices des siècles passés, trop vastes pour leur possesseur actuel, la ferme était devenue château.

« A quelques centaines de pas de l'édifice principal, une maisonnette adossée à des écuries et à des granges, semblable à un cottage anglais des bois de Richmond ou de Windsor, éclatait de jeunesse, de propreté, d'élégance, au milieu d'une pelouse enceinte de barrières peintes à l'huile et entrelacées de roses tardives et de jasmins odorants. Les fenêtres à grandes vitres de cristal éblouissaient les yeux de la réverbération des derniers rayons du jour, des palefreniers en veste jaune y promenaient des chevaux sellés sur des allées de sable devant la porte, des maîtres ou des visiteurs apparaissaient et disparaissaient sur le seuil; tout y annonçait la vie, le mouvement, l'opulence d'un foyer d'automne habité par une famille hospitalière.

« Pendant que je contemplais, immobile, cette contrée inconnue, je fus rejoint par un ami, M. de Capmas. Il habitait, depuis plusieurs années, la petite ville de Semur, capitale pittoresque de ces forêts, de ces rochers et de ces torrents.

« Savez-vous où nous sommes? — Non, lui dis-je, mais c'est un des plus moroses paysages, une des plus mélancoliques ruines que j'aie jamais rencontrés dans mes chasses. — Je le crois bien, reprit-il, mais cette vallée et ce château vous donneraient bien plus d'émotion aux yeux et au cœur, si vous en saviez le nom? — Où sommes-nous donc? lui dis-je. — A Bourbilly, » me répondit-il.

« A ce nom, le paysage indifférent et mort tout à l'heure s'illumina soudain pour moi, comme si on avait allumé un phare sur toutes les tourelles du château et sur toutes les collines du morne horizon; je crus voir les ondes paresseuses et les flaques d'eau extravasée du Serein dans les prairies, réfléchir l'image de cette enfant aux cheveux blonds, devenue l'enfant chérie de son siècle; je crus entendre son nom murmuré par la rivière, par les feuilles, par les échos des vieux murs et jusque par les cris des corneilles effarées autour des créneaux du donjon. Puissance d'un nom qui vit, et qui fait revivre toute la contrée morte à laquelle il a été une fois identifié!

« Le propriétaire de Bourbilly nous reçut en hôte cordial, heureux de secouer la poussière du monument dont son culte pour Mme de Sévigné l'avait rendu possesseur[1], et de nous conduire, pas à pas, sur les traces que cette famille, devenue, par le génie, la famille de tout le monde,

---

1. Lamartine était poète et ses expressions ne sont pas toujours rigoureusement justes. On a vu que M. Belle de Caux n'était pas propriétaire de Bourbilly, et il faut ajouter que son culte pour Mme de Sévigné n'avait rien d'excessif. On a vu également que les eaux du Serein avaient bien rarement réfléchi l'image de l'enfant aux cheveux blonds.

avait laissées dans ces sillons, dans ces allées, dans ces salles et sur ces écussons, sur ces toiles enfumées suspendues aux murs du château. Nous passâmes deux jours et deux nuits dans ce pèlerinage de souvenirs et de sentiment. L'histoire de Mme de Sévigné partait de là, à l'âge de dix ans, et revenait là dans sa vieillesse; c'était le cycle de sa vie, il n'y avait qu'à regarder et à lire pour revivre avec elle toute cette vie. »

# CHAPITRE XII

## LA RESTAURATION DE BOURBILLY

Ainsi qu'on l'a vu, M. Belle de Caux n'était pas propriétaire de Bourbilly, il n'avait sur ce domaine qu'un droit d'usufruit. Au moment de son décès, ses trois filles aînées étaient mariées. La dernière n'avait encore que dix-sept ans; on résolut d'attendre sa majorité pour procéder au partage des biens.

La fortune immobilière à diviser entre les quatre sœurs comprenait les domaines de Clairmarais (arrondissement de Saint-Omer), Bertaignemont (arrondissement de Saint-Quentin), Sancourt (arrondissement de Péronne), Thoste, Sauvigny et Bourbilly (arrondissement de Semur). Le tout était évalué 1 751 320 fr. 45 centimes; on en fit quatre lots de valeur à peu près égale, la différence devant être compensée par des soultes en argent. Chacune des sœurs désirait vivement conserver Bourbilly, où elle avait passé sa jeunesse et qui lui rappelait de si chers souvenirs. On tira au sort. L'aînée, Antonia, épouse de M. Giroud-Mollier, eut la terre de Clairmarais; la seconde, Anna, épouse d'Édouard Buon, député de la Sarthe, eut Thoste et Sauvigny; la troisième, Agathe, épouse de Jules Morisseau, eut les propriétés de Bertaignemont et de Sancourt. Le dernier bulletin, portant le nom de Bourbilly, resta au fond du chapeau, il fut donc attribué à la plus jeune fille, Cécile, encore non mariée. Le partage fut constaté par un acte dressé par Mᵉ Cyrus Boudin de Vesvre, notaire à Paris, le 14 juillet 1837. Le domaine était estimé au prix de 456 720 fr. 60 centimes, pour une contenance de 374 hectares 92 ares 41 centiares.

La mort de M. Belle de Caux avait arrêté naturellement l'exécution de tous les travaux projetés. Bourbilly devait même être abandonné presque complètement, et le fermier installé dans le château. Lorsque, plus tard, Mlle Cécile Belle de Caux épousa M. de Franqueville, elle ne put guère songer à fixer sa demeure dans des bâtiments que les nécessités de l'exploitation agricole faisaient, chaque jour, envahir davantage. Du 15 décembre 1838, jour de son mariage, au 3 décembre 1850, époque de sa mort, elle fit à peine, à Bourbilly, quatre séjours, dont le plus long ne dépassa pas trois semaines. Lorsqu'elle succomba, âgée de trente-cinq ans, à la maladie qui avait emporté jadis Mme de Sévigné et Mme de Grignan, elle ne laissait qu'un fils alors âgé de dix ans, et Bourbilly fut plus abandonné que jamais. Un incendie ajouta ses ravages à ceux du temps, et plus d'un pèlerin, venant chercher les souvenirs de sainte Chantal, s'en retourna navré et convaincu qu'avant la fin du siècle, le château serait une ruine. Parmi ceux qui vinrent alors visiter ces murs bénis, comment ne pas citer le prélat éminent qui, en écrivant un admirable livre sur sainte Chantal, a tant fait pour inspirer au pro-

BOURBILLY EN 1850

priétaire actuel la pensée d'une restauration. On a placé, en tête de ces pages, le charmant tableau que Mgr Bougaud a tracé du paysage de Bourbilly. Il convient d'y ajouter ici la description qu'il donne du château, tel qu'il l'a vu, dans le pèlerinage qu'il y fit, en 1860, en compagnie de l'évêque d'Orléans, Mgr Dupanloup.

« Deux bâtiments parallèles et disjoints, restes du château, sont encore debout, au centre de la vallée. L'un d'eux est percé d'une vaste fenêtre gothique, dans le style du xiv$^e$ siècle, dépourvue de vitraux, et laissant voir, à travers ses barreaux brisés, des gerbes de blés entassées : c'était la chapelle. Dans l'autre bâtiment d'un style un peu moins ancien, on voit les appartements couverts de lambris, ornés de vastes cheminées armoriées qu'habitait la sainte, et où elle fut, pendant huit ans, à M. de Chantal, une si douce compagnie. Plus bas, au rez-de chaussée, les vastes cuisines où elle travaillait avec ses domestiques et où elle recevait les pauvres, l'antique perron, dont les marches disjointes furent tant de fois montées et descendues par elle, et, devant la porte, quelques-uns des grands chênes à l'ombre desquels, comme autrefois saint Bernard, elle aimait à se promener seule, le corps sur la terre et l'esprit dans le ciel. On ne saurait imaginer, si l'on n'est pas chrétien, le charme ineffable que l'âme éprouve en parcourant les lieux où les saints ont vécu. On se sent, pour ainsi dire, moins loin de ces êtres sublimes. Il semble qu'ils aient laissé quelque chose d'eux-mêmes aux lieux qui les ont vus, comme ces fleurs qui communiquent leur parfum à tout ce qui les touche. C'est peut-être une illusion, mais on se prend à penser qu'ils nous sourient, du haut du ciel, pendant que nous visitons ces débris de leur habitation terrestre, et l'on attribue à leurs regards ces douces émotions dont on se sent l'âme remplie. »

Lorsque, au mois de novembre 1864, M. et Mme de Franqueville vinrent, au jour de leur mariage, chercher asile dans cette solitude, ils ne trouvèrent d'autre habitation que le petit pavillon isolé. Le château, devenu ferme, était dans le plus fâcheux état. En réalité, depuis deux siècles et demi, c'est-à-dire depuis le départ de sainte Chantal, il n'avait pas été véritablement habité. En effet, ainsi qu'on l'a vu, Mme de Sévigné n'y était venue qu'à de longs intervalles et rarement elle y avait fait de longs séjours. Mme de Grignan n'y avait guère paru, et jamais, sans doute, Mme de Simiane n'y avait mis les pieds. Quant aux Chartraire et aux Montigny, ils résidaient, soit à Ragny, soit à Bierre, et Bourbilly n'était, pour eux, qu'une terre de rapport.

La restauration de cette antique demeure était une entreprise considérable.

Antérieurement au xix$^e$ siècle, le château formait un quadrilatère légèrement irrégulier : quatre bâtiments s'élevaient autour d'une cour intérieure complètement fermée, à laquelle donnait accès une seule porte précédée d'un pont-levis. La façade sud-est, qui était celle de l'entrée, était coupée par un donjon massif faisant saillie, et, sur la façade nord-ouest, se trouvait également un avant-corps; les deux autres façades extérieures étaient droites. L'enceinte du château était entourée de fossés, dont la largeur variait entre six mètres et vingt mètres. De vastes bâtiments, servant de remises, d'écuries et d'étables, s'étendaient

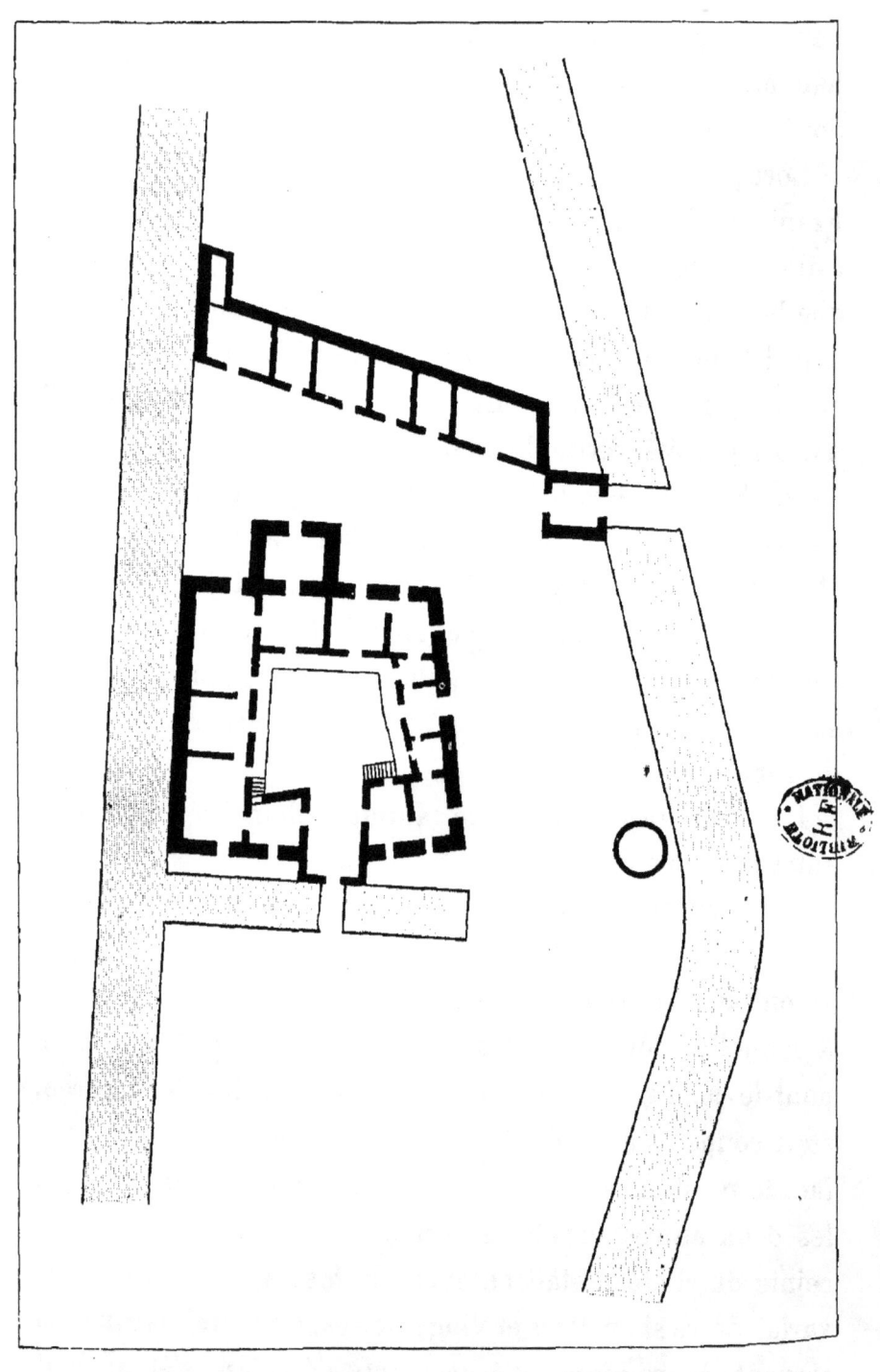

PLAN DE BOURBILLY AU XVIIIᵉ SIÈCLE

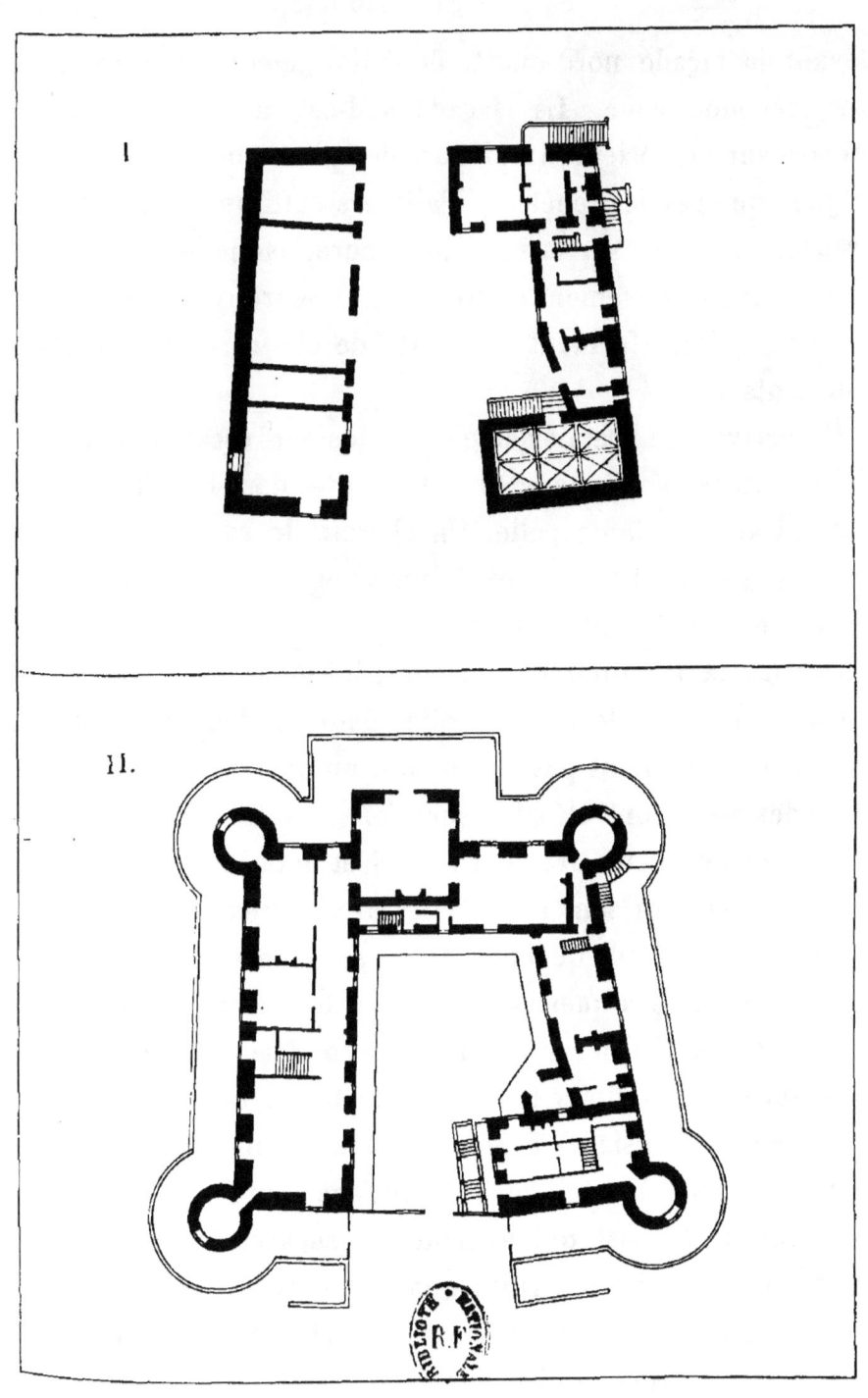

I. BOURBILLY EN 1850. — II. BOURBILLY, ÉTAT ACTUEL

devant la façade nord-ouest, dont ils étaient séparés par une seconde cour. La façade sud-est n'avait aucune fenêtre sur l'extérieur; la plupart des pièces ne recevaient de jour que par les fenêtres, d'ailleurs suffisamment nombreuses, donnant sur la cour intérieure, laquelle était de dimensions relativement restreintes, et se trouvait rétrécie par une galerie formant une sorte de cloître autour des bâtiments.

On arrivait au premier étage par plusieurs escaliers extérieurs, situés dans les angles de la cour et dont le principal donnait accès à la chapelle. Un chemin de ronde, ouvert dans l'épaisseur des murs extérieurs, régnait sur les quatre façades et aboutissait au donjon.

Quant à la distribution intérieure, il est assez difficile de savoir comment elle était établie. Sauf la chapelle, dont les dimensions n'ont pas varié, le nombre et les dimensions des pièces ont été plusieurs fois modifiés. Le minutieux état des lieux dressé en 1796 et dont les parties les plus intéressantes sont reproduites aux annexes ci après, donne, à cet égard, quelques renseignements.

Il ne pouvait être question de rétablir le château dans son ancien état, de fermer entièrement la cour et de laisser sans ouvertures extérieures le bâtiment de la chapelle. Le projet adopté consistait à relier, par un avant-corps à peu près semblable à celui qui existait, les deux parties du bâtiment nord-ouest qui avaient été séparées, à consolider les murs, à construire quatre tours d'angle, enfin, tout en respectant l'unité de style, à rendre la maison habitable et appropriée aux besoins du jour.

C'était une œuvre importante, qui devait demander

beaucoup de temps et coûter gros : grâce à l'inépuisable générosité de Mme Érard, mère adoptive de Mme de Franqueville, la difficulté pécuniaire n'existait pas et l'entreprise fut décidée.

Le 21 août 1867, l'église fêtait le centième anniversaire du jour de la canonisation de sainte Chantal. Après avoir suivi la châsse de la sainte, portée en triomphe à travers les rues d'Annecy, M. et Mme de Franqueville partirent pour Bourbilly, et, quelques jours plus tard, les travaux commençaient. Ils ont duré quatre années.

On entreprit d'abord la construction de l'avant-corps formant jonction des deux bâtiments séparés. Le travail de fondation fut difficile; l'eau envahissait les fouilles, malgré la force des pompes d'épuisement constamment employées. Enfin, on put rencontrer le roc, à une grande profondeur, et, sur un lit de béton, on commença à bâtir les murs. Le 21 octobre, la construction était à la hauteur du sol du rez-de-chaussée et la première pierre de taille[1], posée par la petite Chantal de Franqueville, âgée de deux ans, fut bénite, suivant le cérémonial prescrit par Mgr l'évêque de Dijon, par M. l'abbé Patrissey, curé de Vic-de-Chassenay.

Une fois au-dessus du sol, la construction s'éleva assez rapidement. Elle atteignait la hauteur du premier étage, lorsque l'hiver arrêta les travaux. On se remit à l'œuvre en mars 1868, et, dans le courant de cette campagne, on acheva le bâtiment de jonction et l'on construisit les quatre tours flanquées à chacun des angles extérieurs du château. L'année 1869 fut plus particulièrement consacrée aux tra-

---

1. Voir Documents annexes, XXI, p. 265.

BOURBILLY. — FAÇADE OUEST

vaux de construction de la tour carrée intérieure, du perron et du pignon faisant face à la chapelle, ainsi que des terrasses qui, de toutes parts, environnent le château, et forment, à la hauteur même du rez-de-chaussée, une promenade circulaire. Le gros œuvre se trouva presque entièrement achevé, à l'automne de 1869, et l'on constata avec bonheur qu'après des travaux si longs et si difficiles, auxquels plus de cent ouvriers avaient été constamment employés, un seul accident s'était produit.

On ne saurait, sans ingratitude, omettre de marquer le sympatique intérêt que cette œuvre de restauration excita dans le pays. Les habitants des châteaux voisins suivirent les travaux et voulurent bien parfois offrir leurs conseils. Celui qui trace ces lignes ne peut songer sans émotion aux visites de Mgr de Mérode et du comte de Montalembert. Peu de jours avant de quitter la Bourgogne, l'auteur des *Moines d'Occident*, déjà frappé à mort par un mal cruel, avait voulu revoir, une fois encore, la maison de sainte Chantal.

Cependant, la restauration devait être achevée à la fin de l'année 1870, et les travaux intérieurs avaient été repris avec activité, vers le printemps. La triste guerre, qui devait si tôt amener l'invasion de nos provinces, vint tout arrêter. Du moins, au milieu des douleurs de cette époque à jamais lamentable, Bourbilly a été épargné, et l'ennemi, qui foulait le sol de la patrie, n'est pas venu dans cette silencieuse vallée.

Le retour de la paix a permis de terminer, en 1871, tout ce qui restait à finir, et voici l'aspect que présente le château restauré :

La façade du sud-est, qui est celle de l'entrée, est ouverte sur les deux tiers de sa largeur; à la place du donjon est une large grille donnant accès dans la cour, dont la forme n'a pas varié, mais dans laquelle on n'a rétabli ni l'ancienne galerie, ni les escaliers extérieurs. Les trois autres façades sont entièrement bâties, les murs anciens ayant été simplement consolidés et percés de fenêtres.

A chacun des quatre angles extérieurs du château se dresse une tour ronde; au centre de la façade principale est rétabli l'avant-corps supprimé au xviii° siècle; sur les quatre façades règne une terrasse large de cinq mètres, qui se développe au niveau du rez-de-chaussée, et dont les murs sont élevés de trois mètres environ au-dessus du sol du parc.

On pénètre dans le château par une porte située à gauche de la cour et surmontée d'une statue de la Sainte-Vierge, au-dessous de laquelle se lit l'inscription : *Sub tuum præsidium...*

La salle des gardes, dans laquelle on entre d'abord, est située précisément au-dessous de la chapelle. La charpente est soutenue par trois fortes poutres de bois, supportées par des boiseries nommées en style d'architecture *aisselles* ou *goussets*, ornées d'ogives, qui s'appuient sur d'anciennes consoles de pierre sculptée. Les deux faces des poutres maîtresses portent des inscriptions relatives à sainte Jeanne de Chantal :

*J'ai rencontré ici ce que Salomon était en peine de trouver à Jérusalem, la femme forte en Mme de Chantal.* (St François de Sales.)

*Concitoyens de cette illustre femme, nous revendiquons sa*

ROUFFILLY — SALLE DES GARDES DU CHATEAU

*gloire, l'amour de la patrie vient couronner l'amour de la religion.* (Lettre des évêques de France à Benoît XIV.)

*Voilà la génération qui te sera donnée, génération chaste et choisie, mais je veux qu'elle soit sainte.* (Vision de sainte Chantal, dans la chapelle de Bourbilly.)

*La mère de Chantal fut le modèle de la perfection chrétienne dans l'état conjugal, dans le recueillement du veuvage, dans la sainteté de l'état religieux.* (Bulle de béatification.)

*Je n'ai jamais remarqué, en la mère de Chantal, aucune imperfection, mais un exercice continuel de toutes sortes de vertus.* (Saint Vincent de Paul.)

*Sa maison de Bourbilly était le logis de la paix, de l'honneur, de la civilité et d'une joie vraiment noble et innocente.* (La Mère de Chaugy.)

Sur les murs latéraux de la salle d'armes se trouvent deux grandes tapisseries; le sujet de celle de gauche est tiré d'un livre intitulé : *Exercices du roi Louis XIII pour monter à cheval*, par Pluvinel[1]; celle de droite représente l'histoire de Pénélope. Sur les deux autres murs sont disposés des écussons portant les armoiries des anciens propriétaires de Bourbilly. Des armures, des coffres gothiques et d'anciens sièges ornent l'intérieur de la salle.

De cette vaste pièce on passe dans une longue galerie, sur laquelle donnent l'escalier d'honneur, la salle de billard, la bibliothèque et le grand salon. Cette galerie est entièrement tendue de tapisseries anciennes, représentant le mariage de la Sainte-Vierge, l'histoire d'Alexandre le Grand, celle de Cléopâtre, etc.

---

1. Gravé par Merian, imprimé à Paris vers 1623.

La salle de billard est ornée de plusieurs tableaux de maîtres : *Agar au désert,* par Guido Reni ; *Noé construisant l'arche d'alliance,* par Bassano ; une *Vierge* d'Overbeck ; une *Adoration des Mages,* de Schedone ; enfin un portrait de sainte Chantal à l'âge de trente-deux ans, par Philippe de Champagne.

La bibliothèque, avec ses boiseries gothiques, est entièrement garnie de livres ; sur la cheminée est un portrait de sainte Chantal, âgée et revêtue du costume de son ordre. Cette toile, qui a toujours été conservée à Bourbilly depuis le xviii$^e$ siècle, et dont l'auteur est inconnu, est surmontée des armes des Frémyot et de celles des Rabutin-Chantal.

Le grand salon, qui se trouve dans l'avant-corps récemment reconstruit, est de style moderne. Il contient des paysages de Valenciennes, de Gustave Doré et de Benouville, ainsi que des portraits de sainte Chantal jeune fille, de son époux, de Mme de Sévigné et de saint François de Sales. On y remarque des meubles anciens et de beaux lustres en cristal de Venise.

La vaste salle à manger qui vient ensuite est lambrissée de tapisseries à sujets mythologiques et à paysages. Une haute cheminée de pierre en occupe tout le fond ; le plafond est à poutrelles apparentes avec dessins de style gothique.

Le surplus du rez-de-chaussée est occupé par les offices, les cuisines, logements de garde, etc.

L'escalier qui conduit au premier étage est orné d'un grand tableau représentant sainte Chantal et la mère de Chaugy en prières devant la Sainte-Vierge. Cette toile provient de l'ancien monastère de la Visitation de Semur.

BOURBILLY. — INTÉRIEUR DE LA CHAPELLE

La chapelle a exactement les mêmes dimensions qu'au temps de sainte Chantal et l'intérieur est distribué de la même façon, ainsi que l'on peut s'en assurer en consultant un ancien plan annexé au livre de la fondation du monastère de la Visitation de Semur. Sa longueur est de douze mètres environ, sa largeur de plus de neuf. On y arrive directement par le grand escalier du château. Vis-à-vis la porte par laquelle on pénètre dans le sanctuaire est une vaste fenêtre ogivale séparée en trois compartiments, et surmontée de trois rosaces, dont les vitraux représentent les armes de la sainte. La verrière principale sa compose de douze médaillons entourés de riches bordures et d'ornements dans le style du XIIIe siècle, représentant les principaux traits de la vie de sainte Chantal [1].

Les deux larges ébrasements de la fenêtre sont décorés de peintures à fresque copiées sur celles de la Sainte-Chapelle de Paris.

Devant la fenêtre et à l'endroit même où il se trouvait

---

1. Le panneau de gauche contient quatre médaillons : c'est la vie de sainte Chantal *épouse*. Ils représentent, en commençant par le bas : 1° Mariage de sainte Chantal à Bourbilly (1593) ; — 2° La sainte obtient par ses prières l'heureuse délivrance d'une pauvre femme de Bourbilly ; — 3° Elle visite les prisonniers, à Bourbilly ; — 4° Elle multiplie le blé et la farine, à Bourbilly (1600). — Les quatres médaillons du panneau de droite rappellent la vie de sainte Chantal *veuve* : 5° Sainte Chantal en extase voit, dans une promenade, le long d'un bois, saint François de Sales qu'elle ne connaissait pas encore (1601) ; — 6° Sainte Chantal, priant dans la chapelle de Bourbilly, a une vision de l'Ordre futur de la Visitation (1602) ; — 7° Elle grave le nom de Jésus sur son cœur (1606) ; — 8° Elle passe sur le corps de son fils (1608). — Enfin le panneau du milieu représente des traits de la vie de sainte Chantal *religieuse* : 9° Elle prononce ses vœux (1610) ; — 10° Elle assiste à l'ouverture du tombeau de saint François de Sales (1630) ; — 11° Elle bénit Louis XIV, enfant (1641) ; — 12° Le jour de la mort de sainte Chantal, saint Vincent de Paul, disant la messe, voit l'âme de la sainte monter au ciel, sous la forme de globes de feu (13 décembre 1641).

du vivant de sainte Chantal[1], est placé l'autel en chêne sculpté, dont le soubassement contient sept statuettes : saint Bénigne, patron du diocèse; saint Martin, patron de la paroisse; saint Bernard dont sainte Chantal descendait; saint Amable, sainte Cécile, sainte Madeleine et sainte Sabine, patrons des habitants du château. A droite de l'autel, on voit, dans le mur, la crédence et la piscine qui existaient du temps de la sainte; à gauche, est une niche profonde, dans laquelle est placée une belle châsse dorée contenant des reliques de sainte Chantal et de saint François de Sales, offertes par les religieuses de la Visitation d'Annecy. Cette niche est fermée par des volets, sur lesquels se voient les portraits de Christophe de Rabutin et de Claude de Rochebaron, son épouse, agenouillés et les mains jointes; au-dessous est la date de 1556.

Tout autour de la chapelle règne un lambris de chêne; au-dessus, les murs sont décorés de fleurs de lis alternées de petites croix d'or, sur un fond bleu. Les pilastres rouges, ornés de dessins empruntés à la Sainte-Chapelle, portent des socles supportant les statues de sainte Marguerite, sainte Chantal, saint François de Sales, saint Vincent de Paul, la bienheureuse Marie Alacoque et saint Charles Borromée. Des rangées de colonnettes, finement sculptées, ferment, en haut, la galerie et la tribune dans laquelle est placé l'orgue. La voûte, élevée de douze mètres, est peinte en bleu et constellée d'étoiles d'or. Le beffroi, qui surmonte l'édifice, abrite la cloche qui porte le nom de Marguerite de

---

1. Le plan exact de la chapelle se trouvait dans les Archives du monastère de la Visitation de Semur; il est aujourd'hui dans celles du couvent de Dijon.

BOURBILLY. — LA BIBLIOTHÈQUE

BOURBILLY. — LA SALLE A MANGER

Beaujeu, princesse de la Morée, et le pignon qui termine l'autre extrémité de la chapelle est surmonté d'une grande croix de pierre blanche, qui s'élève majestueusement dans les airs.

La sacristie est située dans une tour attenant à la chapelle, du côté droit de l'autel.

En sortant de la chapelle, on pénètre dans les appartements particuliers. Plusieurs des chambres sont décorées et meublées dans le style moderne : il en est cependant quatre, dont l'une serait, d'après la tradition, celle de sainte Chantal, qui ont conservé leurs vieilles cheminées de pierre, hautes et larges, et leurs plafonds à poutrelles ornées de peintures.

En dehors du château, on voit une ancienne tour faisant jadis partie de l'enceinte extérieure et qui est actuellement isolée ; plus loin, sont les communs, dont la construction remonte au commencement du $XIX^e$ siècle.

Ce fut le lundi 21 août 1871, jour de la fête de sainte Chantal, que le vénérable évêque de Dijon, Mgr Rivet, de pieuse mémoire, vint bénir le château et réconcilier la chapelle[1]. La Chronique religieuse du diocèse a consacré à cette cérémonie un compte rendu, dont voici quelques extraits :

« Cette restauration, si promptement accomplie, fait le plus grand honneur au goût comme à la piété de M. le comte et de Mme la comtesse de Franqueville. Guidés par leur dévotion envers l'illustre sainte dont ils tiennent si dignement la place, ils ont soigneusement conservé tout

---

[1]. Voir Documents annexes, XXII, p. 267.

ce qui restait du vieil édifice et rétabli, dans le même style, les parties détruites. Aujourd'hui, c'est un vrai château féodal que l'on a sous les yeux; il s'élève avec majesté, au milieu de ce frais vallon que le Serein traverse et que surmonte une noire couronne de sapins. Et, si l'on évoque dans cette solitude les touchants souvenirs de la sainte baronne, il serait difficile, croyons-nous, d'imaginer un séjour qui, dans son austère mélancolie, parle plus fortement au cœur.

« Avant de prendre définitivement possession de cette demeure à la fois ancienne et nouvelle, les propriétaires avaient prié Mgr l'évêque de Dijon de venir bénir le château et réconcilier la chapelle. Nous savons que M. et Mme de Franqueville eussent aimé, en des temps plus heureux, donner à cette fête un plus grand éclat, mais qu'ils ont été retenus par la considération trop légitime de nos désastres présents et des misères si nombreuses qu'il s'agit de soulager. Toutefois, l'assistance était des plus considérables; on y remarquait M. l'archiprêtre de Semur et un grand nombre d'ecclésiastiques des environs. Les habitants de plusieurs châteaux voisins, les familles de Comminges-Guitaut, de Bresson, de Sarcus, de Montalembert, de Chastellux, de la Ferrière, de Vibraye, de Montboissier, de Villefranche, de Virieu, de Chazelles, de Lanneau, Teissère, Royer, etc., avaient aussi été conviés.

« Dès le matin, la foule se pressait aux abords du château, attendant avec une joyeuse impatience le commencement de la cérémonie, que devait favoriser un temps splendide.

« Au seuil de la porte d'honneur, M. le comte de Fran-

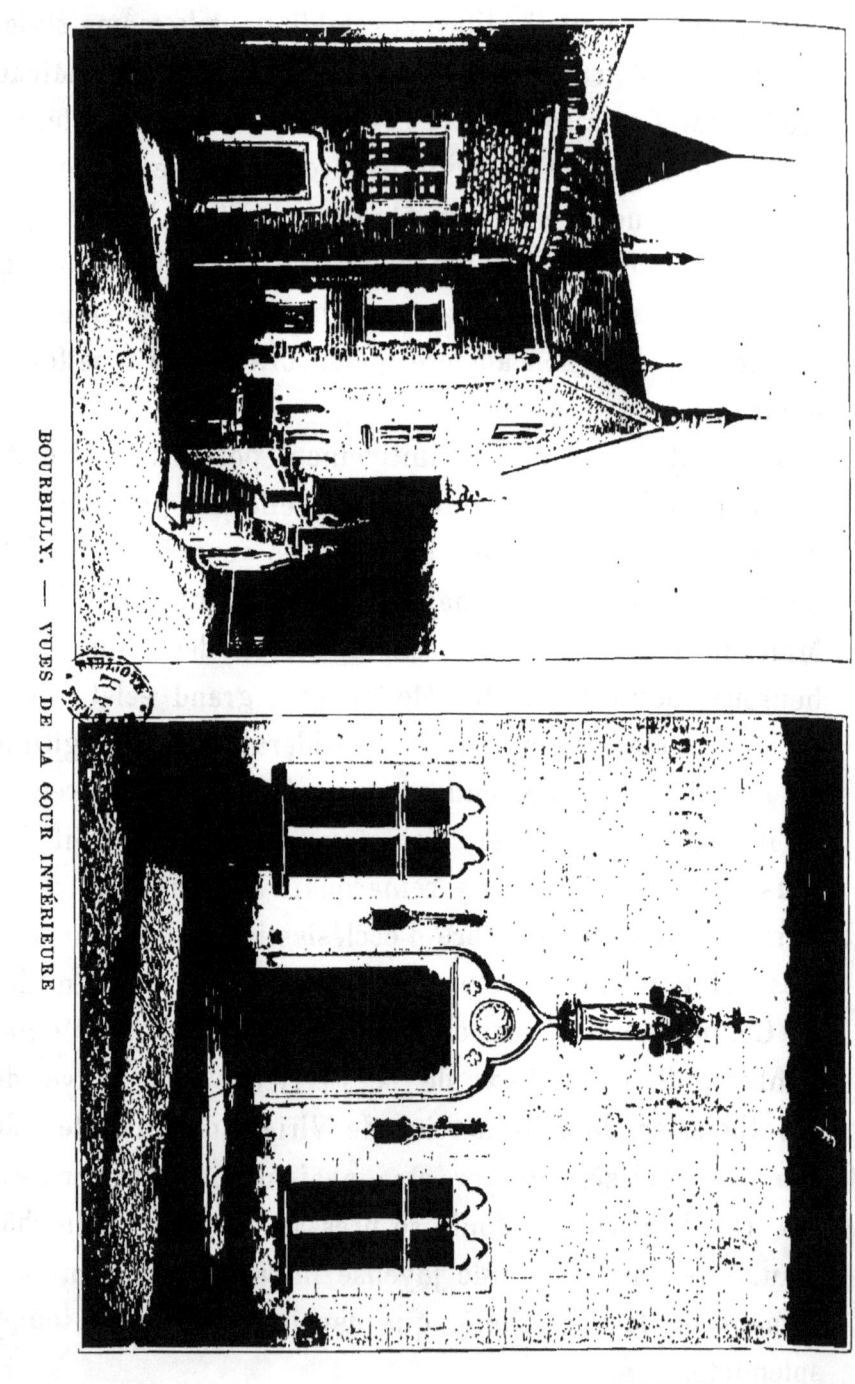

BOURBILLY. — VUES DE LA COUR INTÉRIEURE

queville attendait Monseigneur l'évêque. Vers neuf heures et demie, le prélat apparut, précédé du clergé qui était allé processionnellement à sa rencontre. Là, dans un langage élevé et avec cet accent que la foi seule peut donner, le noble châtelain, tant en son propre nom qu'au nom de celle qui s'est associée à son pieux dessein, au nom de la Sainte qui fut le modèle de son siècle, a prié Sa Grandeur de rendre au culte ce sanctuaire si vénérable par ses souvenirs et qui, depuis tant d'années, est resté muet et profané. Après une courte réponse, le prélat commença la cérémonie par la bénédiction des murs extérieurs, et, montant ensuite dans la chapelle, bénit le sanctuaire, suivant les rites prescrits par l'Église.

« Pendant ce temps, la foule se répandait dans le grand vestibule placé au-dessous de la chapelle, et qui avait été gracieusement orné de larges massifs de bruyères et de verdure, de guirlandes de feuillage, d'écussons aux armes de sainte Chantal, enfin d'une quantité d'oriflammes de toute couleur, dont chacune rappelait, avec sa date, un des traits principaux de la vie de la Sainte, ainsi que les époques de sa béatification et de sa canonisation.

« Cependant, la vieille cloche de Marguerite de Beaujeu fait retentir ses joyeux accents et, pour la première fois, depuis plus d'un siècle, annonce l'heure du saint sacrifice. Les fidèles se pressent en foule dans le sanctuaire. La tribune, les galeries regorgent également d'assistants, sans parler d'un grand nombre qui se voient forcés de rester en dehors.

« Monseigneur, revêtu des habits pontificaux, s'avance vers l'autel, accompagné de M. l'abbé Pillot, vicaire général, et de M. l'abbé Grapin, archiprêtre de Semur, et commence le saint sacrifice, pendant lequel l'orgue et les chants se font entendre.

« Après l'Évangile, Monseigneur se tourne vers l'assistance, et, d'une voix émue, retrace l'histoire de la *Bonne dame* de Bourbilly, insistant sur cette grave pensée que nous ne devons pas seulement admirer les saints, mais que nous devons aussi les imiter. Nous voudrions pouvoir reproduire ces belles paroles, qui ont laissé, dans tous les cœurs, de si douces et si profondes impressions.

« A la fin du saint sacrifice, Monseigneur bénit solennellement l'assistance, et entonna le *Te Deum*, puis, voulant rendre hommage à la grande sainte choisie aujourd'hui pour être, avec sainte Marguerite, la patronne de la chapelle, il invita l'assistance à s'agenouiller, et il récita, avec elle, les litanies de sainte Chantal.

« Le soir, vers la chute du jour, une cérémonie plus simple et plus intime réunissait les habitants du château. Monseigneur l'évêque bénissait la maison tout entière, sanctifiant ainsi ces bâtiments, dont les murs eux-mêmes parlent, suivant la remarque du prélat, et rappellent aux chrétiens tant et de si grands souvenirs. »

Les filles de sainte Chantal ne pouvaient demeurer indifférentes à l'œuvre qui venait de s'accomplir. Du berceau de la Visitation, on suivait avec intérêt le progrès des travaux. Dans une circulaire du 15 janvier 1869, la Mère supérieure de la Visitation d'Annecy avait annoncé à toutes les maisons de l'Ordre la nouvelle de la restauration de Bourbilly, et demandé des prières pour « l'ami dévoué » qui entreprenait cette œuvre. Le 15 mars 1872,

BOURBILLY. — LE GRAND SALON

une autre circulaire rendait compte de la cérémonie du 21 août 1871 et se terminait ainsi : « Ne devons-nous pas un hommage d'éternelle gratitude aux dignes restaurateurs de ce pèlerinage? Daignent nos bienheureux Père et Mère les bénir, surtout dans leur jeune et intéressante famille, toute placé sous leur patronage ».

Trente-cinq années se sont écoulées depuis que Bourbilly est relevé de ses ruines, que la vie est rentrée dans cette ancienne demeure, que Dieu est revenu dans le sanctuaire où a jadis prié une grande sainte. Depuis lors, la maison de sainte Chantal a reçu de très nombreux visiteurs; parmi ceux qui ont bien voulu accepter l'hospitalité de M. et de Mme de Franqueville, se trouvent l'héritier légitime de nos Rois, accompagné de Mme la comtesse de Paris, puis M. le duc d'Aumale, ainsi que plusieurs de ses confrères de l'Institut de France. Des Princes de l'église et plusieurs prélats sont également venus présider la fête de sainte Chantal, célébrée le 21 août, ou offrir le saint sacrifice dans la chapelle : le cardinal de Bonnechose, archevêque de Rouen, le cardinal Caverot, archevêque de Lyon, les cardinaux Foulon et Coullié, ses successeurs sur le siège primatial des Gaules, le cardinal Mermillod, évêque de Fribourg, le cardinal di Rende, nonce apostolique en France, puis archevêque de Bénévent, Mgr Forcade, archevêque d'Aix, Mgr Déchelette, évêque de Hiéraple, Mgr de Dreux-Brézé, évêque de Moulins, Mgr Le Hardy du Marais, évêque du Mans, Mgr Dadolle, évêque de Dijon, Mgr d'Hulst, recteur de l'Institut catholique de Paris, etc. Plus de cent prêtres appartenant à divers diocèses et de nombreux religieux sont venus célébrer la messe dans le sanctuaire de sainte Chantal. Dans les premiers temps de la persécution qui sévit en ce moment contre l'Église, Bourbilly eut l'honneur d'offrir un asile à plusieurs des PP. Dominicains expulsés de leur couvent de Flavigny; enfin de nombreux pèlerins sont également venus visiter les lieux où a vécu la fondatrice de la Visitation et plusieurs de ceux qui ont imploré le secours de la bonne dame de Bourbilly, ont vu leur foi récompensée par des guérisons surprenantes [1].

Telles ont été, à travers les siècles passés, les destinées de Bourbilly. Que réserve l'avenir à cette maison, hier près de tomber en ruines, aujourd'hui complètement restaurée? C'est le secret de Dieu. Mais, quoi qu'il advienne et dussent périr ses murs, le nom de Bourbilly demeurera gravé dans la mémoire des hommes, aussi longtemps qu'il y aura ici-bas des intelligences capables de comprendre et des cœurs dignes de sentir les incomparables beautés du monument littéraire inconsciemment élevé par Mme de Sévigné, tant qu'il y aura des chrétiens sachant apprécier les merveilles de la grâce et admirer la hauteur à laquelle peut s'élever l'âme humaine, lorsqu'elle atteint aux suprêmes degrés de la perfection.

1. Il existe, dans les Archives de l'évêché de Dijon, des documents datés des 8 septembre 1879, 21 octobre 1879 et 12 décembre 1880, relatant plusieurs cas de guérisons obtenues à Bourbilly, par l'intercession de sainte Chantal.

# DOCUMENTS ANNEXES

MÉDAILLE COMMÉMORATIVE DE LA RESTAURATION DE BOURBILLY, PAR CHAPLAIN

# I

*Acte par lequel Alixande de Marigny donne à Guillaume de Mello hypothèque sur Bourbilly* (Mai 1284).

(Archives du château d'Époisse.)

En nom de Notre Seigner. Amen. en lan de l'Incarnation d'iceluy mil deus cenz quatre vinz et quatre au mois de May, ge Alexans de Marigné en Champaigne fille feu Monseignor Garnier Seignor dudit Marigne, chevalier, dame de Borbaille, de Souveigne, de l'elliens, de Foux, de Change et de Ploumerun fais savoir à touz céans qui verrunt et orront ces présentes letres que cum ge par la volunté et dou commendement Monseignor et mon mari Guillaume Seignor de Marigne sus Oysche vende et haie vendu quittié baillié et outréié en herietaige perpetuel par lou titre de pure et de irrevocauble vendue à noble chevalier Monseignor Guillaume Seignor de Espoisse, mon chier cosin por moy et por mes hers Ploumeron Change Foux et Felliens, les finages les tenours et les appertenances des dites villes... justice et seigneurie en tous ces diz leus grant et petite et tout ce que je ai et puis havoir et doy esdiz leus por lou pris de seze cenz livres de tornois, lesquels je hai receues et haves dudit seignor de Espoisse an deniers nombrez. Je es diz leus par moy et par mes hers suis tenuz et promet par mon soirement doné sus seinz envangiles de mon propre cors de asseter et de assigner au dit seignor de Espoisse ou à ses hers por chauque cent livres de tornois qui ge ha receves de luy quinze livrées de terre à tornois jusques à la somme des dites seze cenz livres tornois an tel manière an tel forme et an tel estat comme l'on assiet et assete en Bourgoigne dix livrées de terre par cent livres et se ces choses vendues ne suffisoient à l'assise desus dite par chasque cent livres de tornois quinze livrées de terre jusques à la somme des dites seze cent livres de tornois ès us et ès costumes dessus dites, ge vuyl et outrey et à ce obligeais moy mes hers ou mes successours et tout lou remanant de ma terre de Bourbaille que touz le deffaut soit assis et assetez sous lou remanant de ma dite terre de Bourbaille au plus près des choses vendues ès us et ès costumes et an la manière desus dites por lou regard de prudes hommes nommez de part moy et de part mes hers et de part lou dit Seignor de Espoisse ou de par ses hers tantôt comme nos an saruns requis et li deffauz i sara.

Et se les choses vendus et ce qui saroit assigné par lou defaut ou remanant de la terre de Borbaille estoient de rien obligiés ne anlorés au autruy mein por aucun titre de aliénation ou de obligation ge les doi par moy ou par mes hers que ge an oblige par maintenant délivrer quittement audit seignor de Espoisse ou à ses hers senz contredit et quant à ces convenences dessus dites tenir et garder ge moblige par mon sairement doné sus seinz envangiles et mes hers et touz mes biens et especialement tou lou remanant de ma terre de Borbaille qui es deu flé dudit seignor de Espoisse et renunce à toutes les choses que moi ou à mes hers pourroient aidier et nuire à la partie adverse. Et ge Guillaume sires de Marigne sur Oiche ces choses dessus dites sai veuil et outroye à ladite Alexans ma femme an, a doné commendement dou faire et ge Alexans veuil et outroy que ge et mes hers seins contraint à tenir les choses desus dites aussi comme dé chose adjugié par la court lou duc de Bourgoigne à cui juriditon quant à ce je me sousmet et mes herz. Ou tesmoin de laquel chose ge optenus que li seau de la dite cort soit mis an ces letres ansamble lou mie seaul et a supplié mon dit Seignor et mon mari qu'il y mete lou sien seaul et ge Guillaumes sire de Marigne a la requeste de la dite Alexans ma femme a mis mon seaul an ces letres ansamble les seaus desus diz c'est fait à la presence de Pierre Notier de Semur monseignor Gui de Barbire monseignor Jehan de Salon et Hugues Prevost de Sein Ramein tesmoinz a ce appalez l'an et lou mois desus diz.

## II

*Ordonnance du duc de Bourgogne levant la main du seigneur d'Époisse de la maison et terre de Bourbilly* (Février 1320).

(Archives du château d'Époisse.)

Nous Eudes duc de Bourgongne facons savoir à tous que com descort fussent et haient esté entre nos amez et feauls le seigneur despoisse dune part et le seigneur de til d'autre de la maison et de la terre de Bourboilley et nous havons dit et voulu pour notre prononciation que le diz sire despoisse leveroit sa main de la dite maison et de la terre et il hait voulu que nous levessions sa dicte main des dictes chouses nous en nom de luy et pour luy et à son profit en tant come il se puet appertenir come à Seignor de fié avons levée et ostée la main du dit Seignor despoisse de la maison dessus dicte et de la terre.

En tesmoin de laquel chouse nous avons fait mettre notre seaul en ces lectres. Donné à Rouvre le dimanche jour de Saint Père de février l'an de grâce mil CCC et vint.

## III

*Ordonnance du duc de Bourgogne obligeant le seigneur de Thil à garantir le seigneur d'Époisse des dépenses faites pendant la main mise sur Bourbilly (Juillet 1321).*

(Archives du château d'Époisse.)

Nous, Eudes, dux de Bourgoigne facons savoir à tous que come nostre amez et feauls chevaliers les sires despoisse tenist et haust mis en sa main la maison et terre de Bourboilley qui meut de son fié et laquele nostre amez et feauls le sires de Til tient de luy en fié et la dite terre soit ou fust obligié pour le fait de Champaigne ou pour autre cause de quoi lon poroit suigre le dit seigneur despoisse pour raison des levees qu'il ha faites de ycele ou temps qu'il ha ycele tenu en sa main. Lediz sires de til en nostre presence ha volu et s'est obligiez et consentuz de garder et deffandre le dit Seigneur despoisse envers touz et contre touz soit pour obligacion faite en champaigne ou autre part de touz domaigez perdes et coustements qui li poirent avenir pour raison des levees quil ha faites en la dite terre de tout le temps qu'il la tenue jusques au jour de la confection de ces letres. En tesmoin de laquel chouse nous havons fait mettre notre seaul en ces lectres, donné à Paris le vendredi devant la Magdelene lan de grace mil trois cens vint et hun.

## IV

*Acte de foi et hommage rendu par Marguerite de Beaujeu, princesse de la Morée, au seigneur d'Epoisse* (Novembre 1379).

(Archives du château d'Époisse.)

Au nom de Notre Seigneur. Amen. Par ce présent publique instrument appaire à tous evidamment que lan de grace mil trois cens soixante dix et neuf, le diemoinge après la feste Saint Martin dyver environ hore de none d'icellj jour on chasteaul de Bourbeilley en la chambre costé a tenant a la chappelle du dit chasteal en la presence de moy Hugues despoisse prestre notaire et juré de la court mons. le duc de Bourgoigne et coadjuteur de Nicolas Chiflot, tabellien a Montbar par Monsieur le duc et en la présence des tesmoins cy dessoubs escripts estoient personnellement noble dame Madame Marguerite de Beauljeu princesse de la Morée et dame du dit chasteal de Bourbeilley et des appartenances d'icellj et noble Seigneur mons. Gibaut de Mello, seigneur despoisse laquelle ma dite dame la princesse de certaine science et pure volonté vint et s'adressa au dit mons. despoisse et li presenta de pole et de fait la main a la bouche en lui disant requérant et offrant foy loiaulté et hommaige dudit chasteaul de Bourbeilley estangs reveres bois molins terres prez vignes appartenant à icelle chasteal.

Item les villes de Bourbeilley Sauvoigney Foulx Changey et Plumeron ensemble tous les hommes et femes rantes issues et emolumens tant deniers blefs vins charnaiges et autres redevances quelconques des dites villes et chasteaul feaulx et autres choses quelconques lequey Monseigneur despoisse come Seigneur feodaul des d. chouses la recephust prist et retint en fyé et hommaige lad. dame des d. chouses et chascune par soy et pour cinq fois les prist et retint icelle ma dite dame la princesse en fié et homaige dudit mons. despoisse et promist icelle madite dame la princesse tant en nom de elle come en nom et à cause de ses successeurs, de tenir toute bonne foy et homaige audit Mons. despoisse comme seigneur feodaul des dictes choses et aussi deffuir ou faire deffuir le dit fié et homaige toutes et quantes fois quelle en fut requise du dit mons. despoisse ou des aiens cause de lui et que la costume de Bourgoigne veult et requiert en tel cas et doibt bailler icelle madite dame aud. Mons$^r$ despoisse la declaration et nomee des dictes chouses feodaulx dans le terme acostumé de bailler en tel cas et de ces chouses et dune chascune pour soy requist a moy juré dessus dit instamment le dit mons. despoisse à luy estre fait et donné sur ce publique instrument soulz le scel de la court mons. le duc de Bourgoigne lequel je l'octroie par la forme et manière que dit est En tesmoing de ces chouses je Hugues dessus dit coadjuteur come dit est ha requis et supplié le scel de la court de Mons. le duc de Bourgoigne estre mis en ces presentes lectres en cest present publique instrument en tesmoignaige de vérité. Ce fust fait et octroié en la présence de nobles hommes messire Loys quart seigneur de lu mess. Pierre seigneur de Chevigny chevaliers maistre Guillaume Candeal saige en droit Hugues de Chissey Philibert son fils Symon le bastard de Thil Guillot Lachoo Jehan Bridouart escuiers Perrin Naudot de Semur et Melot le changeur de Beaune tesmoings ad ce requis et appelles lan jour lieu hore et presents que dessus. — H despoisse. — Ita est pro instrumento.

---

## V

*Consentement donné par le seigneur d'Époisse à la vente de Bourbilly* (4 octobre 1403).

(Archives du château d'Époisse.)

Au nom de Nostre Seigneur. Amen. Par cest presant publique instrument à tous apperre évidemment que en l'an de l'Incarnacion de notre dit Seigneur courrant mil quatre cens et trois le quatrièsme jour du mois d'octobre en la ville de Semur en l'ostel a l'eaulme onquel demoure a present Guillaume Flamoinche du dit Semur en la chambre darriers du dit hostel environ heure de quint d'icellui jour en presance de nous Jehan Bonot le jeune de Monestruel et Jacot Chastain alias Arillot clers jurez de la court Monsieur le duc de Bourgoingne et coadjucteurs de Guiot Brandin clerc tabellion de Semur pour mon dit Seigneur le duc estoient illes en leurs propres personnes noble Seigneur Guillaume de Mello Seigneur d'Espoisse et honorable homme et saige maistre Regnault Gastelli de Saint-Thibault, conseiller et maistre de la chambre des comptes de mon dit Seigneur le duc de Bourgongne à Dijon et procureur pour nom de procureur de noble Seigneur Pierre de la Trémoille, Seigneur de Dours, conseillier du Roy notre Sire et chambellan de

Monsieur le duc de Bourgongne en la presence desquels a esté levé de mot à mot par moy le dit Chastain une cédule contenant les paroles qui s'ensuivent :

Nous Guillaume de Mello Seigneur d'Espoisse faisons savoir à tous ceulx qui verront et ourront ces présentes lettre que comme Pierre de la Trémoille, seigneur de Dours ait naguère acquis aultrement achetée le chastel et chastellerie de Bourbilly en Auxois, drois et appartenances d'icelle pour certains prix de noble et puissant seigneur Monsieur Loys de Savoye prince de la Morée toutes lesquelles choses movent de notre fié à cause de notre chastel et chastellerie d'Espoisse et ycellui Pierre nous ait requis ou fait à requérir que nous voulussions consentir le dict achat et lui donner licence de prandre la saisine et possession sanz offence, pour ce que le dit fié est à notre gré, nous inclinons a sa requeste et pour contemplation d'icelle reconnaissons le dit achat et donnons à ycellui Pierre licence de proure ou faire proure la dite possession et saisine sanz offense parmi ce qu'il la tiendra de fié de nous pourveu et pour tel cause formalle que ou cas que nous ly devions dans l'an après la date de ces présentes lettres d'instrument le dit prix et leaux cousts de la chose et missions raisonnables s'aucuns y en a, nous l'aurons et pouons avoir pour le prix car aultrement nous n'eussions point donné le dit consentement, après laquelle lecture le dit Seigneur d'Espoisse a cogneu et confessé avoir consenties icelles choses audit Pierre de la Trémoille par la manière que dessus sont escriptes selon le contenu de la dite cédule et soulz les modifficacions et cause formelle contenue en ycelle et ycelles choses a promises entérimer et accomplir et avoir fermes et estables par la manière que dessus sont divisés, desquelles choses les diz Seigneur d'Espoisse et maistre Regnault Gastelli ou nom que dessus ont requis et demandé à nous coadjuteurs dessus diz instrumens publiques à eulx estre fais soulz le scel de la court de mon dit Seigneur le duc lesquels nous leur avons ottroyés et mis en cette forme. Ou tesmoing desquelles choses nous avons requis et obtenu le scel de la dicte court monsieur le duc de Bourgongne estre mis à ces présentes lettres d'instrument doublées à la requeste des dessus diz faittes et donnés l'an jour lieu et heure dessus diz présans nobles homes Jehan de Vautvray, Guiot de Bar, escuiers honorables homes et saiges maistres Guy, Guillaume clercs Guillaume de Cuissons licencié en loys, frère Guy de Birancy, Jehan de Brandin, Pierre Gastelli, messire Jehan Lelièvre Guiot Brandin, Jehan Creur et plusieurs aultres temoins à ces choses appelez et requis.

# VI

*Livre terrier de la seigneurie de Bourbilly appartenant à Louis de la Trémoille, comte de Joigny (1410).*

(Archives de la Côte-d'Or; Série E, titres de famille 372.)

C'est le livre et terrier de la terre et Seignorie de Bourbilly, appartenant à noble et puissant Seigneur Monseigneur Louis de la Tremoille, comte de Joigny, baron de Bourbonlanciez, seigneur Duchon Danthigny et du dit Bourbilly ouquel sont compris les tailles, censes, rentes, corvées, gelines, domaines, meix, biens et autres proffis et esmolumens de la dicte terre et Seignorie dudit Bourbilly, fait, escript, registré et signé par moy Henriet Salin notaire publique et commis à ce de mon dict Seigneur en la forme et manière cy appres escripte.

Et premièrement Demaine et autres chouses héréditaires appartenant à mon dict Seigneur à cause de ses chastel, terre et Seignorie de Bourbilly dont il peut avoir chacun an plusures et diverses sommes muables d'argent, de grains, de cire et autrement selon et par la manière qu'elles sont admodiées régies et gouvernées.

Et premièrement mon dit Seigneur a son chastel de Bourbilly ouquel a dongeon et basse court les fossés et son grand estang denviron ouquel estang a deux molins de grant revenus qui se sont accoustumés de admodier par communes années chacune an environ six muys de grains, mesure de Bourbilly par moitié froment et seigle et huit septiers aveine dicte mesure et pour chacun muy de grains une livre de cire et avec ce a mon dit Seigneur deux petis estangs seans a costière du dit grand estang et qui fuient leur degout en ycelluy.

Item. Mon dit Seigneur a encore sa garesne de cugnis envoiron ses dit chastel et ville de Bourbigny qui se extant en plusieurs et divers lieux de sa dite terre comme environ Fontaine Beaune bois Mignon, Chamesson, les Chaulmailles environ la viez grange de Bourbilley en alant environ la ville du dit Bourbilley et jusques au bois du vy appartenant à Monseigneur Despoisse et en venant es bois et forestz de mon dit Seigneur de Bourbilly passant outre la rivière par devers Totes ainsi que la terre et justice de mon dit Seigneur se comporte.

Item. Mon dit Seigneur a ses bois en sa dite terre esquels il ne loist à aultruy chasses, hayers, copez ny prendre bois, mectre ou tenir bestes en revenues ny en temps de paissons sans les congie et licence. Cest assavoir le bois Mignon, le bois de Chamesson, le bois de Chaulmaillles tous situés et assis en la terre et justice du dict Bourbilly.

Item. Tous les bois dessus dis sont boys de revenus et se peuvent tondre et coper communément de seze en seze ans et se peuvent vendre en temps de tonsure communément C'est assavoir le bois Mignon environ trente six francs le bois de Chaulmailles environ quatre vins francs.

Item. Mon dit Seigneur a son bois dentre le dit chastel et Totes appelé le bois doultre leaul qui est bois paissonnal la paisson duquel et du bois des Chaulmailles et leurs appartenant lon a accoustumé de vendre en saison de paissons cent soulx tournois.

Item mon dit Seigneur a terres et prés en ycelle terre que l'on a accoustume de vendre pour une partie et l'autre lever et cueillir pour la provision de mon dit Seigneur.

. . . . . . . . . . . . . . . . . . . . . . . . .

Item. Autres terres que mon dit Seigneur a environ Bourbilly cest assavoir le Champ appelé le Champ de la Grange qui contient environ dix journaulx. Item le champ du molin qui contient environ vingt et cinq journaulx. Item dessus la Maloise le champ de la vigne Madame contenant environ six journaulx.

Item mondit Seigneur a ses prés à Bourbilly cest assavoir le pré de la Reipe contenant environ trois sches. Item le pré du patiz du guay contenant environ dix sches. Item le pré du Jardin contenant environ quatre sches.

Item mondit Seigneur a ses prés en la terre avaul es Maloises Soulz la faucheuil environ cinq sches et au-dessus des dites Maloises ou pré au Belin environ trois sches.

. . . . . . . . . . . . . . . . . . . . . . . . .

Item mon dit Seigneur a justice haulte moienne et basse es lieux dessus dis ainsi quelle se extent et comporte et a droit et pouvoir de y establir des officiers cest assavoir bailly, prevost, sergens, lesquels chacun en ce qui touche son office ont pouvoir de congnoistre de tous cas civilz, criminelz et capitalz et en peuvent faire pugnicon ou purgacon selon lexigence des dis cas et que ordre de droit veult et requiert.

Item mon dit Seigneur a le droit de mortemain de ses hommes et femmes mainmortables, le droit des formariaiges toutes espaves et bien vacans de sa dite terre quand le cas y eschiet.

Item mon dit seigneur a les loux et remuments et retenue des héritaiges qui mouvent de luy et qui se vendent et s'il ne luy plait les retenir pour le pris du vendaige, il aura le treze deniers du dit pris pour consentir au dit vendaige.

Item mondit Seigneur a encore ses nobleces de fiez dont cy ne se point faite de mencion pour ce qu'ilz sont plus aplain declares es denombremen que mon dit Seigneur en a par devers luy.

---

## VII

*Charte de Légitimation de Jehanne de Montagu* (21 juin 1460).

(Bibliothèque Nationale; Fonds français 4 078).

Philippe, par la grâce de Dieu, duc de Bourgogne, etc., scavoir faisons à tous présent et advenir pour avoir reçu humble supplication des parans et amis de Jehanne de Montagu damoiselle contenant quelle est fille naturelle et légitime de notre ami et féal cousin, conseiller et chambellan Messire Claude de Montagu, Seigneur de Coulches marié au temps que la dicte Jehanne fut engendrée et de Gillette X... lors non mariée et que la dite Jehanne est bien morigénée de belle vie et honneste conversation disposée à tout bien et honneur et pour être bien et honorablement mariée par nostre dit cousin son père s'il nous plaisait de nostre grâce la rendre et faire légitime en nous suppliant humblement que de nostre grâce voullions la dite damoiselle Jehanne légitimer, oster et taire la tache que par vice de nature et culpe illicite.... Pourquoi avons, de notre certaine science et grâce spéciale légitimé et légitimons et le deffaut de sa nature avons aboli et effacé, abolissons et effaçons par cets présents...

## VIII

*Acte de Cession définitive de Bourbilly à Claude de Montagu*
(18 novembre 1466).

(Archives du château d'Epoisse).

Au nom de Dieu. Amen, lan de l'incarnation d'iceluy courant mil quatre cent soixante et six, le mardy dix huitième jour du mois de novembre... Nous... commissaires et procureurs pour : Bernard de Châlon, Seigneur de Grignon, pour damoiselle Alex de Chalon, pour D<sup>lle</sup> Isabelle de Chalon, pour messire Charles de Vergey Seigneur d'Autrey administrateur des corps et biens de noble damoiselle Marguerite de Vergey, fille de feu Anthoine de Vergey jadis fils de mond. Seigneur d'Autrey en son vivant S$^r$ de Montfavant par luy procréé au corps de feue M$^{me}$ Claude de la Trémoille jadis sa femme et sœur germaine de feu bonne mémoire Loys de la Trémoille à son vivant comte de Joigny trépassé — cui Dieu pardone — et de Guillaume de Pontaillier S$^r$ de Talenier au nom et comme légitime administrateur et acteur des corps et biens de dame Guillemette de Vergey sa femme, fille de mondit S$^r$ Vautrey et sœur germaine dudit S$^r$ de Montfavant tous héritiers... de feu M. le Comte de Joigny depuis trépassé.

Et nous, Hugues de Rabutin escuyer S$^r$ de Bante et Guillaume Daubenton, commissaires et procureurs pour noble et puissant S$^r$ Messire Claude de Montagu S$^r$ de Couches.

Savoir faisons à tous que, comme au traité de protonicion du mariage lapuy fait et consumé en face de sainte église du dit feu M. le comte de Joigny depuis trépassé et de damoiselle Philippe de Montaigu sa compaigne jadis sœur germaine de mon dit S$^r$ ait d'entr'autres choses été donné de constitué en dot de mariage à la dite damoiselle par feu de bonne mémoire messire Jean de Montagu, en son vivant S$^r$ du dit Couches, père de mondit S$^r$ de Couches qui à présent est et de la dicte damoiselle Philippe tout ce que le dit S$^r$ de Couches avait eu en la Saulnerie de Salins montans à six cens livres tournois de rente annuelle, laquelle rente a esté baillée et délivrée au d. feu Mon$^r$ de Joigny depuis trépassé et à Mad. Philippe de Montagu sa compagne et depuis pour *(mots effacés)* feu Mon$^r$ de Joigny depuis trépassé pour descharger et acquitter ses terres et seigneuries la dite rente de six cents livres ait esté vendue et transportée par le dit comte de Joigny depuis trépassé en héritaiges par le consentement d'Icelle M$^{lle}$ Philippe de Montagu à feu noble S$^r$ Messire Nicolas Rolin en son vivant S$^r$ d'Authume et chancelier de Mons. le duc de Bourgogne le pris de somme de neuf mille livres tournois.

Ledit feu mons. le comte de Joigny qu'il touna et consentit en l'acquit et décharge de ses terres et promit à la dite d$^{lle}$ Philipe sa compaigne avant qu'elle voulut consentir audit mariage de la récompenser ès bien et totalement de la dite somme de six cents livres tournois de rente sur aucune de ses terres de seigneurie, pour laquelle récompense le dessus dit Mons. de Joigny depuis trépassé bailla, ceda et transporta le quinzième jour d'avril mil quatre cent quarante deux comme appert par les lettres de certain traité entre luy ladite damoiselle Philippe sa compagne et mondit S$^r$ de Couches qui à présent est pour elle et pour ses hoirs provenuz es son corps en leur mariage sa Maison et terre de Montigny sur Armençon avec toutes les appartenances d'icelle et la déclarant être de franc alleu et valloir communes années cinq cens livres tournois de rente moyennant que le cas advenant que cette d$^{lle}$ Philipe allast de vie à trépas sans hoirs de son corps comme dit est survivant le dist feu Mon$^r$ de Joigny il pourroit tenir icelle terre sa vie naturelle durant et appres son trepas elle seroit et retourneroit de plein droit audit Mons$^r$ de Couches qui à présent est et à ses hoirs qui seroient procréés de son propre corps ez leal mariage par telles conditions que s'il advenoit que le d. Mons$^r$ de Couches qui a présent est alast de vie a depars sans hoir ou hoirs de son dit corps procréés ez loial mariage, cette terre de Montigny seroit et viendroit aux héritiers du dit Mons$^r$ de Joigny en telle manière que toutes et quantes fois que le dit feu Mons$^r$ de Joigny ou ses hoirs bailleroient de payer aux dits hoirs de Mons$^r$ de Couches la somme de neuf mille livres tournois, monnoye courante... la dite terre de Montigny viendroit de plein droit audit feu M$^{gr}$ de Montigny ou a ses hoirs perpétuellement.

En outre soit contenu ez certaines autres lettres de la date du 28$^e$ jour de décembre l'an 1447 qui pour ce que noble homme Odot de Maulain se disoit avoir droit par transport ou autrement de mon dit S$^r$ d'Autrey par et au nom de Mess$^{rs}$ ses enffans dessus nommés qu'il a eu de lui et de la feue dame Claude de la Trémoille sa femme jadis sœur comme dit est du dit feu M$^r$ de Joigny de la somme de trois cens livres tournois de rente sur la dite terre de Montigny sur Armençon qui pourroit estre au préjudice dudit assignal que le dit feu Mons$^r$ de Joigny avoit fait d'icelle terre à lad. dame Philippe sa compagne et d'autre part qu'il soit advenu que la d. dame Philipe sa compagne fut naguère allée de vie à trépas sans hoirs de son corps delaissa survivant le dit Messire Claude de Montagu a present S^r du dit Couches son frère de soy héritier universel seul et pour le tout, par lequel S^r de Couches ledit feu Mons^r de Joigny fut par plusieurs fois requis de dégager le dit assignat envers le dit Odot de Maulain des dits trois cens livres tournois de rente. . Pour satisfaire à laquelle requeste et pour éviter tous proces et debatz il fut lors traitté et accordé entre le dit Loys de la Trémoille.... et le dit Claude de Montagu... que le feu Loys de la Trémoille Seign^r dudit Joigny bailloit et transportoit perpétuellement pour ez lieu et par manière de récompense dudit Montigny à mondit Seig^r de Couches pour luy, ses hoirs et ayans cause les chastel, terres et appartenances de Bourboilly tant des maisons fort, tailles censes, rentes, costumes, corvées, gélines, bois, estangs, molins ez toute justice juridiction de Seigneurie haute moyenne et basse fiefs et riere fiefs comme de toutes autres choses quelconques touchant ez la valeur de cinq cents livres tournois de rente annuelle et perpétuelle a l'assiete de Bourgongne se assises et assignées ce qui ne pourroit être a'assigner de la dite terre et Seigneurie de Bourboilly seroit assigné sur les autres terres du dit feu Loys de la Tremoille comte de Joigny plus prochaines du dit Bourboilly et si la dite terre et Seigneurie de Bourboilly valoit mieux que les dits cents livres de rente, ce qui y resteroit seroit et demeureroit audit Mons^r de Joigny ou à ses hoirs....

*Après avoir constaté que le comte de Joigny et ses héritiers n'ont pu ni dégager la terre de Montigny, ni rembourser la somme de neuf mille livres tournois, les mandataires des parties concluent ainsi :*

Nous avons, par vertu du pouvoir par eux à nous donné... baillé et délivré, baillons et délivrons, par ces présentes lettres, aux commis de procuration de mondit S^r de Couches pour la dite somme de cinq cens livres tournois de rente... la terre et Seigneurie de Bourboilly avec toutes les censes rentes, justice haute moyenne et basse fieds et tous autres droits seigneuriaux y appartenant de toute ancienneté... sans préjudice du fié que le d. Mons^r de Couches dit a lui compéter et appartenir de la dite terre et seigneurie de Bourboilly et de ses appartenances, à cause de sa terre et Seigneurie d'Époisses.

## IX

*Contrat de Mariage de Christophe de Rabutin Chantal et de Jeanne Frémyot. Signé à Bourbilly, le 28 décembre 1592.*

(Archives du premier monastère de la Visitation d'Annecy. T. 16. N° 19).

« L'An mille cinq cents quatre-vingt et douze, le vingt huitième jour du mois de décembre, au chateau et maison forte de Bourbilly, après midi, par devant moi Boëdot, notaire Roïal, au baillage d'Auxois, demeurant à Époisse, furent présens en leurs personnes, messire Christophe de Rabutin, seigneur baron dudit Bourbilly, fils de messire Guy de Rabutin, chevalier des ordres du Roi, gentilhomme ordinaire de sa chambre, capitaine de cinquante hommes d'armes de ses ordonnances, Seigneur de Chantal et de Sauvigny, et de feüe dame Françoise de Cosseret ses père et mère, de l'autorité, vouloir et consentement du dit sieur de Chantal son père présent, d'une part : Demoiselle Jeanne Frémyot, fille de messire Bénigne Frémyot, chevalier, conseiller du Roi en son conseil d'État, président en la cour du Parlement de Bourgogne, seigneur de Toste, Beauregard et Genessy en partie, et de feüe Marguerite Berbisy, ses père et mère, aussi de l'autorité, vouloir et consentement dudit seigneur Frémyot son père, et sur l'avis de messire Jean-Jacques de Neufchèzes, seigneur d'Effran et Neufchèzes, baron de Brun-Buisson chevalier des ordres du Roi, capitaine de cinquante hommes d'armes de ses ordonnances, et dame Marguerite Frémyot, sa femme, sœur de la dite demoiselle future épouse, et noble frère Jean Frémyot, prieur du grand Val des Choux, son oncle, présents, d'autre part; lesquelles parties ont de leur certaine science, et parce qu'ainsi leur plaît, dit et déclaré avoir fait et font leurs traitez, accords, conventions de mariage et autres choses qui s'ensuivent, sçavoir, que le dit sieur Christophe de Rabutin et demoiselle Jeanne Frémyot, des authoritez et consentements que dessus ont promis et promettent se prendre et épouser en loïal mariage, selon Dieu et la Sainte Église catholique, le plus tôt que faire se pourra, en faveur et contemplation duquel futur mariage, et afin qu'il se fasse et accomplisse, icelui consommé les dits futurs époux seront et demeureront associez en communion de tous leurs meubles qu'ils ont et pourront avoir et acquis qu'ils feront constant et durant le mariage, chacun pour une moitié, en faveur duquel mariage ledit sieur Chantal père, de sa bonne volonté, et parce qu'ainsi lui plaît, a donné et donne par ses présentes perpétuellement pour lui, ses hoirs et aïant cause, par forme de donation entre vifs, pure, parfaite et irrévocable, audit sieur de Rabutin, son fils présent, stipulant et acceptant perpétuellement pour lui, ses hoirs et aïant cause, la terre et seigneurie de Sauvigny audit sieur de Chantal père appartenant comme elle s'étend et comporte, et tout ainsi qu'il en a joui et jouit encore du présent, consistant en toutes justices, haute, moïenne et basse, droit de mainmorte mixte, maisons, granges, vergers, pourpris, terres, prez et bois, buissons, rivières, censes, rentes, tailles, ainsi que autres droits et revenus quelconques et dépendances, sans aucune chose en retraite, ni réserves audit sieur donateur hors l'usufruit, sa vie naturelle durant seulement, qu'il veut être et entend être consolédité à la propriété trois jours avant son décès, la dite terre et seigneurie franche et quitte de toutes charges, servitudes et hypothèques quelconques, sorte de fief entre la seigneurie d'Époisse et non d'autre.

« Sera ladite future épouse douée de la somme de deux cens écus de rente chacun an à prendre sur les plus clairs biens dudit futur époux, dont elle jouira par ses mains sa vie naturelle durant, comme aussi du chateau et maison forte dudit Bourbilly, granges, et pourpris d'icelui et par forme de douaire.

« Sera enjoaillée de bagues et joïaux, par ledit sieur son époux, jusques à la somme de six cents écus.

« En faveur aussi et contemplation du futur mariage, le sieur Frémyot père, pour tous les droits de la dite fille, tant maternels, paternels, de ses ayeux et ayeules, tant maternels échus que paternels à échoir, lui a promis et constitué en dot de mariage la somme de seize mille six cens soixante-six écus deux tiers qui seront païez, savoir huit mille écus en acquis et païements de pareille somme düe par ledit sieur futur époux à messire François de Rabutin, chevalier, Seigneur de la Vault, Gexy et Forclans, portant arrhérages à cause de l'acquisition des moulins dudit Bourbilly, desquels arrhérages le dit sieur Frémyot demeure chargé dès à présent, ensemble de tous ceux qui pourront ci-après échoir selon et tels qu'ils se trouveront devoir être païez par le contract sur ce fait dont ledit sieur Frémyot a dit être suffisamment informé, lequel fera en sorte que le dit sieur futur époux et ses hoirs ne puissent ores ni à l'avenir être inquiétez pour le paiement tant de ladite somme principale qu'autres.

« Plus paiera le dit sieur Frémyot la somme de deux mille écus en deniers contens, et le surplus de la dite dot montant à mille six cens soixante-six écus deux tiers, après le décès dudit sieur Frémyot à prendre sur les plus clairs bien d'icelui, demeurant neantmoins au choix de la dite future épouse et de ses enfants, si elle précède son dit père, de se contenter de la dite somme de seize mille six cens soixante-six écus deux tiers pour tous droits personnels, maternels, fraternels, et de ses ayeux et ayeules, ou bien de partager aux dites successions et autres biens dont ledit Frémyot demeurera saisi au jour de son décès et rapportant ce qu'elle aura touché et reçu, en prenant tant moins, de laquelle somme constituée en dot ci-dessus, la somme de mille écus sortira nature de meubles au profit de la communion desdits futurs mariés et le surplus de toute ladite dot servant nature de propre et action, héritage au profit d'icelle future épouse et de ses hoirs, soit à chacun, au lointain degré tout ainsi et en la même forme que si c'étoit héritage, action paternelle, ayant fait troc en la personne des ayeux de ladite future épouse, et à ces fins demeureront lesdits derniers assignez, et particulièrement par spéciale assignation sur lesdites terres et seigneuries de Bourbilly et Sauvigny, pour par ladite future épouse et ses hoirs en jouir par leurs mains jusques au remboursement et restitution desdits deniers dottaux sans qu'elle ni sesdits hoirs soient tenus préconter ou déduire les fruits desdits assignats particuliers sur le sort principal desdits deniers dottaux, sans qu'ils soient tenus en faire aucune confusion sur eux, et pour plus grande sûreté dudit douaire et assignat ledit sieur Chantal a voulu, et par ces présentes consent que, nonobstant la dite substitution, à laquelle la dite seigneurie de Bourbilly y est effectée, ladite demoiselle future épouse et les siens en jouissent jusques à l'extinction dudit douaire et remboursement dudit assignat et toutefois ou desdits deniers dottaux restans à païer après le décès dudit sieur futur époux, icelui en acquérera héritage au nom et profit d'icelle future épouse et des siens, en ce cas il sera ensemblement sesdits hoirs déchargés d'autant dudit assignat.

« Pourront lesdits futurs époux faire donation l'un à l'autre simple, mutuelle, tant entre vifs que par testament ou en donnant de dernière volonté, de portions de biens qui leur seront lors échus comme bon leur semblera.

« Le survivant desdits futurs époux emportera précipument et avant tout partage tous ses habits servants à sa personne avec sa chambre garnie des meilleurs meubles de leur communion, ou pour icelle chambre garnie la somme de quatre cents écus, et chacun desdits survivants; et si c'est ledit futur époux qui survive, il emportera encore ses armes et ses chevaux, et la dite future épouse au cas de survivance, outre sesdits habits, chambre garnie comme dessus, emportera aussi précipument toutes ses bagues et joyaux, en quelque valeur qu'ils puissent être, sans aucune réduction, ou pour icelle la somme de six cents écus, et à son choix, et encore son carosse harnaché de quatre bons chevaux, ou pour iceux la somme de quatre cents écus, et à son choix; le surplus du présent traité sera fait et réglé suivant la générale coutume du païs et duché de Bourgogne. Ainsi a été voulu, accordé par les dites parties dont elles sont contentes, promettans par leurs sermens, par elles prêtées ès-mains de moi ledit notaire avoir et toujours à jamais pour agréable le présent contrat de point en point, sans y contrevenir, et quant à ce ont soumis et obligé leurs biens présents et à venir par la cour de la chancellerie du duché de Bourgogne, renonçant à toutes choses à ce contraire. Fait et passé en présence de Charles d'Esbares, ecuïer, demeurant de présent à Semur, et M⁰ Claude Faby, du lieu d'Epoisse, demeurant à présent audit château, témoins requis, qui ont signé avec les parties ci-dessus, et encore de Jean Coulon, capitaine audit château de Bourbilly, témoin qui a signé; et laditte minute originale est signée : Guy de Rabutin, Frémyot, Christophe de Rabutin, Jeanne Frémyot, Jean Frémyot, de Neufchézes, pour présent : Frémyot, J. Frémyot, d'Esbares, Faby, J. Coulon et F. Boëdot, notaire. »

## X

*Dénombrement fourni par le mandataire de Mme de Chanta* (2 novembre 1615).

(Archives du château d'Époisse.)

C'est le dénombrement des terres et Seigneuries de Bourbilly et Sauvoigny appartenans à noble seigneur Messire Celse Bénigne de Rabutin, seigneur et baron desdites terres et Seigneuries, lequel dénombrement maistre Jean Coullon capitaine et admodiateur à Thoste veult et entend produire et fournir à hault et puissant Seigneur Messire Louys d'Antienville Bordillon chevallier de l'ordre du Roy gentilhomme ordinaire de sa chambre et marquis d'Espoisse suyvant la charge et procure specialle passé audit Coullon le huictiesme Octobre au present mil six cens quinze par dame Dame Jeanne Fremyot veuve et relicte de Messire Christophle de Rabutin au nom et comme mère et bailliste et ayant la garde dudit sieur Celse Benigne de Rabutin son fils, ratiffié et approuvé par hault et puissant Seigneur Messire François de Rabutin chevallier Seigneur et baron de Bussy le Grand, Forléans, etc., curateur audit sieur Celse Benigne de Rabutin le quatorziesme du dit mois et an suyvant que le dict Coullon a promis et est tenu le faire en sujette de la reprise de fiefz qu'il a faicte en vertu de sa dicte procure desdites terres et Seigneurie de Bourbilly et Sauvoigny au chastel et maison fort du dict Espoisse le dix neufiesme dudict mois dernier lesquelles terres sont escheuttes et ont esté délaissiez audit sieur Celse Benigne de Rabutin par le decedz dudict messire Christophle de Rabutin son père et de messire Guy de Rabutin son grand père tant du domaine des dites terres et seigneuries de Bourbilly et Sauvoigny que acquestz faictz desdicts deffunctz seigneurs de Rabutin, consistant tant en droictz de mainmortes tierces, justice haulte moyenne et basse, rentes, censes, gélines, corvées, bois, buissons, rivières, estangs, moulins, fourgs bannaux, garennes, preys, terres, grains, coustumes d'aveynes ainsi que cy après est déclaré sauf en plus ou moins qui pourroit venir à la cognoissance du dict Coullon soubs le bénéfice des protestations par luy faictes que le présent dénombrement ne prejudice aulcunement audit Sieur Celse Benigne de Rabutin attendu sa minorité et premièrement :

*Bourbilly.* En premier compète et appartient audit Sieur Celse Benigne de Rabutin son chastel et maison fort dudict Bourbilly auquel y a dongeon et basse cour dans laquelle basse cour y a un colombier environné de foussiez et double foussiez contenans environ deux arpans de terre lequel chastel et maison fort est environné d'ung estang aussy appartenant à mondit Seigneur.

Item près le dict chastel appartient à mondit Seigneur Celse Benigne de Rabutin, une grange tenant au chemin tendant dudit chastel audict Bourbilly d'ung long et de l'autre long ès foussés de la dite basse cour.

Appartenant aussy audict S  une bergerie tenant d'un long à la voye commune d'autre long par dessous au prey communément appelé le prey du vergier aultrement le parc lequel prey est fermé de muraille du cousté devant la dicte grange, auquel prey y a ung vivier en manière de pescherie lequel verger et parc peut contenir environ huit soiture de prey.

Item a le dict S$^{eur}$ sa garenne environ sus dit chastel de Bourbilly.

Comme aussy compète et appartient à mondit S^eur le droict de Justice haulte moyenne et basse en sa dite terre et Seigneurie de Bourbilly.

Item luy appartient encore le droict de thailles sur les heritages tenux au dedans sadicte Seigneurie et justice de Bourbilly.

Encore luy compete et appartient droictz de corvée sur ses subjects et habitans du dict Bourbilly.

Item luy appartient encore le droit de coustumes d'aveyne sur ses subjectz et habitans du dict lieu.

Item luy appartient encore le droict de poulles de coustume sur chacun feux de ses dictz subjectz et habitans de Bourbilly.

Item compete encore et appartient à mondit S^eur le droict de mainmorte sur tous les subjectz de ladicte terre selon la coutume de Bourgongne.

En outre appartient à mon dict S^eur au dessous du susdict estang ses moulins bannaux avec la place au dessous les dictz moulins bannaux pour faire ung battoir.

Item a le dict S^eur deux petits estangs l'eau desquels s'estend dedans le dict grand estang contenant environ deulx journaulx de terre.

Appartient encore à mon dict S^eur sa rivière bannalle.

Comme aussy son fourg bannal audict Bourbilly.

En outre luy appartient le droict de banvin audict Bourbilly.

Item compète et appartient encore à mondict S^eur de Rabutin le droit de tierce en sa dicte terre de Bourbilly à compter de quatorze gerbes une.

En outre appartient encore à mon dict S^eur de Rabutin le droict de tierce quest de quatorze gerbes l'une pour son droict de coutures cy appres déclaré en la terre et justice de mon dict Seigneur le Marquis d'Espoisse tant au finage de Torcy, Vy de Chassenay que Chassenay asçavoir en la couture cy appreys contenant environ vingt journaux de terre arrable aboutissantz au champt appartenant aux ayants droicts de feu Philbert Gueugnas.

Item en une autre couture appelé les Claulotte contenant environ vingt cinq journaux de terre labourable.

. . . . . . . . . . . . . . . . .

Terres

Item compete et appartient a mon dict Seigner de Rabutin une pièce de terre appelée le Champt Thomas contenant environ dix journaux tenant à la forest Longebaut et de toutes partz audit Seigneur.

Item une autre pièce de terre contenant environ dix journaux appelé communément le Champt de la Grange appartenant audit Sieur et tenant à luy de touttes parts.

Une autre pièce de terre contenant environ vingt-cinq journaux appelé le champt du Moulins tenant de touttes parts audict Seigneur.

Item compete et appartient encore à mon dict seigneur de Rabutin environ dix journaux de terre en une pièce appelée communément l'osche Bonlieu. Item une autre pièce de terre contenant environ neuf journaux appelé le champt de la Varenne au finage dudict Bourbilly. Plus le champt de la Chassaigne dict finage contenant environ dix journaux. Appartient encore à mon dict seigneur de Rabutin environ deux cents journaulx de terre en plusieurs pièces au finage et justice dudict Bourbilly.

PREYS.

Item appartient au dict seigneur Celse Benigne de Rabutin une pièce de prey contenant environ dix soitures appelée communément le grand prey ...

Item un autre prey appelé le prey de la Reppe contenant environ six soitures.

Item le prey du petit marey de Beauregard contenant environ trois soitures.

Le prey du petit marey devers le chasteau du dict Bourbilly contenant quatre soitures de prey.

Le prey du grand marey contenant environ dix soitures de prey.

Le prey du Roseau contenant environ dix soitures de prey.

Item le prey Allard contenant environ quinze soitures de prey.

Le prey de la Malaise ensemble ce qui est à présent en labourage contenant environ dix soitures.

BOIS.

Item appartient à mon dict seigneur de Rabutin ung bout appelé le bout de la forestz de Longebau contenant environ vingt arpens de bois.

Item ung aultre bois appelé le Bois la dame contenant environ cent arpans.

Item ung autre bois appelé le Bois la grand Sabrizon et Reine Blanche ensemble le bois du Rupt de la Mèze et bois de la Chaulme Naulot, le tout contenant environ cinquante arpans de bois.

Une autre couppe de bois appelé les Agottins, finage dudict Bourbilly contenant environ trente-cinq arpans.

Item le bois de la Reppe contenant environ vingt arpans.

. . . . . . . . . . . . . . . . . . . .

L'an mil six cens quinze le deuxième novembre à Espoisse avant midy maistre Jehan Coullon capitaine et admodiateur à Thoste en personne à la requeste dudict, le présent dénombrement a esté signé par moy Jehan Gueneau notaire royal pour le rendre vallide et servir commil appartiendra lequel il entend donner à mon dict seigneur le marquis d'Espoisse présens maitre Jean Duverne sergent royal audict Thoste et Claude Mineton du dict Bourbilly lesquelz requis par le dict Coullon ont signé.

## XI

*Acte de foi et hommage de Celse-Bénigne de Rabutin-Chantal*
*(2 novembre 1616).*

(Archives du château d'Époisse.)

Aujourd'hui à midi a comparu en présence des notaires royaux devant le pont-levis du chatel et maison forte d'Époisses, *présent personnellement* noble seigneur Celse-Bénigne de Rabutin chevalier et baron de Chantal, Monthelon, Bourbilly, Sauvigny, lequel s'adressant à la personne de haut et puissant seigneur Messire Louys d'Aussienville de Bourdillon, chevalier des ordres du Roi, etc., etc., lui déclara qu'il s'était acheminé du chatel et maison forte de Bourbilly à Époisse afin de voir ledit seigneur marquis pour satisfaire au jugement arbitratoire pour lui rendre la foi et hommage auxquels il est tenu suivant la coutume du pays et du duché de Bourgoigne... et lui promit le dénombrement de toutes les choses appartenances et dépendances de Bourbilly et Sauvigny comme fief et arrière-fief... Puis le marquis lui donna l'accolade en signe d'amitié. Le sieur de Chantal s'engage à donner le dénombrement dans un delai de trois mois à dater d'aujourd'hui.

Bordillon. Chantal.

## XII

*Généalogie du marquis de Sévigné d'après les manuscrits de la Bibliothèque Nationale.* (Pièces originales 2099, f. fr. 29183. Sévigné 59942, f. 35, et Cabinet d'Hozier, f. fr. 31192, fam. de Sévigné 8573, f. 2. Cahiers bleus 614, f. fr. 30159. Sévigné 16179 f. 5.)

La seigneurie de Sévigné est située en l'évêché de Rennes.

1. Jan ou Janet est le premier de ceste antienne maison, duquel je trouve estre fait mention dans des actes de 1261. Il fut père de :

2. Guillaume de Sévigné desnommé dans un acte de l'an 1302. Il fut père de :

3. Guy Sr de Sévigné, aux années 1312, 1320, 1326. Les mémoires lui donnent pour femme Ysabeau d'Assigné. De ce mariage est sorti :

4. Guy II[1] Seigneur, de Sévigné, yssu de Cervon, près Rennes, fut partisan du duc Jean de Montfort. Il épousa Agace Rabaud, fille de Messire Rabaud chevalier, Seigneur de Brielles et de Mahaut de Vaiette, héritière du Chastelet en Anjou.

5. Guillaume II de Sévigné est nommé aux années 1300 et 1400 ; il épousa, au mois de juin 1384, Marguerite de Chasteaugiron fille du baron Patry de Chasteaugiron et de Valence du Bain, dont : Guillaume qui suit et Patrice, femme de Jehan de Saint-Didier chevalier.

6. Guillaume III, baron de Sévigné, chevalier, Seigneur du Chastelet, de Brielle, de Vendel, du Plessis, d'Olivet, aux années 1404, 1410, 1420. — Épousa, l'an 1410, Anne de Maltefelon, dame des Rochers, près Vitré en Bretagne. De ce mariage sont plusieurs enfants : Guillaume qui suyt, Valance femme de Jehan d'Espinay, Jehanne femme de Glesquin Seigneur de La Roberie, Janne accordée en mariage avec Guillaume de Pontbriand, et Gillette femme de Messire Pierre Seigneur de Beauçay.

7. Guillaume IV, baron de Sévigné, etc., nommé aux années 1422, 1430, 1440, 1443, chambellan des Ducs, en faveur duquel le duc Jean V érigea la terre de Sévigné en titre de banière par letres

---

[1]. Une autre généalogie établit que Guillaume eut pour fils Jean de Sevigné, qui épousa Jeanne de Bodegat, et qui vivait en 1332. Guy II aurait été son fils.

données à Redon, le 1er novembre 1440; espousa Isabeau de Malestroit fille ainée du baron Hervé de Malestroit Seig$^r$ du Chastel et de Thiefaine de la Motte. De ce mariage :

8. Guillaume V chevalier, chambellan du Duc, Seig$^r$ baneret de Sévigné, etc. aux années 1470, 1480, 1490, 1498; se ligua avecq les plus grands de Bretaigne contre Pierre Landais lequel, abusant de la faveur du Duc, fit raser la maison et couper les bois de Sévigné, mais, depuis, le Duc, par lettres données à Nantes le 13 août 1483, le déclara innocent et rétablit en ses droits avec réparation. Il épousa, le 10 juillet 1462, Jacquette de Montmorency, fille ainée de haut et puissant Charles de Montmorency Seigneur de Gousseinville, etc. et de Jehanne Ratault de Nozan, laquelle Jacquette est enterrée à Saint-Étienne du Mont, à Paris, soubz tombe eslevée de quatre pieds, laissant plusieurs enfants : Guy [1], François qui dona commencement aux branches des S$^{rs}$. d'Olivet et de Montmoron, Jehanne qui épousa Guy Busson, S$^r$. de Gason, etc., Simone accordée en mariage avec Jan S$^r$ de Neufville, Isabelle mariée aveq messire François de Boisbaudry S$^r$ de Trans, en Bretagne.

9. François, Seig$^r$ de Tresmes, second fils de Guillaume V de Sévigné, eut en partage la seigneurie d'Olivet et du Plessis; il épousa, le 7 février 1510, Catherine de la Charonière, fille de Geffroy S$^r$ de la Charonière et de Roberte du Rochel, Dudit François furent enfans Bertrand, cy après, Jacquette femme de Claude de Beaucé de Montfromery et Gillette épouse d'André de Vauclin de Taillée.

10. Bertrand de Sévigné Seig$^r$ d'Olivet, etc., espousa Marguerite de Champaigne, fille de messire Briand de Champaigne et de Jaquette Thierry de Bouxay; de ce mariage un fils unique :

11. Joachim de Sévigné Seig$^r$ d'Olivet, etc., épousa Marie dame de Sévigné des Rochers, sa parente et en laissa une fille Marguerite, épouse de Nicolas de Morens et un fils :

12. Haut et puissant Seigneur Charles baron de Sévigné, Seig$^r$ des Rochers, d'Olivet, et autres belles seigneuries; a été marié en premières nopce avecq Marguerite de Vassé fille de Lancelot S$^r$ de Vassé et de Françoise de Gondy fille d'Albert de Gondy, duc de Rais, pair et maréchal de France et de Catherine de Clermont, et en

---

1. Guy épousa Gillette de Treal; son fils Christophe épousa Renée Baranton, dont le fils Joachim épousa Marie du Quelenec. Le fils de ce dernier Pierre, n'eut, de son épouse, Jeanne Laurent du Brenday, qu'une fille, laquelle épousa Joachin de Sévigné, seigneur d'Olivet et les deux branches de la maison se trouvèrent confondues.

seconde avecq Marguerite de Coetnempren, dame de Royale, veuve de messire Guy de Kéraldanet, S^r de Rascol. Il décida l'an 1632. Du premier mariage du dit Charles, est enfant unique :

13. Henry marquis de Sévigné... espousa à Paris, l'an 1644, dame N... Rabutin, fille unique du S^r de Chantal, de la province de Bourgoigne.

## XIII

*Reprise de fief et foy et hommage par Mme de Grignan*
(20 avril 1697).

(Archives du château d'Époisse.)

Au nom de dame Françoise de Sévigné... que la terre et Seigneurie de Bourbilly, Sauvigny et dépendances située dans la province de Bourgongne luy appartient en conséquence de la donation qui luy a esté faite dans le contract de son mariage avec ledict seigneur comte de Grignan par défunte dame Marie de Chantal de Rabutin marquise de Sévigné sa mère qui relève de fief du marquisat d'Espoisse et qu'à cause du décès de la d. dame de Chantal il est venu au chateau dudict Époisse au nom de la d. dame de Sévigné pour faire reprise de fief et faire foy et hommage à cause de la dite terre et seigneurie de Bourbilly....

Du 13 juillet 1697.

C'est ladvue et dénombrement que très haute et puissante dame Dame Françoise de Sévigney espouse de très hault et très puissant Sgr. messire François Adhemard de Monteil comte de Grignan chevallier des ordres du Roy lieutenant général des armées de S. M. et son lieutenant général de Provence, dame de Bourbilly et Sauvigny et dépendances, donne à très hault et très puissante dame Anthoinette Elizabeth de Verthamon veufve de très hault et très puissant Seigneur messire Guillaume de Pecperoux Comminge comte de Guithault chevallier des ordres du Roy commandant pour S. M. des Illes S^te Marguerite et S. Honnorat, dame et marquise d'Époisse fief dominant duquel les terres et bois de Bourbilly et de Sauvigny relèvent de ce qu'elle tient de fief de la dite dame marquise despoisse et pour lesquels elle luy a faict rendre foys et hommages et serment de fidélité...

Lequel fief et seigneurie de Bourbilly et Sauvigny consiste au chasteau et maison forte, donjon, pont levy d'iceluy, basse cour, maison, grange, escurie y estande, jardin, le tout enfermé de murailles et muny de fossez avec une chapelle au-dedans du chasteau dédiée à l'honneur de S^te Marguerite dottée de 90 journaux de terre et de dix soitures de prés desservie par un cappelain dans laquelle basse cour au coin du jardin est érigé un colombier.

Consiste encore ledit fief de Bourbilly en toulte justice haute moyenne et basse, dont relève de fief la terre de Tostes et dépendances en droit de mainmorte et en celui d'Indire aux quatre cas de la coutume de Bourgongne.

Aux Laudz et ventes;

Aux espaves et confiscations;

Aux amendes de rapports et autres;

Aux droits de corvées par chaque habitant scavoir trois jours de charue par chaque laboureur, et trois de bras par chaque manouvrier.

Une poulle de coustume par chaque feu au jour de Caresme prenant.

Environ deux cents boissiaux d'avoisne de coustume mesure de ferme.

En la taille seigneuriale de soixante six livres par an pour Bourbilly et de vingt livres pour Sauvigny.

En la bannalité de la rivière, du fourg et des moulins dudit Bourbilly.

En vingt solz sur chaque habitant de Beauregard ayant bestail pour droit de paccage de champoy sur le finage dudit Bourbilly.

Au droit de Tierce audit Bourbilly, qui s'admodie par commune année 200 boissiaux de seigle 200 boissiaux froman, ces 200 boissiaux d'ancienne mesure dudit Semur.

Aux moulins, maisons, granges, escuries, et dépendances que l'on admodie assez ordinairement 400 boissiaux de seigle et 800 boissiaux froman aussi par an mesure dud. Semur.

Au fourg bannal situé audit Bourbilly admodié d'ordinaire 25 boissiaux froman et 25 boissiaux de seigle.

En la grande mestairie de Bourbilly admodié d'ordinaire 114 boissiaux froman 228 boissiaux d'avoyne.

En la mistoyage de la Bergerie consistant en trois prés, maison, grange et estable admodiée 60 boissiaux froman, 60 boissiaux de seigle et 120 boissiaux d'avoyne et 40 livres en argent.

Au champ de Varennes ou au champ de la Princesse admodiés

ordinairement 25 boissiaux de froman, 25 boissiaux de seigle et 50 boissiaux d'avoyne pour trois ans.

Au Pré du Moulin de Bourbilly, admodié 40 Livres.

Au Pré de la Chaume Allard admodié 120 L.

Au Pré de l'Estang du dissoulz admodié aussy 60 L. par an.

Au Pré de l'Estang du Milieu admodié aussy 60 L.

Au Pré du Petit Etang admodié 22 L.

Au Pré du Roseau admodié 120 L.

Au Pré du Regard admodié 25 L.

Au Pré du grand Marais admodié 100 L.

Au Pré du Marais du Verger dépendant de la grande Metairie admodié 60 L.

Au Pré du Marais de Beauregard admodié 22 L.

Au Grand Pré admodié 80 L.

Au Pré de la Rèpe admodié 45 L.

Au bois de Forest situé à Bourbilly contenant environ 233 arpans.

Au bois de Parruches même finage contenant 5 arpans.

Au bois appelé Lhaste du Champ Thomas et Cosme du Four contenant 8 arpans.

Au bois appelé Lhoste de la Fousse et Longebault de la contenance de 10 arpans ordinaires.

Au bois de la Chaulme Baudot contenant 6 arpans et demy.

Au bois des Agotins contenant 52 arpans.

Au bois de la Dame s'étendant sur le grand et le petit Marais de la contenance de 63 arpans.

Au bois de la Rèpe joignant le bois la Dame de la contenance de 45 arpans.

Au bois appelé Lhaste de la B... contenant 10 arpans et demi.

Tous les dits bois et petits taillys font la quantité de 443 arpans et demy dont 26 arpans se coupent annuellement et sont mis en couppe réglée.

La place appelée la Garenne consistant en haies et buissons qui ne sont d'aucun revenu à la Seigneurie et encore quelques places de vieux étangs appelé le Pré Luzé aussy d'aucun proffit à lad. Seigneurie, n'ayant droit les habitans de Bourbilly d'amener leurs bestiaux dans la garenne en quelque temps que ce soit.

Qui sont tous les biens et droits dépendant de la d. Seigneurie de Bourbilly tenus en fief par la d. dame de Sévigné et relevant de lad. dame de Verthamon à cause de sa possession du marquisat d'Époisse... sauf toutefois le plus ou le moins qui pourroit venir à la connaissance de ladite dame de Sévigney de l'adjouter ou diminuer en cas d'erreur ou omission et sous la protestation que le pré-

16

sent dénombrement ne luy puisse nuire ny préjudicier au par dessus audit cas d'erreur ou omission.

## XIV

*Dépositions des habitants de Bourbilly dans le Procès de Béatification de Sainte Chantal* (26 février 1684).

(Archives de la Visitation d'Annecy.)

Le vingt-sixième février mil six cent quatre vingt quatre, par devant Jacques Claude Boucard notaire apostolique demeurant à Semur en Auxois, reçu et registré en l'évêché et officialité d'Autun ressort du Parlement de Bourgogne, soussigné, a comparu en sa personne M. Bernard Poussy bachelier en Théologie, Prêtre Théologal de l'Église paroissiale dudit Semur, titulaire de la Chapelle Sainte Marguerite érigée au château du village de Bourbilly et Directeur des Religieuses de la Visitation S$^{te}$ Marie du Couvent et Monastère dudit Semur, lequel ayant remontré que les humbles Sœurs de la Congrégation de la Visitation S$^{te}$ Marie, se sentant de jour en jour enflammées du désir de glorifier Dieu, dans la canonisation et sanctification de la vénérable Mère Dame Jeanne Françoise Frémyot leur Mère et fondatrice, par les continuels prodiges et marques de sainteté dont elles sont averties et convaincues journellement, ayant appris qu'elle avait commencé sa sainteté de vie dans le château et maison forte de Bourbilly qui lui appartenait, et craignant que les preuves d'une vie si exemplaire que celle qu'elle a menée, ne soient ensevelies dans l'oubli, par la longueur et espace du temps, et par le décès de ceux qui ont vu et su ses saintes actions, plusieurs étant déjà décédés de ceux qui en savaient des choses remarquables, désirant conserver ces augustes marques et témoignages de la dite vie remplie de charité et piété, le dit sieur Poussy m'aurait requis de vouloir m'acheminer avec lui au village dudit Bourbilly pour donner, dresser actes et recevoir la déclaration que plusieurs habitants dudit lieu pourront faire, pour servir ce qu'il appartiendra, et jusqu'à ce que la Sainte Église catholique, apostolique et Romaine y ait pourvu et y procède canoniquement, à quoi inclinant et pour y parvenir, m'étant transporté audit lieu de Bourbilly, et à la réquisition du dudit sieur Poussy, entré dans la maison du nommé François Velin charbonnier demeurant audit lieu, où ayant trouvé la nommée Jeanne Pouthiot, veuve de Sébastien Lechaudé maçon et tailleur de pierre, demeurant audit Bourbilly, née et native dudit lieu, et sur la demande qui lui aurait été faite tant de son âge que si elle était souvenante d'avoir vu audit Bourbilly, la dite dame Jeanne Françoise Frémyot de Chantal, elle aurait en premier lieu fait réponse qu'elle estimait avoir du moins quatre vingt dix ans, bien qu'elle m'eut paru, aussi bien qu'aux témoins nommés à la suite et signé le présent acte, d'une parfaite raison et souvenir des choses passées, et au surplus fait sa déclaen la forme suivante :

Savoir, qu'elle a vu, sont environ soixante six ans, la dite dame Jeanne Françoise Frémyot, en son château et maison forte dudit Bourbilly où elle aurait demeuré pendant plusieurs années. Que toute l'occupation de ladite dame était de servir les pauvres malades du village dudit Bourbilly, les aider de ses facultés, en faisant chaque jour une aumône ordinaire en sondit château, outre icelle ladite dame entretenait toujours un pot séparé rempli de viande et de bouillon qui n'était destiné que pour la charité aux pauvres malades, que la dite dame se soumettait elle-même à porter les bouillons et viandes aux malades dudit village, auxquels malades elle donnait tout le secours possible en les levant, torchant dans leurs ordures et faisant leurs lits, ce que ladite Pouthiot a vu faire et pratiquer par la dite dame, à l'égard des ci-après nommés : Celse Bénigne Civerneau, Pierre Chaillot, Aubert Civerneau, Madeleine Fardeau femme de François Milleton laboureur audit Bourbilly et autres, dans leurs maisons, les soignant, et les revêtant de ses propres chemises comme ses enfants, et qu'elle aurait donné jusqu'à quatre chemises à la femme dudit Aubert Civerneau dans le temps de leur maladie qui était contagieuse et populaire.

Que la nommée Marguerite Germain étant aux prisons dudit château, accusée d'avoir perdu son fruit, ladite dame après avoir mis tous ses soins à l'instruire par une charité ordinaire, s'entretenant journellement avec elle dans sa prison et lui inspirant des sentiments de chrétien, aurait souhaité lui sauver la vie, si son confesseur ne lui eut fait connaître qu'elle pourrait avoir à répondre devant Dieu des fautes qu'elle pourrait commettre à la suite.

Que, dans le susdit temps, pendant deux années de cherté et disette de grains, la dite dame redoubla ses charités et aumônes ordinaires à l'égard des pauvres tant du village dudit Bourbilly, que lieux circonvoisins, lesquels se trouvaient tous les jours à la porte du château et auxquels la dite dame faisait distribuer des grains de ses greniers, qu'elle fit vider entièrement jusqu'à deux fois. Qu'audit temps, un jour que trois ou quatre pauvres vinrent au château dudit Bourbilly, pour demander l'aumône à la dite dame, Icelle dame ayant dit à la nommée Marguerite Potot, sa servante domestique, d'aller prendre du grain à l'endroit ordinaire, pour en donner aux dits pauvres, la dite Potot ayant fait réponse qu'il n'y en avait plus, si vrai qu'elle avait balayé la place, la veille dudit jour, néanmoins ladite dame insistant d'envoyer ladite Potot audit endroit, Icelle Potot y fut par obéissance, et fut bien surprise lorsqu'elle y trouva quantité de grains, bien qu'elle n'y en eût point laissé la veille. Ce qui fut un sujet d'admiration à toute la maison et aux habitants dudit Bourbilly, et ce que ladite Pouthiot a ouï dire non seulement à ladite Marguerite Potot servante de ladite dame, mais encore à tous les domestiques dudit château, comme elle y allait souvent, à cause qu'elle demeurait dans la bergerie voisine dudit château.

Qu'au même temps de cherté et disette, ladite dame, par une suite de ses charités, fit venir dans son dit château, toutes les femmes nourrices dudit Bourbilly, qu'elle fit loger avec leurs enfants et berceaux dans une grande chambre joignant ladite chapelle de S$^{te}$ Marguerite où elle avait grand soin de leur faire prier Dieu, donner les nourritures qui leur étaient nécessaires, et non contente de ce, envoyait tous les jours une livre de pain en chaque maison de l'une et l'autre des dites femmes, pour la nourriture de leurs maris et autres enfants, ayant fait construire un four en la basse-cour du château, pour cuire le pain pour les dits pauvres.

Déclare aussi la dite Pouthiot qu'audit temps elle ouït dire au nommé Antoine Rigot, laboureur audit Bourbilly décédé depuis fort longtemps, que Martine le Blanc sa femme étant au travail d'enfant et dans un péril évident, icelle dame ne se serait pas contentée de soulager elle-même ladite Martine le Blanc, pendant la journée, mais encore fut trouvée par ledit Rigot, la nuit, devant sa porte, en prière, pendant lequel temps ladite femme accoucha heureusement.

Et finalement que, dans le temps que ladite dame quitta sa demeure audit Bourbilly, pour aller à Monthelon, elle fit distribuer aux pauvres, avant sa sortie, tous les grains et autres effets qui étaient audit château, et que, dans ledit temps, trois filles orphelines du village de Corcelle, appelées les Fondardes, étant venues trouver ladite dame, pour avoir quelques aumônes, lesdites trois filles étant demeurées en chemin, à cause des rigueurs et injures du temps, ladite dame l'ayant appris, envoya au-devant d'elles, et les ayant fait venir, eut soin avant son départ d'en placer deux, et emmena la troisième avec elle, dans son carosse, se souvenant ladite Pouthiot que, lors de la sortie de ladite dame, il y avait un grand nombre de pauvres, tant veuves orphelins qu'autres, qui pleuraient et gémissaient d'une manière pitoyable, suivant son carosse, et disant qu'ils perdaient leur bonne mère; laquelle déclaration en la forme ci-devant, ladite Pouthiot a assuré en son âme, être véritable, y ayant persisté après en ouï la lecture et déclaré ne savoir signer enquis.

En suite de quoi se serait présentée Brigide Baubis, veuve de Jean Guillemot fils de Jean Guillemot et de Marguerite Potot servante domestique de ladite dame de Chantal, etc... *qui raconte les mêmes faits.*

Dit de plus que ladite dame montrait sa charité envers les femmes dudit Bourbilly, dans le temps de leurs accouchements, se souvenant avoir ouï dire plusieurs fois à la dite Potot, sa belle-mère, qu'elle accompagnait toujours ladite dame chez les dites femmes qui étaient en couche et dans le travail d'enfant, invitant la dite Potot sa servante d'avoir toujours la même charité, et lui ayant donné beaucoup de bien à cette condition, que pendant trois mois que la nommée Madeleine Fardeau femme de François Milleton, laboureur audit Bourbilly, fut malade d'une couche, ladite dame ne manquait pas de l'aller soulager journellement, en se faisant accompagner de ladite Potot sa servante, lui portant des bouillons et autres nourritures et non contente la dite dame, elle-même lavait et soulageait la dite Fardeau, dans la faiblesse de sa maladie, jusque là même qu'elle la nettoyait dans ses ordures et la torchait, comme si c'eût été un enfant et la revêtait de ses chemises.

Déclare de plus ladite Baubis avoir ouï dire à la dite Potot sa belle mère qu'un jour ladite dame lui ayant dit d'aller prendre du grain, en l'endroit ordinaire, pour donner à des pauvres qui étaient à la porte du château, Icelle Potot lui aurait répondu qu'il n'y avait plus de grain, parce que, la veille dudit jour, elle avait donné par son ordre, le reste aux pauvres, que ladite dame lui ayant répliqué : allez-y pour l'amour de Dieu, la dite Potot y fut par obéissance, et trouva audit endroit, quantité de grains, ce qui lui causa beaucoup d'admiration, aussi bien qu'à toute la maison et aux habitants dudit Bourbilly, puis après en distribua aux dits pauvres.

Déclare encore avoir ouï dire au nommé Antoine Rigot dudi Bourbilly que Martine le Blanc sa femme... etc... *comme ci-dessus.*

Qu'elle vit ladite dame, dans le temps de sa sortie dudit Bourbilly, environnée de plusieurs pauvres en grand nombre, tant orphelins que veuves, qui jettaient des grands cris, et se désolaient, et qu'avant son départ ayant appris que trois filles de Corcelle..., etc., *comme ci-dessus*.

Maître François Guillemot marchand demeurant audit Bourbilly dépose aussi comme les précédents..., etc.

Et depuis m'étant transporté en la basse-cour dudit château, à la réquisition dudit sieur Poussy, avec les témoins soussignés au bas du présent acte, le dit sieur Poussy m'aurait aussi fait démonstration d'un four propre à faire cuire pain, qui est de la contenance d'environ trente boisseaux, et ayant environ quinze pieds de large, que ledit Delamaison et autres ayant ci-devant fait leurs déclarations, ont assuré avoir été construit par les soins de ladite dame Jeanne Françoise Frémyot, pour faire cuire le pain pour les pauvres, et afin d'exercer journellement ses charités, desquelles déclarations et démonstrations en la forme ci-devant, j'ai donné acte audit sieur Poussy, pour valoir et servir ce qu'il appartiendra. Et le tout fait en présence de Jean Viallet, maréchal à Semur, et de Mᵉ Jacques Delamaison fils dudit Mᵉ Toussaint Delamaison notaire royal, témoins, requis et soussignés avec ledit sieur Poussy, et moi ledit notaire apostolique. Signé sur l'original : Delamaison, Jean Viallet, Poussy et Boucard notaire apostolique.

## XV

*Circulaire adressée par la supérieure de la Visitation de Semur à tous les monastères de l'ordre* (4 juin 1711).

Nous présumons que rien ne vous saurait être davantage agréable que d'apprendre que notre digne mère de Chantal devient le secours ordinaire des infirmes de ce pays, et que ses intercessions opèrent de grands et fréquents miracles. Nous tenons pour un considérable, la guérison du fils de notre maître maçon, lequel étant tombé d'un échaffaudage fort élevé, se blessa considérablement à la jambe et n'ayant découvert son mal que trois semaines après, il se trouva que cette plaie meurtrie et où le sang s'était arrêté, avait carié les os, de manière qu'il fallut faire une cruelle incision, puis mettre la sonde, lui arracher des os, lui couper des nerfs, lui mettre des tentes, quelquefois audelà de quarante. Messieurs les chirurgiens tout habiles qu'ils sont dans leur profession, après avoir travaillé inutilement à cette guérison, six mois durant, reconnurent qu'il n'y avait rien à espérer d'un aussi mauvais sujet et jugèrent que le mal demandait qu'on lui coupât la jambe ; la résolution prise, ses père et mère au désespoir et n'osant résister au chirurgien, crainte qu'il ne l'abandonnât et qu'on ne le rejetât de l'hôpital, vinrent, fondant en larmes, nous prier d'obtenir de ces messieurs de ne pas faire cette opération, qu'ils aimaient autant la mort que de voir leur fils mutilé. Tout ce que nous pûmes faire, en faveur de leur demande, fut de conjurer ces messieurs qui le traitaient de différer l'opération et de conseiller à ces bonnes gens de recourir à Dieu avec foi, par les intercessions de notre digne Mère. Ils vinrent faire une neuvaine à notre église, sans en avoir aucun succès, mais ils ne se rebutèrent point et redoublèrent leur confiance, voulurent recommencer une seconde neuvaine et, pour ne rien omettre de ce qui pouvait les faire écouter, ils se confessèrent et communièrent, firent un pèlerinage à Bourbilly, y firent dire la messe et on appliqua des reliques de notre Vénérable Mère sur la jambe de l'infirme; nous joignîmes nos prières aux leurs et nous fîmes faire une communion générale et, le dernier jour de cette seconde neuvaine, le chirurgien fut surpris, en découvrant cette plaie, de trouver une guérison qu'il n'avait jamais espérée et dit à la sœur de l'hôpital que cette plaie qui s'était guérie si subitement se rouvrirait indubitablement d'un autre côté. On congédia néanmoins, de cet instant, le garçon de l'hôpital, qui alla chez lui de son pied et qui n'y est pas rentré depuis un an, étant si parfaitement guéri qu'il dansa trois heures, au milieu de la rue, les fêtes de la Pentecôte, d'où son père le fit retirer, ne jugeant pas que la Béate de Chantal (c'est ainsi que notre menu peuple la nomme), l'eut guéri pour faire de ses jambes cet usage. »

Vous apprendrez, dans la suite, bien d'autres merveilles, dont nous ne savons pas encore assez toutes les circonstances pour les débiter.

La chapelle de notre vénérable fondatrice, dans son château de Bourbilly, en devient tout-à-fait renommée. Depuis un an surtout, il s'y fait presque tous les jours des pèlerinages; il y a des personnes de distinction qui sont venues de douze lieues, pour y acquitter leurs vœux. Les uns en remportent la santé du corps, les autres les biens de l'âme, par des touches intérieures, dont Dieu gratifie ceux qui lui présentent leurs prières dans ce saint lieu, et encore plus dans une espèce de petit cabinet obscur, que cette grande servante de Dieu s'était fait pratiquer, joignant sa chapelle, pour y faire ses retraites et ses exercices spirituels. Elle n'avait, en cet endroit, de jour que par une fenêtre grillée, de la grandeur de celle d'un confessionnal, qui, aboutissant immédiatement sur l'autel, lui donnait la commodité de voir célébrer les saints mystères, sans partager son attention, ni s'attirer celle des créatures. Ce lieu où elle a reçu tant de communications divines, où elle a parlé à Dieu avec une foi si vive et si élevée, une charité si pure et si ardente, une piété si tendre et si solide, imprime à toutes les personnes qui y vont, une vénération profonde pour la majesté divine, et une certaine onction qui paraît tout-à-fait surnaturelle. Plusieurs qui méritent d'être crues, même des ecclésiastiques, nous ont dit avoir été pénétrées dans ce lieu là d'une dévotion touchante. Mais je ne fais pas difficulté d'avouer que bien que les personnes de respect en imposent beaucoup plus que d'autres, celle qui nous a persuadées le plus efficacement a été une de nos chères sœurs tourières qui, élevée dans le village, avec la seule instruction de notre croyance, sans avoir jamais su ce qu'on appelle les secrets de la sagesse divine et les douces faveurs qu'il plaît à la bonté de Dieu de nous communiquer, n'a pas été capable de se forger une sensibilité d'imagination ; elle ne parle de cette grâce intérieure qu'elle a reçue dans cet endroit que parce qu'elle l'a véritablement reçue, et, parmi sa naïve simplicité, elle ne laisse pas de se faire fort entendre sur un goût spirituel, une effusion de joies et de délices, qui s'est portée si loin dans l'intime de son âme, qu'un pécheur endurci ou un hérétique se convertirait et serait obligé de se rendre, s'il se trouvait dans les sentiments pénétrants qu'elle a expérimentés. La seule pensée qui lui en demeure lui est délectable, et si tous les jours on l'y voulait envoyer, quoiqu'il dût lui en coûter quatre lieues de chemin, elle y volerait.

« Une chose assez particulière que je ne dois pas omettre, parlant de cette chapelle, est que, dans ce saint lieu, s'est venu ranger une mouche à miel, sans qu'on puisse juger de quel endroit elle est venue, le village étant à plus d'un quart de lieue du château où est cette chapelle. La merveille est que ces petites abeilles se soient maintenues là, d'un temps immémorial et dès le vivant de notre Mère de Chantal, à ce que disent par tradition les anciens de Bourbilly, sans que l'injure des saisons et les hivers affreux que l'on a eus les aient fait périr. Elles sont placées dans la muraille, derrière l'autel, du côté de l'Evangile ; l'endroit est si élevé, par le dehors, qu'il n'y a pas d'échelle tant grande qu'elle soit qui puisse y atteindre, y ayant, au bas, des roches profondes. C'est dans cette élévation et par le dehors que ces petites bêtes ont leur entrée et leur sortie pour aller picorer les fleurs des champs. Je crois que vous serez agréablement charmées, quand vous saurez qu'elles n'ont qu'une petite fente, en forme de croix et de la longueur de la main, et pas plus large que le petit doigt, pour tout passage. C'est par cette imperceptible ouverture qu'elles traversent l'épaisseur du mur, qui a près de cinq pieds, pour apporter leur ouvrage immédiatement dans la chapelle, par où on a la taillée, en ôtant une pierre qui sert de porte. L'endroit où elles font leur ruche par le dehors de la chapelle, ne paraît large que comme un bouillet de quatre pouces en tout; et cependant, quel temps qu'il puisse faire, propre à la cueillette ou non, elle rend toujours plusieurs pintes d'un excellent miel, et de la cire pour le luminaire de la chapelle qui a plusieurs messes fondées par semaine. J'ai cru, n'étant qu'à deux petites lieues de cette terre, devoir m'assurer de ce que j'ai l'honneur de vous dire et j'ai envoyé nos chères Sœurs tourières, plusieurs fois, pour faire des observations régulières de cet endroit, et prié M. l'abbé Poussy, titulaire de ce lieu, de trouver bon qu'elles fussent témoins de la taille de cette mouche, qui se fait le mardi de la Semaine-Sainte. Ce Monsieur eut non-seulement l'honnêteté d'agréer la chose, mais, pour rendre la grâce entière, il me laissa en possession d'un petit pain de cire, pour faire éclairer devant le tombeau de notre digne Mère, et de tout le miel de cette année pour le faire distribuer comme bon nous semblerait. Nous eussions désiré que cette liqueur se pût aussi aisément transporter que ce papier, pour en faire part à toutes vos charités, mais la difficulté nous a limitées aux plus voisines, et à celles qui nous avaient fait l'honneur de nous témoigner qu'elles en désiraient. La chère maison d'Annecy ayant jugé qu'il serait à propos de tirer un certificat de l'antiquité et des circonstances de cette ruche mystérieuse et comme miraculeuse, après leur avoir obéi et envoyé un original, nous avons cru faire plaisir d'en insérer ici la copie et à vous dire encore que la situation du château de Bourbilly, qui est passé dans l'illustre famille de Grignan, où est renfermée cette précieuse chapelle, est assez agréable; il y a une espèce de cloître fort joli et dans le dessus des arcades dudit cloître, on y admire des lanternes de pierre pratiquées dans la pierre même, qui éclairent et la cour et les appartements; le nombre des chambres est de plus de cinquante ; la grandeur de quelques-unes est prodigieuse ; la chapelle a trente-huit pieds de longueur et vingt-sept de largeur, lambrissée à l'antique et peinte de même; il y a une fenêtre merveilleusement travaillée derrière l'autel et une cloche d'un son excellent. On arrive en ce lieu, par une belle allée de charmes, qui donne un abord gracieux et qui conduit à un escalier de pierre de vingt-cinq marches des plus belles, avec deux piliers bien taillés, qui soutiennent un plafond, d'où l'on entre dans ce saint lieu, en montant encore deux escaliers. Au sortir du château, on trouve une agréable prairie et une belle rivière et, de l'autre côté, un bois dans lequel on voit la place où M. de Chantal fut tué ; une partie de ces circonstances ne sont pas fort nécessaires à raconter, mais la vénération et l'amour parfait que nous avons pour cette digne fondatrice et pour notre Institut, nous rend tout respectable dans cet endroit, où les premiers desseins de Dieu sur l'établissement de notre ordre lui furent manifestés parmi les ferventes oraisons; plaise au Ciel que nous ne dégénérions point de la sainteté que le Seigneur lui a demandée de nous et que les prémices de l'esprit de notre sainte vocation se perpétue et se rende sensible dans la pratique. »

Je soussigné prêtre, Bachelier de Sorbonne, Théologal de l'église de N.-D. de Semur-en-Auxois, province de Bourgogne, diocèse d'Autun, titulaire (depuis trente-deux ans) de la chapelle S$^{te}$ Marguerite, érigée dans le château de Bourbilly certifie à tous qu'il appartiendra....

*Signé* Poussy. Controlé à Semur, le 4 août, j'ai reçu douze sols, deux deniers. *Signé* Labbé.

Jean Fleury écuyer, conseiller du Roi, lieutenant général aux bailliage et siège présidial de Semur-en-Auxois, certifions à tous qu'il appartiendra que le S$^r$ Poussy, qui a signé et délivré le certificat d'autre part, est titulaire de la chapelle sainte Marguerite érigée dans le château de Bourbilly et que les actes qu'il délivre en cette qualité font foi en justice et parmi le public, en foi de quoi nous nous sommes soussignés avec maître Claude Corsseret notre greffier ordinaire ce jourd'hui neuvième août mil sept cent onze, et, pour plus grande solidité, avons fait apposer le scel de ce dit baillage, dont acte. — *Signé* : J. Fleuri, Corsseret.

Scellé à Semur, ledit jour, reçu huit sols trois deniers, *Signé* : Labbé.

## XVI

*Acte de vente de Bourbilly par Mme de Simiane à Guy Chartraire de Saint-Agnan* (16 juillet 1719).

Par devant les Conseillers du Roy notaires à Paris soussignés fut présente très haute et très puissante dame Pauline de Castelanne

Adhémart de Monteil de Grignan marquise de la Garde dame de Baudegat, Bourbilly et autres lieux, veuve de très haut et très puissant seigneur Louis marquis de Simiane de Claret, chevalier, marquis d'Esparon et de Chalamon Arnaxon seigneur de Truchenu, baron de Baulme de Trancy des Vigneaux et autres lieux, lieutenant général pour le Roy ès la province de Provence et premier gentilhomme de la chambre de S. A. R. monseigneur duc d'Orléans, petit-fils de France Régent du royaume, ayant renoncé à la communauté des biens qui avait été entre eux et créancière de la succession dudit seigneur marquis de Simiane son mary, demeurante en son hôtel, rue des gros chenets, paroisse S. Eustache.

Laquelle dame marquise de Simiane a volontairement vendu, ceddé quitté et transporté, promis et s'est obligée garantir de tous troubles, dont douaires, dettes, hypotèques, substitutions et autres empechemens généralement quelconques à M. Guy Chartraire seigneur de St-Aignan, Ragny et Forléans cons<sup>r</sup> vétéran au parlement de Bourgogne, demeurant ordinairement en son château de Ragny en Bourgogne, de présence à Paris, logé en sa maison, rue de Tournon, quartier de St-Germain desprez, paroisse St-Sulpice, à ce présent et acceptant acquéreur pour luy ses hoirs et ayant cause.

La terre et seigneurie de Bourbilly et Sauvigny, ses annexes appartenances et dépendances situées dans le duché de Bourgogne près Semur, baillage d'Auxois, dans la paroisse de Vic de Chassenet évêché d'Autun, concistant en un vieux château et batimens de Bourbilly, une grande ferme appelée la grande métairie de Bourbilly.

La métairie appelée la Bergerie, située près le château de Bourbilly, le moulin banal et seigneurial de Bourbilly, les prairies et les bâtiments qui en dépendent, le droit seigneurial appelé la Tierce, telle qu'elle est due et se perçoit en gerbes de tous grains, pendant la moisson, le four banal et seigneurial de Bourbilly, droit seigneurial de l'avoine de coutume, terres labourables, prairies, friches, trois cent soixante arpens ou environ de bois en différentes pièces, soixante ouvrées ou environ de vignes aux finages d'Athis et de Chasey, tailles seigneuriales et autres appartenances et dépendances tant en fiefs que domaines et rotures, le tout ainsy qu'en jouy François-Rémond et sa femme, en conséquence du bail passé devant Joly et son confrère, notaires à Semur, le 23 septembre 1714, moyennant trois mille cinq cent cinquante-trois livres de ferme par chacune des d. six années dud. bail et outre aux charges et réserves expliquées aud. bail....

...... haute moyenne et basse justice, cens, rentes et autres droits honorifiques et droits seigneuriaux et féodaux, droits de chasse et de pesche, droit des corvées, gardes et autres, rentes constituées sy aucune sont dues à lad. dame marquise de Simiane aud. lieu de Bourbilly Sauvigny et environs.

Et généralement toutes les autres appartenances de lad. terre de Bourbilly, Sauvigny, fiefs, rotures y annexées et en dépendans, sans aucune exception ny réserve de la part de lad. Dame Marquise de Simiane, qui entend comprendre en la présente vente tout ce qui lui appartient de lad. terre de Bourbilly, Sauvigny et leurs dépendances, dans l'étendue et aux environs d'ycelle en fiefs, rotures ou autrement, mais aussy n'entend vendre que ce qui luy appartient et le tout en l'état qu'il est, ainsy que lad. dame marquise de Simiane en jouy ou a droit d'en jouir, sans qu'elle soit obligée à rien fournir et livrer par mesure, ny a garantir des droits de la d° terre, sauf audit Sieur acquéreur à les faire valoir, à ses risques.

Ladite terre et Seigneurie de Bourbilly et Sauvigny et leurs dépendances présentement vendus appartenans à lad. Dame marquise de Simiane de son propre, en qualité de seulle et unique héritierre sous bénéfice d'inventaire de deffunte très haute et très puissante dame Françoise Margueritte de Sévigné sa mère, au jour de son décès épouse de très haut et très puissant Seigneur François Adhémard de Monteil comte de Grignan, duc de Termes et de Campobasse, chevalier des ordres du Roy, lieutenant général de ses armées, commandant pour Sa Majesté en Provence, auquel bénéfice d'inventaire la d° dame Marquise de Simiane renonce, pour raison de la présente seulement.

A laquelle dame comtesse de Grignan mère, lad° terre de Bourbilly, Sauvigny et ses dépendances appartenoient comme luy ayant été donnée et ceddée par deffunte haute et puissante dame, Dame Marie de Rabutin Chantal, sa mère, veuve de très haut et très puissant Seigneur Henry de Sévigné, chevalier, marquis dud. Sévigné et autres lieux, pour payement des cent mille livres qui estoient duex à la d° dame comtesse de Grignan des trois cent milles livres de dote constituée à la d. dame comtesse de Grignan par lad. Marquise de Sévigné, sa mère, par le contrat de mariage des d. Seigneur et Dame Comte et Comtesse de Grignan, passé devant M[es] Gigant et Simonnet notaires à Paris, le 27 janvier 1669, ainsy qu'il est expliqué au contrat de mariage de haut et puissant seigneur Charles de Sévigné Chevalier, Seigneur Marquis dud. lieu, les Rochers, Lahaye, Baudegat et autres lieux, frère de la d. dame comtesse de Grignan, passé devant Berthelot et Bretin notaires à Rennes, le dernier janvier 1684, contenant le délaissement fait à lad. dame comtesse de Grignan de la d. terre de Bourbilly, Sauvigny et dépendances, à laquelle dame Marquise de Sévigné mère lad° terre appartenoit de son propre, luy etant venue de ses ancestres, qui l'ont possédée depuis l'année 1467, pendant laquelle possession ly auteurs ont fait plusieurs acquisitions, échanges, aliénations et changements.

Laditte terre et dépendances, pour ce qui est un fief relevant et ce qui peut être en roture, étant en la censure des Seigneurs ou dames dont ils relèvent et meuvent et vers eux chargés des droits et devoirs seigneuriaux et féodaux, cens, rentes et redevances sy aucuns sont deus que les parties n'ont sceu dire ny déclarer de ce enquises.

Pour lad. terre et Seigneurie de Bourbilly, Sauvigny, annexes et autres appartenances et dépendances jouir, faire disposer par led. S$^r$ acquéreur ses heirs et ayant cause comme leur appartenant.

A commencer laditte jouissance du premier du présent mois de juillet 1719....

Cette vente est faite sur toutes les dittes réserves clauses et conditions... et en outre moyennant le prix et somme de cent mil livres prix convenu entre les parties en francs deniers à lad. dame marquise de Simiane....

Lad. dame marquise de Simiane transporte aud. Sieur acquéreur tous droits de propriété qu'elle a et peut avoir sur la d. terre et dépendances même les reseindans et reseizoirs s'en déssaisissant à son profit, voulant qu'il en soit saisy et mis en bonne possession par qu'il appartiendra concistuant à cet effet son procureur le porteur, donnant pouvoir....

Car ainsy le tout a été convenu... fait et passé à Paris, en l'étude de Dutartre notaire, l'an mil sept cent dix neuf, le seizième jour de juillet, après midy.

Insinué à Dijon le 28 juillet 1719. Reçu douze cents livres.

## XVII

*Arrêt du Parlement de Bourgogne entérinant les lettres d'abolition accordées par le Roi au Marquis de Ragny* (5 juillet 1735).

(Archives de la Côte-d'Or — B² 46.)

Vu, par la Cour, les lettres patentes du Roy données à Versailles, au mois de may dernier, signées Louis, sur le reply : par le Roy,

Pheylippeau, visa Chauvelin et scellées du grand sceau en cire verte à queue pendante de soye rouge et verte, dont la teneur s'ensuit :

Louis par la grâce de Dieu Roy de France et de Navarre à tous présents et à venir salut : Nous avons reçu l'humble supplication de Guy Chartraire écuyer S$^r$ de Ragny, faisant profession de la religion catholique, apostolique et romaine, contenant qu'il était en sa terre de Ragny, au mois de novembre dernier, et que le S$^r$ de Romilly son frère lui ayant proposé, le 8 du même mois, de faire visite au sieur de Jaucourt, ils allèrent pour cet effet au château de Vaulx où le S$^r$ de Jaucourt les retint à dîner et leur proposa après-midi d'aller souper à Avallon et de venir coucher à Vaulx. Les marques d'amitié que le suppliant et son frère reçurent du S$^r$ de Jaucourt, leur ayant fait accepter la partie, ils allèrent à Avallon. Mais le Sieur de Romilly qui changea de sentiment et qui voulait s'en retourner à Ragny ayant quitté le suppliant et le Sieur de Jaucourt, à la porte de la ville, ces deux derniers allèrent descendre dans la maison du Sieur Champion Donneot et sortirent, quelques heures après, pour se rendre chez le Sieur de Sermizelle, qui les avait invités à souper. Dans la conversation qu'eurent le suppliant et le S$^r$ de Jaucourt, en allant de la maison du S$^r$ Champion Donneot à celle où ils devaient souper, le S$^r$ de Jaucourt, en parlant de la fortune et des biens du suppliant, parla aussi de son état et de la conduite de sa mère en termes qui offensèrent le suppliant, que celui-ci crut ne devoir point relever, avec un homme dont il voulait se conserver l'amitié et qui, selon toute apparence, n'avait pas réfléchi à ce qu'il venait de dire, en sorte qu'ils entrèrent chez le Sieur de Sermizelle, et les choses s'y passèrent avant et après le souper de façon qu'on ne remarqua entre le suppliant et le Sieur de Jaucourt que des politesses et amitiés. Le suppliant, qui s'était ménagé en buvant pendant le souper, pour pouvoir mieux se réjouir et qui cherchait à divertir la compagnie, contrefit l'ivrogne, il tira son couteau de chasse et en badina pendant quelque temps. Il recommanda au sieur de Jaucourt de baiser sa mère sur la bouche et sur les yeux, quand il serait à Paris. Il joua avec le Sieur de Jaucourt et, quoique celui-ci eut gagné, le suppliant prit et mit dans sa poche quelques louis d'or que le Sieur de Jaucourt avait jetés sur la table, et lorsqu'on lui parla de les rendre, il répondit, en plaisantant, que l'argent était à la pointe de son couteau de chasse. Il releva les avis et les conseils que lui avait donnés le S$^r$ de Jaucourt sur la dépense qu'il devait faire dans sa maison, eu égard à sa fortune. Quoiqu'il eût reçu ces avis en bonne part, pendant le souper, il fit toujours au S$^r$ de Jaucourt des caresses et lui dit en même temps, comme au reste de la compagnie, des folies qui auraient pu faire croire qu'il était ivre, enfin, après toutes ces folies que la compagnie pardonnait au suppliant et qu'elle regardait comme excusables, dans un homme de son âge, le suppliant sortit et monta à cheval pour s'en retourner avec les deux domestiques qui le suivaient, mais il fut joint par le S$^r$ de Jaucourt et son valet, sur le chemin qui est hors la ville d'Avallon, et dans la conversation qu'eurent le suppliant et le S$^r$ de Jaucourt, ce dernier qui devait de l'argent au suppliant et qui pourtant était fâché que le suppliant eût pris les louis d'or qu'il avait jetés sur la table, en jouant après le souper, et dont il avait besoin pour son voyage de Paris, répéta ce que le suppliant n'avait point relevé dans la conversation qu'il avait eue en sortant de la maison du sieur Champion Donneot. En sorte que le suppliant qui ne put tenir dans ce moment contre la colère qui l'agita, voulut frapper le S$^r$ de Jaucourt, de son couteau de chasse. Mais le coup ayant blessé le cheval, et le Sieur de Jaucourt qui tomba par terre s'étant relevé et voulant remonter à cheval, le suppliant qui avait toujours à la main son couteau de chasse, porta un coup au S$^r$ de Jaucourt, dans le trouble et le désordre où l'avait mis la colère. Il voulut emmener avec lui le valet du S$^r$ de Jaucourt et proposa de lui faire sa fortune, et lui fit en même temps des menaces au cas qu'il ne dise point que son maître l'avait insulté et l'avait frappé le premier et dise enfin à l'occasion de l'offense et de l'outrage dont il venait de se venger, que son dessein n'avait été que de tuer le Sieur de Jaucourt. Après ce malheur, le suppliant se retira au château de Ragny, avec les deux domestiques qu'il avait à sa suite. Mais il en sortit le lendemain, sur le bruit qui se répandit de la mort dudit S$^r$ de Jaucourt. Et n'osant aujourd'hui se représenter sans une Lettre de grâce, il nous a très humblement fait supplier de les lui accorder. A ces causes, voulant préférer miséricorde à la rigueur des loix, nous avons au suppliant quitté, remis, pardonné et aboli, de notre grâce spéciale pleine puissance et autorité royale, quittons, pardonnons et abolissons, par ces présentes signées de notre main, le fait et ce susdit, tel et ainsi qu'il est ci-dessus exposé, avec toutes peines, amendes et offenses corporelles, civiles et criminelles qu'il peut avoir, pour raison de ce encourues envers nous, en justice, mettons au néant tout décret, défaut, sentences, contumace, jugement et arrêt qui peuvent s'en être ensuivis; mettons et restituons le suppliant en sa bonne renommée et en ses biens non d'ailleurs confisqués, satisfaction préalablement faite à partie civile, si fait n'a été, et s'il y échet, imposons sur ce, silence perpétuel à notre procureur général et substituts présents et à venir, et à tous autres, à condition que le suppliant et ses enfants ne pourront se trouver dans les milieux où seront la dame de Jaucourt et ses enfants, qu'ils ne pourront pareillement approcher de la terre de Vaulx de plus près de 10 lieues et qu'il sera fondé à perpétuité, aux frais du suppliant, une messe quotidienne, pour le repos de l'âme du S$^r$ de Jaucourt, dans la principale église paroissiale de la terre de Vaulx.

Cy donnons en mandement à nos amés et féaux et les gens tenant notre cour de Parlement et aydes, à Dijon, dans le ressort duquel le fait est arrivé, que ces présentes Lettres de grâces, rémission, pardon et absolution, ils aient à entériner et de leur contenu faire jouir et user le suppliant pleinement, paisiblement et perpétuellement, cessant et faisant cesser tout trouble et empêchement contraire, à la charge par lui de se mettre en état et de vous présenter ces présentes pour l'entérinement d'icelles, dans trois mois à peine de nullité, car tel est notre plaisir, et afin que ce soit chose ferme et stable toujours, nous avons fait mettre notre scel à ces présentes. Donné à Versailles au mois de mai, l'an de grâce 1735, et de notre règne le vingtième.

Extrait de l'arrêt rendu à l'audience publicque de la Grand' Chambre, le 16 du mois, comprenant la représentation des lettres d'abolition, rémission, et pardon, et lectures faites d'icelles en présence du dit S$^r$ Chartraire, qui aurait déclaré qu'elles contiennent vérité et entendait les suivre. Sur quoi la Cour aurait ordonné que, sur le contenu des dites Lettres, ensemble sur les charges des procédures, le dit S$^r$ impétrant serait repeté et cependant qu'il resterait en état, en la conciergerie du Palais.

Sur la requête de la veuve de Jaucourt et des deux enfants, Sa Majesté a fixé, de son propre mouvement, les intérêts civils à elle dus et à ses deux enfants à la somme de 150 mille livres, dont 50 mille pour elle et 100 mille pour ses deux enfants, ainsi qu'elle en a été instruite par la lettre qui lui en a été écrite par M. le chancelier, le 23 du mois de mai.

La Cour a enteriné les Lettres d'abolition obtenues au mois de mai dernier par le S$^r$ Chartraire de Ragny, pour jouir par lui du fruit et effets d'icelles, suivant leur forme et teneur, et néanmoins a condamné et condamne ledit Chartraire à aumoner la somme de 600 livres applicables, par tiers, au pain des prisonniers de la conciergerie du Palais, à L'Aumône générale de cette ville et aux pauvres de la paroisse S$^t$ Médard de la dite ville.

## XVIII

*Raport sur la situation du cy devant château de Bourbilly, des fortiffications et signes de féodalité à suprimer dans sa construction pour satisfaire à la reté du directoire du district de Semur, en date du 2 frimaire dernier* (21 janvier 1794).

(Archives de la Côte-d'Or. Série L. Fonds du directoire).

Le soussigné Chevier architecte, nommé le 9 frimaire par le citoyen thibeaut, receveur des droits d'enregistrements pour en exécution de l'arrêté du directoire du district de Semur, du deux du même mois Ce transporter dans touts les ci devant château de l'arrondissement du Bureau de la regie de cette même ville a l'effet de prandre connoissance de toutes les fortifications, comme mur de ramparts, bastions, tours, fossées, etc. et signes de féodalité qui existe dans leurs constructions; faire de chaqu'un un raport détaillé de leurs positions, des objets à suprimer et de ceux à conserver, soit pour lutilité de la republique ou du propriétaire et de faire un devis avec détails Estimatif de ceux à suprimer pour assurer la tranquilité public, ainsi que des reparations que pourronts occasionner ces démolitions, avec Estimatif aussi des mathériaux utile que ces démolitions pourronts produire; C'est transporté le 25 nivose au cidevant chateau de Bourbilly apartenant à Chartraire cidevant trésorier de la cidevant province de bourgogne; ou il Examiné touts les détails de Cette maison pour en faire le raport qui suit :

Ce chateau est situé dans un valon sur le Bord de la rivière du Serain, a une lieux et demi d'ouest de Semur — il est composé de quatres cors de batiments avec une Cour dans le milieux; l'entrée de cette Cour est un pavillon quaré très Elevé sous lequel est une grande porte avec Encastrure propre à recevoire un pont levis; une meurtrière dans le haut et au dessus des Embrasures; dans tout le pourtour des Batiments il y a une ronde sur le gouterot Extérieur avec Embrasure de distance en distance, laquel est intercepté du côté du levant par une tour considérable qui est dans la plus grande vetusté et impraticable Etant en partie tombé.

Au dehors de cette maison est une première cour qui est seulement fermé du côté du nord par une porte qui est sous un pavillon quaré a la suite de laquelle est un mur de rampart avec des canonières et sur langle de la partie qui fait retour est une tour qui sert de colombier.

Quoi que Cette maison (qui était une petite forteresse) ne soit plus en état de défance par la vétusté de ces batiments, il convient sepandant pour satisfaire a la reté du directoire du district 1$^{nt}$ que le pavillon sous le quel est la porte d'entrée soit démolis afin que laronde qui fait le tour de ces Batiments soit absolument intercepté 2$^{nt}$ que la porte de la première cour soit dememe demolis ainsi que le mur derampart qui suit cette tour formant le colombier.

Je soussigné presumant que le propriétaire de cette maison sera invité de faire faire ces démolitions n'a pas cru devoir En faire le devis ni le details Estimatifs.

Semur, le 2 pluviose 2° de la république indivisible.

### DISTRICT DE SEMUR. DÉPARTEMENT DE LA COTE D'OR.

*Séance publique et permanente du 1$^{er}$ Ventose de l'an deux de la République française une indivisible et démocratique (19 février 1794).*

Vu les procès verbaux dressés par Chevier, architecte à Semur nommé par le Receveur du droit d'Enregistrement pour en exécution d'arrêté du Directoire, constater les destructions a faire de fortifications dans les maisons fortes et ci devant châteaux du District, qui pourraient servir de retraite a des malveillants et autres ennemis de la République.

Oui le rapport de l'agent national provisoire, le Directoire du District de Semur arrete qu'à la diligence de l'agent national près ce district, il sera fait sommation aux propriétaires des maisons de Bourbilly, des Granges sous Grignon, et de Grignon, de Chevigny, de Marcigny sous Thil, de Courcelles-les-Semur, de Forléans et de Laure sur Serain, ci devant Vieux Château, de mettre dans le délai de trois jours ouvriers suffisants pour faire faire les destructions des tours, fossés, crénaux, pont levis et toute autre espèce de fortifications. Sinon et faute par eux d'y faire travailler dans le délai fixé, il sera pareillement à la diligence de l'agent national procédé après affiches et publications en la manière accoutumée a la délivrance et adjudications par devant le Directoire du district des travaux et ouvrages à faire pour la destruction à faire des signes de féodalité et de toute espèce de fortifications qui existent dans les maisons aux frais des propriétaires, qui seront poursuivis par devant le tribunal du district à la diligence de l'agent national près le district pour le remboursement du montant des diverses adjudications chacun en ce qui les concerne.

*Signé* : POTIN, GAUTHIER.

L'an deuxième de la République française une et indivisible, le 9 ventose (27 février 1794) à la requête du citoyen agent national près le district de Semur pour lequel domicile est élu au directoire du District. Je François Jacob huissier muni d'un certificat de civisme exerçant près le tribunal de district de Semur, y demeurant, soussigné, ai sommé et interpellé : Le citoyen chartraire, propriétaire des maisons de Forléans et de Bourbilly, au domicile de son fermier, à Bourbilly, parlant à la femme de son fermier, de mettre dans le délai de trois jours ouvriers suffisants pour faire la destruction des tours, fossés, crénaux, pont levis et toute autre espèce de fortifications des maisons ci-dessus désignées.

Sinon et à faute d'y faire travailler dans le délai ci-dessus indiqué je lui ai déclaré qu'en exécution de l'arrêté du Directoire du district du 1er du présent mois, il sera à la diligence de l'agent national procédé après affiches et publications en la manière ordinaire à la délivrance et adjudication par devant le Directoire dudit District, des travaux à faire pour la destruction de tous les signes de féodalité et des fortifications qui existent dans les maisons, aux frais des propriétaires, et j'ai à chacun des susnommés parlant comme dessus laissé copie du présent, dont acte.

JACOB.

## XIX

*Extrait du procès verbal de visite du château de Bourbilly par les experts Clenet représentant M. Pomme et Melot représentant la M$^{ise}$ de Bourbonne* (26 décembre 1796).

Du 5 Nivôse an IV.

L'ancien château de Bourbilly consiste en une masse de bâtiments énormes inégaux en largeur et de plus irréguliers renfermant de toutes parts dans son enceinte : une cour au milieu, en forme de trapèze, de 62 pieds de grandeur en tous sens, y compris les galeries ouvertes en longueur ou largeur où sont placés les escaliers qui desservent l'étage. Il forme, à l'extérieur, quatre façades de différentes longueurs, dans lesquelles il y a très peu d'ouvertures et même pas du tout dans celle du sud occidental.

I. La partie du bâtiment à droite, côté occidental, a 115 pieds 7 pouces de longueur de face en dehors, sur 36 pieds 9 pouces de largeur mesurés hors d'œuvre. Il contient, au rez de chaussée, trois grandes chambres avec cheminées, les murs extérieurs ont 6 pieds d'épaisseur et ceux sur la cour 3 pieds 2 pouces; desservies de la cour par deux portes, dont les menuiseries et les serrures sont usées de vétusté éclairées de la cour par trois croisées, divisées en quatre par des croix en pierre, sans croisées ni menuiserie ou serrures, ni vitres, fermés seulement de mauvais volets qui ne tiennent à rien, absolument en ruine et ne fermant pas. Les carrelages de ces trois chambres sont usés de vétusté et, en grande partie, détruits. Le plancher a 14 pieds de hauteur sous solives. Les solives qui menacent d'une chute prochaine sont soulagées par des espèces de jambes de force qui ont leur pied sur des corbeaux en pierre placés dans les murs ce qui paraît fait du temps de la construction. Sur ce rez de chaussée, est un étage aussi composé de trois pièces, celle du bout au Sud oriental desservie d'un grand escalier en pierre, qui est sous la galerie, elle servait jadis de chapelle... Cette chapelle est éclairée d'un vitreau de 17 pieds de hauteur sur 8 pieds 8 pouces de largeur; la grandeur de cette pièce a environ 28 pieds 6 pouces sur 27 pieds 6 pouces. Les deux autres pièces à la suite servent de grenier. La troisième pièce est desservie d'un escalier sous la galerie qui joint la porte d'entrée de la cour, au moyen d'une baie.

La hauteur du bâtiment du rez-de-chaussée à la gouttière est de 30 pieds tout autour; du sommet des murs extérieurs, il règne, au milieu des murs, un chemin couvert sous les tirants des combles, à l'exception qu'autour de la chapelle il n'y en a point. Sur la face du côté de la prairie, il y a des lieux communs adossés contre et sur des corbeaux en pierre. Le comble forme, sur la chapelle, un petit clocher : il a besoin de beaucoup de réparations, beaucoup de bois est pourri, la couverture a besoin d'être totalement refaite.

II. La partie du fond de la cour, qui regarde le Sud oriental a, depuis cette dernière à l'écurie côté du Nord, environ 96 pieds de longueur sur 29 pieds de largeur moyenne, hors d'œuvre, non compris la galerie formant, au milieu, un angle très obtus. Sur cette longueur au dehors côté de la prairie il existe une ancienne tour adossée contre ce bâtiment de 14 pieds 6 pouces de diamètre dans œuvre : les murs ont 5 pieds d'épaisseur, elle excède le mur de face d'environ 20 pieds; sur la cour, il règne une galerie de 10 pieds de largeur moyenne supportée par des pilliers en pierre sous laquelle, dans les angles, sont des escaliers en pierre qui desservent l'étage. Les murs de cette partie de bâtiment ont environ 28 pieds de hauteur au-dessus du rez-de-chaussée et la tour 40 pieds : la partie attenant au bâtiment de la chapelle dont il est ci-devant parlé ainsi que la tour et la galerie ne contient que des masures sans plancher ni comble, les murs en partie éboulés et ceux qui existent menacent d'une ruine prochaine. Au sommet des murs extérieurs, sous les combles, il existe un chemin couvert.

III. Examen fait de l'aile gauche, côté du Nord, sur la profondeur de la cour, nous avons trouvé environ 60 pieds de longueur, 24 de largeur hors d'œuvre, sur 30 pieds de hauteur sous gouttières. Sur toute la longueur du côté de la cour, il existe une ancienne galerie d'environ 9 pieds de largeur avec plancher dessus à la hauteur de l'étage, supportée par des piliers en pierre établis sur oussiers d'appui d'environ 3 pieds, on y monte par un escalier de pierre supporté sur la descente de cave d'un arc. Le comble de cette galerie est supporté, à l'extérieur, sur des poteaux en bois sur lesquels est une sablière soutenue par des liens; les vides entre ces poteaux par les bas sont fermés d'une hauteur d'appui en bois. Cette aile, avec rez de chaussée, contient sept pièces.... A l'étage, est une pièce de 19 pieds 2 pouces sur 14 pieds de largeur... une autre de 26 pieds 6 pouces sur 15 pieds 9 pouces et divers cabinets. Au sommet du mur extérieur au Nord, il y a sous le comble, un chemin couvert.

IV. La partie du bâtiment attenant à ce dernier donnant sur la basse cour a, du côté du couchant, depuis l'angle à l'avant-corps du milieu, dit le Donjon, 41 pieds 6 pouces de longueur, environ 27 pieds 6 pouces de largeur, de dehors en dehors, sur 30 pieds de hauteur du rez de chaussée à la gouttière avec chemin couvert au sommet. Le rez de chaussée est divisé en trois pièces.

V. A la suite de cette dernière partie des bâtiments est le donjon qui fait avant-corps sur la basse cour au delà des murs de face des autres bâtiments de 7 pieds 8 pouces sur 21 pieds 6 pouces de longueur; les murs ont 6 pieds d'épaisseur portant boisage bruts aux faces extérieures terminés au sommet du pavillon de 10 pieds 3 pouces de largeur sur 11 pieds 8 pouces de longueur dans œuvre, avec murs de 5 pieds 6 pouces d'épaisseur élevé d'environ 12 pieds au-dessus des autres bâtiments qui le touchent, ce qui fait, en tout 42 pieds du rez de chaussée à la gouttière. Au milieu de cet avant-corps est une porte de 6 pieds 1 pouce de largeur, 9 pieds de hauteur voûte en plein cintre, seule entrée qu'il y ait au château ; le derrière forme porche ouvert. Il paraît, par le renfoncement qui existe à la face extérieure qu'il y avait jadis devant cette entrée, un pont-levis, où il n'existe plus qu'une vieille porte, qui était très forte en son temps, mais aujourd'hui elle est en ruine, usée de vétusté, ainsi que les ferrures. A l'étage, sur la seconde cour est une galerie ouverte, qui excède ce pavillon, jusqu'à l'alignement du bâtiment ci-dessus détaillé.

Entre ce pavillon et le bâtiment de la chapelle, en est un autre qui contient, au rez de chaussée, une chambre voûtée de 10 pieds 6 pouces de large sur 11 pieds de longueur dans œuvre. Au dessus, est une galerie ouverte, à laquelle on monte, de la seconde cour, par un escalier en pierre composé d'une première rampe de 12 marches d'environ 4 pieds 6 pouces de largeur, à découvert, supporté de chaque côté, d'un parpin de 8 pouces d'épaisseur; ensuite est un palier de 4 pieds 1 pouce de largeur sur 6 pieds de hauteur qui ferme et bat contre la première marche de la deuxième montée.... L'escalier se continue, en retour d'équerre, sur la gauche par une seconde rampe placée sur la voûte de 15 marches en pierre d'environ 4 pieds 5 pouces de longueur.

VI. Il paraît qu'il y eut cy devant joignant l'avant corps, un pont levis pour communiquer de la première cour à la seconde, duquel il n'existe que la place, qui est comblée. A la suite, est une arche de pont en maçonnerie de 10 pieds de largeur dans œuvre, cintré en forme d'ogive sur 13 pieds 6 pouces de largeur d'une tête à l'autre; il y a, de chaque côté, des parapets de 16 pouces de largeur, en partie détruits.

La basse cour est fermée, au sud, d'un mur qui s'étend depuis l'avant-corps jusqu'à l'écurie ; sa longueur, compris celle du pont, est de 78 pieds environ, son épaisseur de 3 pieds 2 pouces, sa hauteur de 8 pieds.

Dans la basse cour, le long du fossé à l'angle du jardin, il existe un mur d'environ 80 pieds de longueur et 10 pieds de hauteur, en partie éboulé dans le fossé.

Tous les bâtiments qui forment l'enceinte de la seconde cour sont entourés, de toutes parts, de larges fossés qui ont, dans des parties 20, 30, 40, 50, jusqu'à 60 pieds de largeur. Ils sont actuellement presque tous comblés et remplis de butin, au point qu'il ne leur reste que la forme de ce qu'ils ont été.

L'écurie de la basse cour, qui fait clôture du côté occidental, consiste en un corps de bâtiment de 134 pieds de longueur, 30 pieds de largeur, hors d'œuvre; les murs ont 2 pieds 8 pouces d'épaisseur et environ 11 pieds 6 pouces de hauteur.

Il existe, sur la façade occidentale, à la distance d'environ 18 pieds 10 pouces de l'angle côté Sud, un pavillon ou tour quarrée adossé à ce bâtiment, qui l'excède d'environ 13 pieds. Le bas contient un ancien four qui occupe toute sa grandeur.

On arrive à la basse cour par dessous un pavillon de 22 pieds carrés de dehors en dehors; la porte d'entrée a 9 pieds de largeur, 12 et demi de hauteur sous clef cintré en forme d'ogive. On arrive à cette porte par-dessus un pont en maçonnerie à trois arches d'environ chacune 9 pieds de largeur et cintré en plein cintre, la largeur est environ 13 pieds d'une tête à l'autre sur environ 42 pieds de longueur.

Du côté du Sud oriental, attenant à la basse cour et le fossé est un jardin d'environ 280 toises superficiel clos de murs de toutes parts; celui au Nord a 129 pieds de longueur; en retour d'équerre est un autre mur faisant face au Sud oriental de 76 pieds de longueur, le troisième sur le fossé est de 152 pieds de longueur, l'autre sur la cour a 43 pieds 9 pouces de longueur, dans ce dernier est l'entrée du jardin. Dans l'angle Sud oriental de ce jardin, est placé le colombier de forme circulaire de 14 pieds 8 pouces de diamètre dans œuvre.

---

## XX

*Procès-verbal d'exhumation du corps de Celse-Bénigne de Chantal (5 février 1862).*

L'An mil huit cent soixante deux, le 5 Février, à 9 heures du matin, en l'Église paroissiale de S<sup>t</sup>-Martin (Ile-de-Ré) : En présence de MM. Dières-Monplaisir, curé doyen, Chanoine honoraire du diocèse de La Rochelle, etc. etc. Il a été procédé à des fouilles, au pied du pilier droit, en entrant par la grande porte de l'Église, à l'endroit où, suivant l'histoire et la tradition, le corps du Baron de Chantal fut inhumé, en l'année mil six cent vingt-sept, à l'effet de recueillir ses ossements et de rétablir l'inscription qui existait avant la révolution, pour perpétuer la mémoire de ce généreux défenseur de la foi. Après avoir creusé à une certaine profondeur, on trouve, à l'endroit indiqué, un squelette, couché dans une direction parallèle à la grande nef, la tête tournée vers l'entrée principale de l'Église (le chœur et le maître-autel se trouvaient dans cette direction, à l'époque où le Baron de Chantal fut inhumé).

M. le Docteur Kemmerer examina le squelette attentivement et fit un rapport, lequel est déposé dans les archives de la paroisse, et dont la teneur suit : Les os du squelette qui m'a été soumis paraissent appartenir à un homme de 25 à 40 ans. J'ai reconnu : 1º la calotte osseuse de la tête mesurant 34 centimètres de la racine du nez à l'occiput; 2º portion du maxillaire supérieur droit avec deux dents; 3º Le temporal gauche; 4º Le maxillaire inférieur entier, portant quatre grosses molaires, et une petite molaire, remarquable par sa petitesse; 5º Les deux omoplates; 6º La clavicule gauche; 7º L'humérus gauche, longueur 30 centimètres; 8º Cubitus brisé; 9º Radius brisé; 10º Treize vertèbres; 11º Sacrum entier; 12º Quatorze côtes; 13º Os iliaque droit et gauche; 14º Fémur droit et gauche, longueur 48 centimètres; 15º Tibia brisé; 16º Péroné brisé; 17º Quelques phalanges des orteils; 18º Fragments osseux impossibles à classer; 19º Morceaux de cercueil en bois de sapin rouge du Nord, dit Nerva. *Signé* : Kemmerer.

Les ossements du Baron de Chantal ont été recueillis avec soin, ainsi que les fragments de cercueil et déposés dans une boite de chêne recouverte de zinc. Avant de la fermer, on y a déposé une bouteille cachetée renfermant le procès-verbal qui a été lu et signé par les dénommés ci-dessus, après quoi, la dite boite de chêne a été déposée presque vis-à-vis la porte latérale de l'entrée principale de l'Église, à peu de distance du mur qui forme un pan coupé et à peu de profondeur dans le sol. En foi de quoi les dénommés ci-dessus ont apposé leurs signatures.

S$^t$-Martin (île de Ré) le cinq février de l'an du seigneur mil huit cent soixante deux. *Signé* : Dières-Monplaisir, curé doyen, chanoine honoraire; Héraud Georges, vicaire; Guilloton, adjoint; Deschamps, membre de la Société de S$^t$-Vincent de Paul; Kemmerer, Docteur en médecine; Robert, entrepreneur.

A la suite de cette exhumation, il a été placé dans l'église une plaque de marbre portant l'inscription qui est reproduite ci-après.

CY GIT :

CELSE BENIGNE DE RABOTIN
CHEVALIER, BARON DE CHANTAL
FILS DE CHRISTOPHE DE RABOTIN BARON DE CHANTAL
ET DE JEANNE FRANÇOISE FRÉMYOT
FONDATRICE DE L'ORDRE DE LA VISITATION
CANONISÉE LE 17 AOUT 1767 ;
ALLIÉ A LA FAMILLE DE S<sup>t</sup> BERNARD
PÈRE DE MADAME DE SÉVIGNÉ.
NÉ EN 1597
TUÉ LE 22 JUILLET 1627
A LA POINTE DES SABLONCEAUX (ILE DE RÉ)
EN S'OPPOSANT A LA DESCENTE DES ANGLAIS
A LA TÊTE DE L'ESCADRON DES GENTILHOMMES VOLONTAIRES
QU'IL COMMANDAIT SOUS LE MARQUIS DE TOIRAS
APRÈS UNE LUTTE DE SIX HEURES
DANS LAQUELLE IL REÇUT 27 BLESSURES
ET EUT TROIS CHEVAUX TUÉS SOUS LUI.
IL FUT RENVERSÉ DANS LA MÊLÉE.
IL LAISSE UN NOM CHER A LA RELIGION
A LA PATRIE ET AUX LETTRES
REQUIESCAT IN PACE !

---

## XXI

*Procès-verbal de la bénédiction de la première pierre des travaux de restauration de Bourbilly* (21 octobre 1867).

L'an mil huit cent soixante-sept, le vingt-un octobre, sur l'invitation de M. de Franqueville, propriétaire du château de Bourbilly, paroisse de Vic de Chassenay, doyenné de Semur en Auxois, diocèse de Dijon, et conformément aux instructions spéciales reçues, à cet effet, de l'Évêché, Je soussigné, curé de la paroisse de Vic de Chassenay, ai procédé à la bénédiction de la première pierre des constructions neuves du dit château de Bourbilly.

La procession s'étant rendue sur les lieux, au chant du cantique de Zacharie : *Benedictus Dominus Deus Israël*, le prêtre a entonné le

*Veni Creator*, puis, la boîte ayant été scellée dans la pierre, le célébrant a prononcé la bénédiction, suivant la formule dont le texte avait été donné par M<sup>gr</sup> l'Évêque de Dijon :

Adjutorium nostrum + in nomine Domini.

— Qui fecit cœlum et terram.

Dominus vobiscum.

— Et cum spiritu tuo.

Oremus : Deus cujus verbo sanctificantur omnia benedictionem tuam + effunde super creaturam istam et præsta ut quisquis hac domo secundum legem et voluntatem tuam cum gratiarum actione usus fuerit per invocationem sanctissimi nominis tui corporis sanitatem et animæ tutelam, Te auctore, percipiat. Per Jesum Christum, filium tuum, Dominum Nostrum qui tecum vivit et regnat in unitate Spiritus sancti Deus. Amen.

On a procédé alors au scellement de la pierre, pendant que les chantres chantaient les litanies de Sainte Chantal.

Dans cette pierre, posée à l'angle gauche de l'avant-corps de la façade principale, a été placée une boîte de métal scellée, contenant diverses pièces de monnaie, au millésime de 1867, des portraits de Sainte Jeanne de Chantal et une inscription latine sur parchemin, ainsi conçue :

ANTIQUUM HOC MONUMENTUM
EMINENTISSIMIS B. JOANNÆ FRANCISCÆ DE CHANTAL
VIRTUTIBUS OLIM ILLUSTRATUM RESTITUERUNT
CAROLUS ET MARIA DE FRANQUEVILLE
PRIMUM HUNC LAPIDUM POSUIT
IPSORUM PUELLA CHANTAL DUOBUS ANNIS NATA
BENEDIXIT
J. B. PATRISSEY. VIC DE CHASSENAY RECTOR
A. D. MDCCCLXVII, DIE OCTOBRIS XXI.
BENEDICAT ET CUSTODIAT NOS INTERCEDENTE
SANCTA JOANNA FRANCISCA DE CHANTAL
OMNIPOTENS ET MISERICORS DOMINUS

Cette boîte ayant été scellée dans la pierre, M<sup>lle</sup> Chantal de Franqueville a frappé les trois coups de marteau, après quoi j'ai procédé à la bénédiction, qui a été suivie du chant des litanies de Sainte Chantal.

PATRISSEY,
Curé de Vic de Chassenay.

## XXII

*Procès verbal de la réconciliation de la chapelle et de la bénédiction du château de Bourbilly* (21 août 1871).

L'an mil huit cent soixante-onze, le lundi, 21 du mois d'août, fête de Sainte Jeanne-Françoise de Chantal, sur l'invitation de M. le comte Amable-Charles Franquet de Franqueville, propriétaire du château de Bourbilly, paroisse de Vic-de-Chassenay, doyenné de Semur, en notre diocèse, Nous François-Victor Rivet, Evêque de Dijon, Prélat assistant au trône pontifical, déclarons par ces présentes, avoir procédé, dans la forme prescrite par l'Eglise, à la réconciliation solennelle de la chapelle dudit château érigée sous le vocable de Sainte Marguerite vierge et martyre (dont la fête se fait le 20 juillet) vers le XII$^e$ siècle, et malheureusement profanée par la révolution de 1793 et abandonnée depuis à des usages vulgaires.

Cette cérémonie s'est accomplie en présence de M. le Comte de Franqueville susnommé, de M$^{me}$ la Comtesse Marie-Eugénie de Franqueville née Schaeffer, son épouse, de M. et M$^{me}$ Eugène Schaeffer, de M$^{me}$ V$^{ve}$ Erard, de M$^{me}$ V$^{ve}$ Morisseau, de François de Sales-Louis-Pierre de Franqueville âgé de quatre ans et demi, de Chantal-Cécile-Elisabeth-Marguerite de Franqueville âgée de cinq ans et dix mois, de Cécile-Jeanne-Louise-Marie de Franqueville âgée de trois ans et trois mois, de Françoise-Josèphe-Marguerite-Marie de Franqueville âgée de quinze mois.

Étaient également présents : M. l'abbé Pillot, vicaire général du diocèse, notre secrétaire particulier, M. l'abbé Jacques Grapin, chanoine honoraire, Curé archiprêtre de Semur, doyen du canton, M. Patrissey, curé de la paroisse de Vic-de-Chassenay, MM. les curés de Torcy, Monberthaut, Marmagne, Touillon, Courcelles-les-Semur, plusieurs autres curés soit de notre diocèse, soit du diocèse de Sens, plusieurs honorables familles du voisinage, un grand nombre des habitants de la paroisse et une foule d'autres pèlerins.

Tout en conservant à cette chapelle son ancienne patronne, Nous lui avons donné, comme patronne secondaire, S$^{te}$ Jeanne-Françoise Frémiot Baronne de Chantal, en son vivant Dame de Bourbilly.

Après cette cérémonie, nous y avons célébré le Saint Sacrifice de la Messe, adressé quelques paroles d'édification à la pieuse assistance, à laquelle, en terminant, nous avons accordé une indulgence de quarante jours.

Nous concédons et, par ces présentes, avons concédé à perpétuité, sauf la ratification de nos vénérables successeurs au siège de Dijon, la faveur insigne de conserver, dans le tabernacle de cette chapelle, l'auguste sacrement de la Très Sainte Eucharistie, aux clauses et conditions d'usage, pour le temps que M. et M$^{me}$ de Franqueville habiteront le château, recommandant à leur piété la sainte pratique de la visite quotidienne du S. S. Sacrement.

Fait au château de Bourbilly, les jour, mois et an que dessus.

FRANÇOIS, Evêque de Dijon.

Et, le même jour, dans l'après midi, nous avons procédé à la bénédiction de tous les appartements du château, dont la restauration, achevée cette année, avait été commencée en 1867, la première pierre ayant été bénite, d'après notre autorisation, le 21 octobre 1867, par M. l'abbé Patrissey, curé de cette paroisse.

FRANÇOIS,
Evêque de Dijon.

## XXIII

*Privilèges accordés par le Souverain Pontife au sanctuaire de Bourbilly.*

Par un bref pontifical du 4 février 1881, S. S. le Pape Léon XIII a daigné accorder une indulgence plénière à tout chrétien, qui, s'étant confessé et ayant communié, visitera la chapelle de Bourbilly, depuis les premières vêpres de la fête de Sainte Chantal jusqu'au coucher du soleil du jour de cette solennité et qui priera pour la concorde des Princes chrétiens, l'extirpation des hérésies, la conversion des pécheurs et l'exaltation de l'Eglise.

Une indulgence de cent jours est accordée à tout chrétien qui, contrit au moins de cœur, récite, dans la chapelle, trois *Pater* et trois *Ave*, en l'honneur de Sainte Chantal, en quelque jour que ce soit.

Ces indulgences peuvent être appliquées aux âmes du Purgatoire.

Par un bref pontifical du 4 février 1881, S. S. le Pape a daigné accorder à la chapelle de Bourbilly la faveur de l'*autel privilégié*.

Par un rescrit rendu sur le rapport de la S. Congrégation des Rites, le 13 janvier 1881, S. S. le Pape Léon XIII a donné l'autorisation de célébrer, le 21 août, dans la chapelle de Bourbilly, la messe de Sainte Chantal, suivant le propre accordé aux religieuses de la Visitation.

Par un autre rescrit du même jour, S. S. a permis de célébrer la messe votive de Sainte Chantal, dans la chapelle de Bourbilly, tous les jours, même ceux de fêtes doubles, à l'exception des doubles de première et de seconde classes, des fêtes de précepte, des féries, vigiles et octaves privilégiés.

## XXIV

*Bref de S. S. Léon XIII relatif à la chapelle de Bourbilly*
*(18 avril 1893).*

Par un bref du 18 avril 1893, Sa Sainteté le Pape Léon XIII, sur la demande de M. le Comte de Franqueville, a donné à Mgr l'Evêque de Dijon[1] le pouvoir d'autoriser définitivement l'érection de la chapelle de Bourbilly et d'y permettre la conservation de la Sainte Eucharistie dans le tabernacle, pendant la durée du séjour de la famille dans le château.

Ce bref a été revêtu, par Mgr Oury, Evêque de Dijon, de la formule suivante : Conceditur facultas oratorii privati in castello vulgo Bourbilly in favorem Comitis de Franqueville insuper datum privilegium asservandi in prædicto oratorio Eucharistiæ S$^{mum}$ Sacramentum servatis indulto præsenti servandis.

Div. 17 mai 1893. F. Henricus, ep. Divion.

---

1. Du 21 août 1871 jusqu'à la fin de l'année 1892, la chapelle avait été ouverte en vertu d'une autorisation épiscopale. A cette dernière époque, Mgr Oury, nommé évêque de Dijon, estima qu'il convenait de solliciter un bref du Souverain Pontife, l'autorisation épiscopale lui paraissant insuffisante.

## XXV

*Consistance du domaine de Bourbilly* (1906).

Le domaine de Bourbilly s'étend sur le territoire des communes de Vic-de-Chassenay, Forléans et Courcelles-Frémoy, canton de Semur, et de Thoste, canton de Précy-sous-Thil, département de la Côte-d'Or. Antérieurement à la révolution française, il était dans la province de Bourgogne et, jusqu'en 1731, époque où a été créé le diocèse de Dijon, il était dans le diocèse d'Autun. Il est distant de dix kilomètres de la ville de Semur, et la rivière le Serain, qui coule aux pieds du château, forme la limite de l'Auxois et du Morvan.

Le domaine, tel qu'il est actuellement constitué, se compose exclusivement de prés et de bois : les prés s'étendent dans la vallée, et les bois sur les deux versants de la rivière le Serain, depuis le pont dit de *Beau Serain* sur la route de Semur à La Roche-en-Brenil, jusqu'au barrage de Villars-Frémoy, c'est-à-dire sur une longueur de cinq kilomètres environ.

Sans entrer dans des détails qui n'offriraient aucun intérêt, on peut dire que, lorsque M. de Franqueville, alors mineur, est devenu propriétaire de Bourbilly, en 1850, la superficie du domaine était de 360 hectares 76 ares 68[1]. Une série d'acquisitions et d'échanges constatés par 90 actes notariés ou sous-seing privé enregistrés, ont porté sa superficie totale au chiffre actuel de 807 hectares 02 ares 67, savoir :

|  | Ha. a. ca. |
|---|---|
| Château et parc . . . . . . . . . . . . . . . . . . . . . . . . | 9,34,45 |
| Verger, maisons de garde, moulin, etc. . . . . . . . . . . . . | 2,82,65 |
|  | 12,17,10 |

1. Savoir :

| | |
|---|---|
| Ferme, verger et dépendances. . . . . . . . | 12 h. 74 a. 71 |
| Terres labourables. . . . . . . . . . . . . . . . . . . . . | 121 h. 69 a. 08 |
| Prairies. . . . . . . . . . . . . . . . . . . . . . . . . . . . . . . | 31 h. 41 a. 11 |
| Moulins et dépendances. . . . . . . . . . . . . . | 11 h. 38 a. 80 |
| Forêts. . . . . . . . . . . . . . . . . . . . . . . . . . . . . . . . | 183 h. 52 a. 98 |
| | 360 h. 76 a. 68 |

Toutes les terres labourables ont été échangées ou boisées. Pour donner une idée de ce qu'était la division du sol, on peut citer ce qui est relatif à une pièce de terre, dite *la Chassaigne*, située à proximité du château et dont une partie, contenant 29 h. 75 a. 20, était divisée en 44 parcelles.

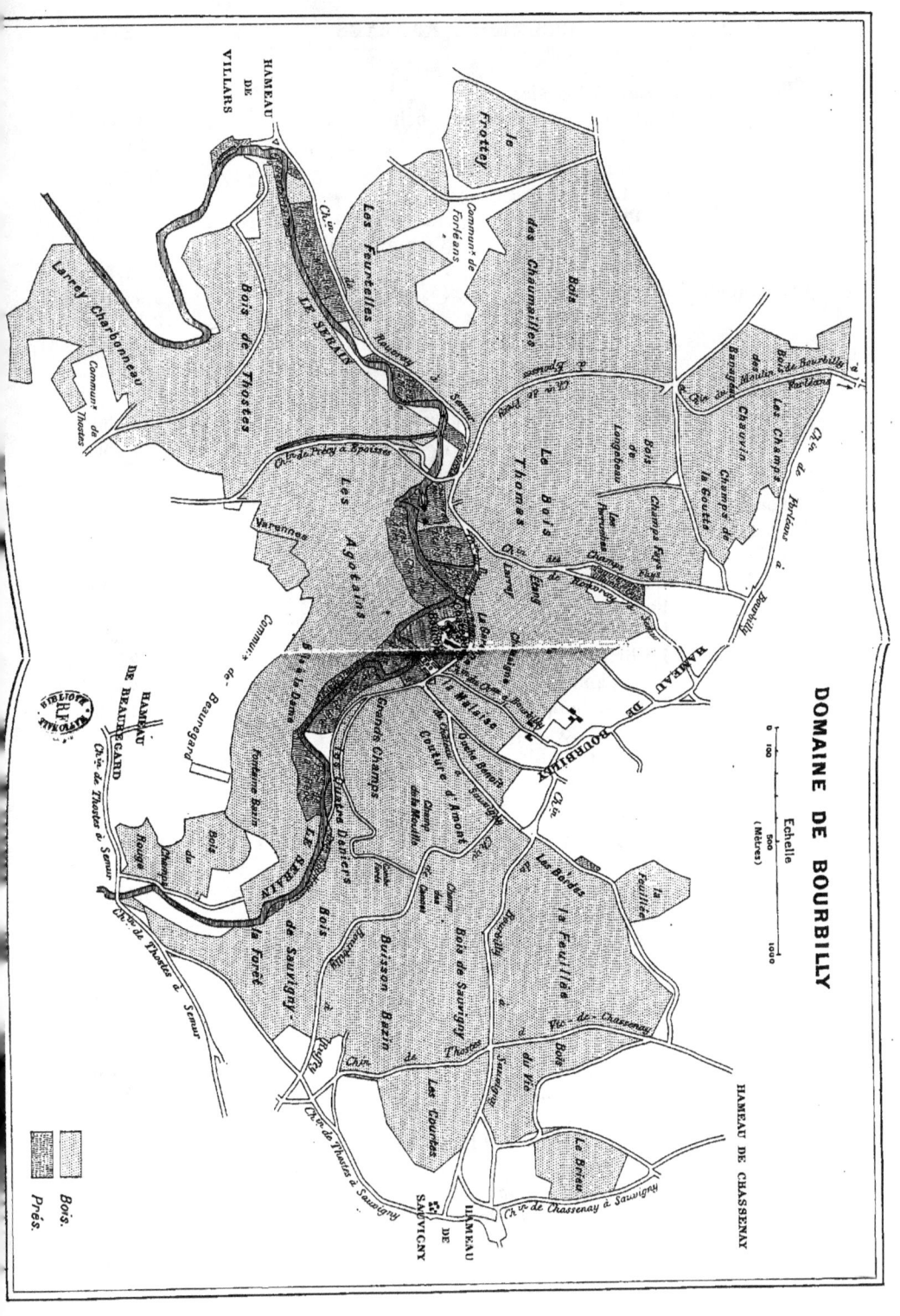

## DOCUMENTS ANNEXES. 271

|  | Ha. a. ca. |
|---|---|
| *Prairies de la vallée du Serain.* | |
| Rive droite. Prés Goulley et Grande Roche | 2,13,40 |
| Le Grand Pré | 3,46,01 |
| Le Grand et le Petit Étangs | 6,25 |
| Les Crots et le Pré Girot | 1,22,10 |
| Le Pré de la Mouille (Commune de Forléans.) | 1,85,10 |
| Le Pré de la Mouille (Commune de Courcelles-Frémoy.) | 5,74,90 |
| Rive gauche. Pré de la Rèpe | 3,77,10 |
| Grand et Petit Marais | 3,84,20 |
| Prés de la Chaume et des Anes | 5,43,10 |
| Pré Quairain | 1,04,90 |
| *Prairies hors de la vallée.* | |
| Paquis des Champs Fays | 1,31,80 |
| Pré de Framoisson | 33,50 |
| | 36,41,11 |
| *Forêts.* | |
| Rive droite du Serain. | |
| Bois de Sauvigny | 81,73,80 |
| Les Courtes | 16,84,40 |
| Bois du Vic | 15,24,80 |
| La Feuillée | 50,31,50 |
| Le Brieu | 10,22 |
| Bois Thomas | 33,10 |
| Bois de Longebeau | 13,19,60 |
| Les Banageas | 16,09,48 |
| Les Chaumailles et Feurtelles | 109,68,72 |
| Le Frottey | 21,05,90 |
| Rive gauche du Serain. | |
| Le Champ Rouge | 16,24,94 |
| Agotins, Bois la Dame et Fontaine Bazin | 81 |
| Bois de Thostes | 70,04,52 |
| Chenevots et Larrey Cairains | 4,51,37 |
| Larrey Charbonneau et Posery | 28,88,70 |
| Bois des Varennes et Chaume au Poil | 2,01,18 |
| | 570,20,91 |
| *Bois nouveaux (plantation).* | |
| Garenne et Chassaigne | 43,65,70 |
| Malaise | 7,06,60 |
| Ouche Benoit | 4,81,20 |
| Mouille, Quatre deniers, Grands champs, etc. | 52,46,85 |
| Champ Breton et Champ des Cannes | 16,46,80 |
| Les Bordes | 8,07,20 |
| La Goutte et Champ Chauvin | 32,65,80 |
| Champs Fays et Perruches | 20,46,20 |
| Moulin | 2,57,20 |
| | 188,23,55 |

## Résumé.

| | |
|---|---:|
| Château, parc, verger, etc. | 12,17,10 |
| Prairies | 36,41,11 |
| Forêts | 570,20,91 |
| Bois nouveaux | 188,23,55 |
| Total | 807,02,67 |

# TABLE DES MATIÈRES

Préface ............................................................... I
Chapitre I. — Les Origines (1213-1355) ..................... 1
— II. — Les maisons de Beaujeu et de Savoie (1355-1403) ............................................. 11
— III. — Les maisons de La Trémoille, Montagu et Rabutin (1403-1575) ................................ 27
— IV. — Christophe de Chantal (1575-1601) ............ 45
— V. — Sainte Chantal tutrice de son fils (1601-1615) . 73
— VI. — Celse-Bénigne de Chantal (1615-1627) ........ 93
— VII. — Madame de Sévigné (1627-1696) .............. 103
— VIII. — Madame de Grignan (1696-1704) ............. 129
— IX. — Madame de Simiane (1704-1719) ............... 151
— X. — Les Chartraire (1719-1795) ...................... 165
— XI. — MM. Pomme et de Caux (1795-1832) .......... 179
— XII. — La Restauration de Bourbilly ................... 197

# DOCUMENTS ANNEXES

I. — Acte par lequel Alixande de Marigny donne à Guillaume de Mello hypothèque sur Bourbilly (mai 1284) ............... 217
II. — Ordonnance du duc de Bourgogne levant la main du seigneur d'Epoisse de la maison et terre de Bourbilly (février 1320) .. 218
III. — Ordonnance du duc de Bourgogne obligeant le seigneur de Thil à garantir le seigneur d'Epoisse des dépenses faites pendant la main-mise (juillet 1321) ..................... 219
IV. — Acte de foi et hommage de Marguerite de Beaujeu, princesse de Morée (novembre 1379) ............................ 220
V. — Consentement donné par le seigneur d'Epoisse à la vente de Bourbilly (4 octobre 1403) ............................ 221

| | | |
|---|---|---|
| VI. | — Livre terrier de la Seigneurie de Bourbilly appartenant à Louis de la Trémoille (1410)............................. | 223 |
| VII. | — Charte de légitimation de Jehanne de Montagu (21 juin 1460).. | 225 |
| VIII. | — Acte de cession définitive de Bourbilly à Claude de Montagu. (18 novembre 1466)................................ | 226 |
| IX. | — Contrat de mariage de Christophe de Rabutin-Chantal et de Jeanne Frémyot, signé à Bourbilly le 28 décembre 1592.... | 229 |
| X. | — Dénombrement de la seigneurie de Bourbilly fourni par le mandataire de M<sup>me</sup> de Chantal (2 novembre 1615)......... | 232 |
| XI. | — Acte de foi et hommage de Celse-Bénigne de Rabutin Chantal (2 novembre 1616)................................ | 236 |
| XII. | — Généalogie du marquis de Sévigné, d'après les manuscrits de la Bibliothèque nationale............................ | 237 |
| XIII. | — Reprise de fief et dénombrement fourni par M<sup>me</sup> de Grignan (20 avril et 13 juillet 1697)........................ | 239 |
| XIV. | — Dépositions des habitants de Bourbilly dans le procès de béatification de sainte Chantal (20 février 1684).......... | 242 |
| XV. | — Circulaire de la Supérieure de la Visitation de Semur au sujet de la chapelle de Bourbilly (4 juin 1711)........... | 246 |
| XVI. | — Acte de vente de Bourbilly à Guy Chartraire de Saint-Agnan (16 juillet 1719.)................................. | 250 |
| XVII. | — Arrêt du Parlement de Bourgogne entérinant les lettres de grâce accordées par le Roi au M<sup>is</sup> de Ragny (5 juillet 1735).. | 253 |
| XVIII. | — Rapport au directoire de Semur sur le cy devant château de Bourbilly (21 janvier 1794)......................... | 257 |
| XIX. | — Extrait du procès verbal de visite du château de Bourbilly par les experts (26 décembre 1796).................. | 259 |
| XX. | — Procès verbal d'exhumation du corps de Celse-Bénigne de Chantal (15 février 1862)............................ | 263 |
| XXI. | — Procès verbal de la bénédiction de la première pierre des travaux de restauration de Bourbilly (21 octobre 1867.).... | 265 |
| XXII. | — Procès verbal de la réconciliation de la chapelle et de la bénédiction du château de Bourbilly (21 août 1871.)....... | 267 |
| XXIII. | — Privilèges accordés par le Souverain Pontife au sanctuaire de Bourbilly (13 janvier et 4 février 1880).................. | 268 |
| XXIV. | — Bref de S. S. Léon XIII relatif à la chapelle de Bourbilly (18 avril 1893)..................................... | 269 |
| XXV. | — Consistance du domaine de Bourbilly (1906).............. | 270 |

## PLANCHES

| | |
|---|---|
| 1. — Bourbilly, façades Est et Sud, *frontispice*. | |
| 2. — Pierre tombale de Louis de la Trémoille, comte de Joigny..... | 31 |
| 3. — Christophe de Rabutin et Claude de Rochebaron.............. | 39 |
| 4. — Christophe de Chantal..................................... | 45 |
| 5. — Sainte Chantal........................................... | 73 |
| 6. — Celse-Bénigne de Chantal................................. | 93 |
| 7. — Madame de Sévigné....................................... | 103 |
| 8. — Madame de Grignan....................................... | 129 |
| 9. — Madame de Simiane....................................... | 151 |
| 10. — Bourbilly au xviii° siècle................................ | 165 |
| 11. — Bourbilly en 1850........................................ | 197 |
| 12. — Plans du château en 1790, en 1850 et en 1900............... | 201 |
| 13. — Bourbilly, façade Ouest ................................. | 203 |
| 14. — — salle des gardes et galerie....................... | 205 |
| 15. — — chapelle........................................ | 207 |
| 16. — — bibliothèque et salle à manger.................... | 209 |
| 17. — — cour intérieure.................................. | 211 |
| 18. — — grand salon..................................... | 213 |
| 19. — Médaille commémorative de la Restauration de Bourbilly...... | 215 |
| 20. — Plan du domaine (1904).................................. | 271 |

www.ingramcontent.com/pod-product-compliance
Lightning Source LLC
Chambersburg PA
CBHW071347150426
43191CB00007B/879